安徽师范大学徽学研究丛书

發現徽州

徽學資料整理與研究

邵宝振◎著

安徽师范大学出版社
ANHUI NORMAL UNIVERSITY PRESS
·芜湖·

图书在版编目(CIP)数据

发现徽州：徽学资料整理与研究 / 邵宝振著 .— 芜湖：安徽师范大学出版社，2021.1
ISBN 978-7-5676-4351-2

Ⅰ. ①发… Ⅱ. ①邵… Ⅲ. ①文化史－史料－研究－徽州地区 Ⅳ. ①K295.42

中国版本图书馆CIP数据核字(2019)第204876号

发现徽州——徽学资料整理与研究 邵宝振◎著
FAXIAN HUIZHOU HUIXUE ZILIAO ZHENGLI YU YANJIU

责任编辑：蒋　璐　　责任校对：李慧芳　牛　佳
装帧设计：张　玲　　责任印制：桑国磊
出版发行：安徽师范大学出版社
芜湖市北京东路1号安徽师范大学赭山校区
网　　址：http://www.ahnupress.com/
发 行 部：0553-3883578　5910327　5910310(传真)
印　　刷：江苏凤凰数码印务有限公司
版　　次：2021年1月第1版
印　　次：2021年1月第1次印刷
规　　格：700 mm × 1000 mm　1/16
印　　张：20
字　　数：311千字
书　　号：ISBN 978-7-5676-4351-2
定　　价：69.00元

默默耕耘不问秋　只砖片瓦亦为楼

汪大白

作者邵宝振潜心徽学研究十余载，已有《品读徽州》《沙溪集略》和《徽州记忆・1938》等多部著作接连问世，今又见其书稿《发现徽州——徽学资料整理与研究》杀青付梓，笔者由衷为之欣喜并致贺忱！

按照笔者的理解，所谓“发现徽州”，指的是作者通过搜寻和调查发现了许多珍贵的徽学资料，通过对资料的整理和研究又发现了更趋真实的徽州历史。

由此，笔者想起自己故乡的两位先贤。

第一位便是许承尧先生。他晚年居里治学，属意乡邦文献，博览群书，广事搜讨，前后持续十度春秋，乃成《歙事闲谭》三十一卷。正如诸伟奇说：“在许承尧之前没有任何人，在《闲谭》之前没有任何书，如斯人斯书这样对徽歙各种文化现象给予如此丰富而精致的载述。即使在《闲谭》问世以后的六十余年间，尽管徽学界在研究的学理性和专题的深度、力度上有了重大的进展，但像《闲谭》这样从原始文献出发、全面展示徽歙历史文化、具有学术见解的史料长编，仍告阙如。”因此，《歙事闲谭》堪称“徽学研究的开山之作”，许承尧先生则不愧是“徽学研究的先导”。

第二位则是汪世清先生。他在中国明清艺术史的研究上卓有建树，也是一位德高望重的徽学大家，为徽学的发展作出过突出贡献。他对文献资料的重视程度更是超乎常人。数十年间，他把博物馆、图书馆当作自己的资料工作室，把抄写文献资料当作“日课”来做，到他去世之时，手抄资料积存了130多本！故而有学者赞叹说，他是运用一种看似原始的治学方法，做着真正一流的科学研究。他曾明确指出："徽州先民创造的物质文明和精神文明，大都记载在浩如烟海的文献中，也有许多体现在地面或地下的遗留物中。这些文献的和实物的资料，为开展徽州学研究提供了最重要的条件。在徽州学研究中，不管研究什么问题，都必须首先力求做到充分占有资料。"

令人敬佩的许承尧先生和汪世清先生，都给我们留下了极其宝贵的文化遗产，而他们的学术实践和治学经验，则又体现出徽州学人长期以来一以贯之、始终不渝的治学宗旨及学术理念，那就是乾嘉时期"皖派"考据大师戴震倡导和坚持的"求真求是""无征不信"。立足于当代日益趋热、日益趋显的徽学，我们理应自觉继承和弘扬这一优良的学术传统，深入进行田野调查，广泛搜寻历史文献，在各种专题研究中，"充分占有资料"，"小心"加以"求证"，务求"十分之见"，以确保并提高徽学研究的学术品位。

现在，呈现于读者面前的这本《发现徽州——徽学资料整理与研究》表明，作者邵宝振是一个致力徽学资料搜集和整理的有心人、热心人，也是徽州学术优良传统的一名传承者、弘扬者。

在这本《发现徽州——徽学资料整理与研究》中，作者寻获、辑录并加以整理的徽学资料，形态不一，品类繁多，内容相当丰富，涉及徽州商业、徽州宗族、徽州民俗、徽州人物以及艺术和收藏等诸多方面。针对这些资料的不同来源，依据这些资料的固有形态与基本属性，作者分别采用了各种相应的形式作出不同程度的整理和研究，或注释，或作考证和解读，或据文献原件撰写述要，或将调查结果形成报告，或以系统梳理作出专题综述，或经初步探索撰成学术论文，凡此种种，均可见作者的用心之细、用力之勤。

有感于此，笔者相信《发现徽州——徽学资料整理与研究》对徽学资料所作的这些调查、考证、整理和研究，必将得到徽学同仁认可，对于方兴未艾的徽学研究必将大有裨益。

感谢作者邵宝振！

己亥夏月写于黎阳默如轩

发现——徽学研究不断走向深入的活水源头

徐 彬

王国维先生有言，“古来新学问起，大都由于新发见”。陈寅恪先生也讲的十分明白，“一时代之学术，必有新材料与新问题。取用此材料，以研求问题，则为此时代学术之新潮流。治学之士，得预于此潮流者，谓之预流。其未得预者，谓之未入流。此古今学术史之通义，非彼闭门造车之徒，所能同喻者也”。徽学的兴起与两位先生所论相契，正是由于大量徽州文书的发现，加之与此相关的商业问题、佃仆制问题，催生了20世纪二三十年代学者对明清徽州社会研究的关注。

此后，近百年的徽学发展，一直与“发现”相伴随，随着数万、数十万件，甚至更多文书的发现，随着数千部家谱的发现，随着数百部方志的出现，徽学研究的领域不断被拓展，徽商、徽州宗族、徽州教育、新安理学、新安医学、徽州建筑、徽州戏曲、新安画派、徽州家谱等徽州文化专题研究不断被拓宽、不断被深入，汇成徽学研究的洪流。

在这发现的过程中，无数的发现者倾注了心血，这其中有一支徽州当地的研究队伍，尤其值得尊敬与钦佩。他们有着强烈的文化自觉意识，默默承担着徽州文化传承的重任，将传统文化的延续融入自己的生活之中；他们有着强烈的危机意识，将保护传统文化融入自己的工作之中；他们有着强烈的问题意识，将徽州历史与现实融入自己的研究之中。他们成为徽学研究最有活力、最有生活气息的研究群体，因为他们的付出与努力，徽学研究更加精彩纷呈。邵宝振先生就是这个群体中的一员，他始终将对家乡文化深沉的热爱融入举手投足之间，用发现的眼光和饱含深情的文字向世人展示丰富多彩的徽州文化。有幸认识宝振先生多年，他是一个十分谦和的人，也是一位勤勉的研究者，时有著作问世，每给人耳目一新之感。今又先睹其《发现徽州——徽学资料整理与研究》新著，深感其发现之勤慎，发现之精微。

首先，发现视角做到了全面与新颖相结合。一是对徽学主要研究内容把握全面，全书共分五个部分，分别是徽州商业、徽州宗族、徽州民俗、徽州人物和艺术与收藏，徽学研究的主要内容均有所涉及，体现了对徽学研究主要部分的清晰认识。二是视角新颖，每一部分又做到从不同角度去认识与发现。比如徽州商业，作者既关注传统徽商研究重点领域中的盐商、茶商，还对新安江古航道航运安全进行了研究。又如对徽州民俗的研究，则是将历史与现实紧密结合，探讨了诸如丰瑞里“抬汪公”、歙县渔梁“跳钟馗”等民俗的变迁与传承。

其次，发现路径做到了文献研究与实践调查相结合。一是作者的研究建立在对徽州文献资料熟悉的基础之上，体现了作者对徽州文献资料收集的用功之勤。如作者对徽州宗族的讨论利用了《祁门奇峰郑氏本宗谱》、休宁《吴氏族谱》、新安城东《罗氏家谱》、歙北《上源程氏宗谱》等多部具有代表性的地方家谱资料，实现了对典型家谱与宗族的考察。二是作者十分注重实践调查。有些调查给人十分深刻的印象，比如为更好地记载“抬汪公”民俗，作者不仅查阅了大量文献资料，更是“数次前往调查”，且于“2016年2月20日，再次专程前往丰瑞里，目睹了村民‘抬汪公’民俗活动的全过程”，对歙县丰瑞里这一具有悠久历史的民俗进行了详细地记录，展示了更为直接和生动的徽州传统文化传承实态。又如为了解吴清山汪氏祖墓情况，作者于2014年9月8日前往吴山铺作实地调查，并走访了多位当地村民，使自己的研究更具直观性。

再次，发现资料做到了新与特的结合。一是作者利用的资料“新”，这个“新”是指许多资料是此前没有整理和被关注过的。比如作者大量使用了歙县档案馆里的资料，比如《祁门奇峰郑氏本宗谱》、休宁《吴氏宗谱》等。作者还使用了数十封休宁县茶叶公会与安徽省茶叶管理处的来往信函，较好地反映了徽州茶叶同业组织的发展情况。二是资料具有独特性。如《从徽州民间的陪嫁礼单看徽州人的婚嫁观》以歙县溪头蓝田叶国安家藏的一份陪嫁礼单和民国时期徽州鲍家嫁女儿的陪嫁礼单，十分直观地展现了徽州重视陪嫁的习俗。

最后，发现资料实现了史论的结合。对资料的发掘是本书的显著特点，但作者的目的不限于此，作者每以新材料为切入点，是为了更好地探寻新资料后面的徽州文化与历史。如《从棠樾鲍氏支祠上谕碑看清嘉庆年间两淮盐业经营环境》，作者从三封上谕着手，不是停留在碑刻内容的介绍上，而是通过具体的历史事件看到了清代两淮盐业经营环境的变化，从而发现清代后期政治、经济及社会的变迁。再如《休宁县茶叶公会与安徽省茶叶管理处等来往信函如整理与解读》以还原双方讨论销售与管理问题为基础，深入探讨了抗日战争时期整个国际环境恶化对茶叶销售的影响，特别是因太平洋战争的爆发，海上航线的封锁，导致茶叶海外市场彻底丧失，徽州茶叶同业组织积极进行自救的系列行为。细读每篇文章，都能感受到作者借助资料，发现徽学中深层问题的旨趣，这亦是本书尤其值得关注的地方。

是为序，以表对宝振先生勤于、善于发现的敬意。

二〇二〇年十二月

目　录

第一辑　徽州商业

第二辑　徽州宗族

第三辑　徽州民俗

第四辑　徽州人物

第五辑　艺术与收藏

第一辑

徽州商业

从棠樾鲍氏支祠的上谕碑看清嘉庆年间两淮盐业的经营环境

在歙县棠樾鲍氏支祠享堂后檐柱正中处，立着一块石碑，碑高1.58米，宽1.48米，厚0.19米，为整块的“黟县青”制成，下有底座，底座高1.1米，宽1.76米。石碑上面刻着清嘉庆九年（1804）的三道上谕，每道上谕长1.3米，宽0.39米，四边框饰以游龙、云纹图案。碑刻的主要内容为扬州盐院巡盐御史佶山参奏徽州商人鲍启运（字芳陶）抗佥误课，请旨革究，嘉庆皇帝连发三道上谕，责成两江总督陈大文[1]办理此案。全文如下：

嘉庆九年三月初八日奉

上谕：本日佶山奏商人抗佥误课，请旨革究一折。据称：“商人鲍芳陶前经佥派淮北盐务，业据该商之子签认口岸，该商忽生告退之心，捏称患病，躲避在家，不肯接办，明有受人唆使愚弄情弊，请旨革去道衔，严行审办，并究明唆使之人，一并究办”等语。商人鲍芳陶于签认口岸之后，忽又不肯接办，如果饰词告病抗不办公，自当革惩示警，但该商患病之处是否属实，尚须确切查明，方可加以惩治，若遽行斥革亦无以折服其心。商人鲍芳陶且毋庸革去道衔，着先交陈大文传讯明确，再行办理。又佶山奏称：“该商系听人唆使，及扬城讼棍颠倒是非”等语，究竟该商受何人唆使愚弄未据声叙，佶山既经奏及，必知其人，该督即可询之佶山，并向鲍芳陶切实根究唆使何人，照例惩办。此外，是否另有别情，并着该

① 陈大文（1742—1815），字简亭，号研斋，河南杞县人，原籍浙江会稽。乾隆三十七年（1772）进士，任吏部主事，不久后升任郎中。随后陈大文历任云南迤东道台、贵州按察使、安徽按察使、江宁布政使、两江总督、兵部尚书等职。

督秉公查明，据实具奏。至淮北盐务久形疲滞，自应妥为调剂。前据佶山奏请佥派家资富厚之商前往接办，如果办运可以获利，则商人趋之若鹜，何以鲍芳陶转推诿不前？佶山参奏该商自虑及众商相率效尤，无人办运，但此次所佥之商是否皆勇（踊）跃愿往？独鲍芳陶一人托故躲避，抑其余各商均不免观望？如果佥派之初，本非情愿，既即勉强责令承办，向后亏折成本，办运竭蹶，不特淮北盐务全无裨益，使淮南殷实富厚之商统归消乏，殊有关系。总督本有兼管官盐务之责，并着陈大文详悉讲求，将淮北盐务是否应令淮南商人兼办，抑另须设法调剂之处，详议具奏。佶山原奏着抄寄阅看，将此谕令知之。钦此！

嘉庆九年四月初三日奉

上谕：陈大文奏，即日赴扬查办商人鲍芳陶抗佥参案一折。佥商案卷俱在盐政衙门，陈大文自应驰赴扬州秉公查办。如该盐政果有婪索不遂、勒逼佥派情事，即应将佶山参奏；若鲍芳陶实系抗佥误课，亦当将该商人奏明革惩。其淮北盐务，是否应令淮南商人兼办，抑或佶山办理不善，未协商情，另须设法调剂，仍遵前旨详议具奏。钦此！

嘉庆九年四月十三日奉

上谕：前因佶山参奏商人鲍芳陶奉派佥商，饰词告病，抗不办公，恐此中另有主唆别情，并淮北盐务是否应令淮南商人兼办，抑另须设法调剂，降旨令陈大文查议具奏。兹据陈大文查覆："以淮北口岸疲滞，应于四万四千余并引之中，酌提二万并引，停其捆运。现据淮南总商洪箴远等禀称，淮北正当积疲之后，势难将停运引课加入现运引中，以致有课无盐，淮南商人情愿按纲代为完纳"等语。着照所请，准于淮南纲盐一百余万引中摊带淮北停运二万并引课项，俾淮北各商得以从容办运，俟试行五年畅销后，再复还原额自行纳课。至商人鲍芳陶认运求退，既讯系上年奉佥时患病属实，且于北运人地生疏，伊有一子读书，不谙盐务，势难兼顾，尚非有心违抗，着免其斥革，准输银五万两，代完淮北退商未运壬戌纲盐一万余引。余着照所议行。钦此！

臣鲍启运恭录敬勒

石碑的左下角边框中刻着五行小字：

臣启运被参，若非日月照临，夔龙明允，焉有今日？再造深恩，感泣不尽！谨将上谕三道敬勒宗祠，俾启运世世子孙，仰戴殊恩厚德，以图报称于万一。臣鲍启运谨志。

鲍启运，字芳陶，又字甓斋，鲍志道之弟。鲍启运时任扬州盐法道员。上谕，即诏书，是皇帝的命令和指示。三道上谕的时间分别是三月初八、四月初三、四月十三日，在短短的一个月零五天内，连发上谕三道，说明嘉庆帝对这一事件十分重视，这是因为当时的盐税是仅次于田赋的一个重要税种，而两淮盐税又占了全国盐税的一半，两淮巡盐御史李发元曾称："两淮盐课当天下租庸之半，损益盈虚，动关国计。"[①]因此，对于佶山的参奏，嘉庆帝不能不引起高度重视，而且对这一事件的处理也十分慎重。嘉庆帝并没有听取佶山的一面之词，对时任扬州盐法道员的鲍启运进行"革究"，而是责成两江总督陈大文传讯审理此事。透过事件的背后，我们可以看到徽州盐商经营的困顿，其时两淮盐业的经营环境已经十分恶劣，犹如惊涛骇浪中的大木船，虽然尚未散架，但已是百孔千疮，经不住折腾了。

一、来自各级官员的明索暗夺，加重了商人的负担

食盐作为清政府控制的主卖商品，商人要取得贩卖食盐的许可权，必须与政府官员相交好，买通关节。作为封建政府以及政府官员来说，他们借助盐商，从中渔利，中饱私囊。清政府为加强对盐课的征收，设置了各种机构和官员，这些官员除正俸由清廷支给外，另有一大笔"养廉银"。如巡盐御史为每年5000两，盐运使为每年2000两，另有"心红银"（即每钤一次官印所收的小费）40两。盐官的"养廉银"按清制直接由盐商支付。此外，盐务衙门的一切开支用度，包括每日饭银50两，又幕友束脩、笔墨、纸张一切杂费银70两，一天共120两，一年竟达43 800两，

① 清嘉庆《两淮盐法志》卷五十五。

也统由盐商来支付。这些均为公开可查的经费收入，不公开的有“程仪”（送给上级官僚的路费）、“规礼”（旧时官吏、差役凭借权力索取的献金和礼物）、“别敬”（旧时贿赂的讳称。如夏天送财礼叫“冰敬”，冬天称“炭敬”，送给女人的是“妆敬”，送给学子的是“文仪”，喜庆为“喜敬”，年节为“年敬”“节敬”，给门房或仆人的叫“门敬”“跟敬”，还有“陪敬”“菲敬”“加敬”等）等名目的额外收入。如康熙时两淮巡盐御史李煦所说“此三者合一岁而计之，亦不下盈千累万”，盐务衙门的官员“视商家为可啖之物，强索硬要，不厌不休”，有的公然差人上门坐索，“辗转抽丰，难以枚举”。盐务衙门的各级官员，“官无论大小，职无论文武，皆视（两淮盐商）为利薮，照引分肥”[①]。国家财政依赖两淮盐业，“而两淮尤擅利权，商与官为市，当任者非桑孔心计无垠，则龌龊琐碎，朝令夕易，顾殚诸商，诸商亦罕能伸眉吐气，与论曲直损益”[②]。

二、来自封建王朝的沉重的正杂税，加大了对盐商的剥削与搜刮

首先，浮费开销过大，运商成本增加。在淮盐产地，除正常税课外，杂项开支亦复不少。杂项中办公、办贡等款，在科税时已经带征，为文武衙门公费及一切善举，然带征之数并不固定，往往随事而增。每年除养廉、兵饷、水脚、部饭等项银33万两，可作正项开销外，还有普济、育婴、书院、义学、务本堂、孝廉堂等处需银20余万两，以及各衙门公费及盐政运司以下之书役、辛工等项，亦需银80万两，大大超过每纲额定20万两之数。此外，又有不少额外开销名目，比如扬州新盐院到任，修理衙署、铺垫什物，一切费用本不及数千两，开销却常高达八九万两；手禀红帖一项，所费不过数十文，竟开销1000两。当地有德音、春台两戏班，专供总商、官员家宴，每年开销3万两，亦由浮费开支。据统计，两淮纲盐正课约为21.7万两，而其他杂项开支竟高达45.4万两，为正课的两倍多。如果将其平摊到每引上面，则每引纳正课银1两2钱余，而浮费

① 清嘉庆《两淮盐法志》卷首。

② 歙县《竦塘黄氏宗谱》卷五《节斋黄君行状》。

则高达2两8钱。以上尚为政府额定每年应征之款，官吏贪污勒索的数量，则已无法统计。

淮盐产地如此，销盐口岸也并无二致。行销湖广之淮盐均要运至汉口，到岸有岸费，每引带捐6钱，后加2钱。岸店短少，徒劳运输，亦使成本加重。淮南官盐按规定由仪征逆江而上，运至汉口总盐岸后，再由此分配各销盐区。以前武昌下游的兴国、大冶，黄州府所属各州县，以及江西彭泽、德化、湖口等县，都要到汉口运盐回岸销售，这种“折回转售”，无疑会使脚费（搬运费）加重。此外，捏名冒支的也很多，如漕运总督、河道总督、巡抚各衙门，从未有缉捕犒赏等款，而各处仍每年开销三四千两。总之，名目繁多，假公济私，统名为成本，归于盐价。

其次，手续复杂，层层盘剥。纲法旧制规定，领运例有请、呈、加三项名目，又有平、上、去、入四处截角名目，其余朱单、皮票、桅封等花样亦复不少，以致运司衙门书吏多至19房，商人办运请引，文书需辗转11次，经盐务大小衙门12处，虽名为节节稽查，而并无稽查之实。

据两江总督兼两淮盐政陶澍称：国初，两淮正纲盐课银，原有90余万两，加上织造、铜斤等解款，也只有180余万两。但到乾隆年间已达400余万两银，“课则数倍于原额”。清嘉庆二十年（1815）后，“淮纲每年正杂内外支款竟需八百余万两之多”[①]。在乾隆年间的两淮盐引案中，查出的款项中，有一项备办南巡出差银。《清史稿》载：“惟乘舆屡次南巡，天津为首驻跸地，芦商供亿浩繁，两淮无论矣。”可知，乾隆南巡所需巨额经费，实际上大多来自两淮与长芦盐商身上，而非乾隆口头所说“一切出自内府，无烦有司供亿”[②]。嘉庆年间，以徽州盐商居主导地位的两淮盐场，苛捐杂税达92种之多。

同时，清政府的财政日见拮据，康熙时，国库存银5000余万两；雍正时，国库存银6000余万两；乾隆五十五年（1790）以前，国库存银至8000万两。由于军需、河工、宗室俸禄所耗，特别是官吏贪污和乾隆帝的铺张浪费，乾隆晚年，国库空虚，难以为继。在这种情况下，清政府只好多方筹措经费，包括克扣平余差价，开捐例，整理钱粮亏空，增加

①《陶文毅公全集》卷十四。

② 清嘉庆《两淮盐法志》卷首。

盐价，增加榷关税收，等等。嘉庆十四年（1809），南河总督吴僘等人就以河工经费浩繁奏请：将各省现行盐价，除淮南运行楚西纲引奏加余息外，其余各处，每斤酌加3厘，以充工需。此项建议得到了嘉庆帝的赞同，结果长芦、山东、河东、两淮的盐价均加价。影响更为恶劣的是“卖官”（捐例），出钱买官的地主商人到任后，又千方百计从农民和商人身上盘剥回来，这样不仅加剧了吏治的腐败，而且加重了社会的负担，进一步激化了社会矛盾。

三、层出不穷的捐纳，犹如吸血的蚂蟥，榨干了徽州盐商的私囊

“两淮盐策运课所入甲于天下，凡转饷、捐赈、兴工，动关国计。”[①] 徽州盐商鲍漱芳[②]在嘉庆一朝就多次捐款。1805年，黄河、淮河大水灾，洪泽湖决堤，他先后捐米6万石，捐麦4万石，赈济了数十万灾民；改六塘河从开山归海，他集众输银300万两；疏浚芒稻河，他捐资6万两。盐商汪应庚[③]也多次捐款。乾隆三年（1738），两淮大旱，汪应庚捐赈银47 310余两，又设8个粥厂，救济一个月，接济灾民十万人；乾隆五年（1740），淮南水灾，汪应庚赈银6万两，再设粥厂，救济灾民十万余人；又兴复平山堂、栖灵寺，建五烈祠等。

助赈之外是助饷。所谓助饷，是指商人捐款以助朝廷军费的活动。乾隆三十八年（1773），因平定大小金川，以徽商为首的两淮盐商一次就助饷银400万两。乾隆五十三年（1788），又因用兵台湾，徽商捐银200万两以备犒赏之需。乾隆六十年（1795），为协助朝廷镇压湖南石三保苗民起义，徽商捐银200万两。嘉庆年间，为镇压白莲教起义，以徽商为中坚的两淮盐商连续6次捐输，共计耗银700万两。《清史稿》载：“或遇军需，各（盐）商报效之例，肇于雍正年，芦商捐银十万两。嗣乾隆中金川两

① 歙县《汪氏谱乘·奉宸苑卿汪君事实》。

② 鲍漱芳（1763—1807），字席芬，一字惜分，歙县棠樾人，清代著名徽商。自幼随父（鲍志道）在扬州经营盐业，聚资百万，颇富声誉，公推为两淮盐纲总商。

③ 汪应庚，字上章，号云谷，人称万松居士，歙县潜口人。业盐于扬州，富而好礼，好施与。

次用兵，西域荡平，伊犁屯田，平定台匪，后藏用兵，及嘉庆初川、楚之乱，淮、浙、芦、东各商所捐，自数十万、百万以至八百万，通计不下三千万。”如此巨额的助饷，即使是挟资千万的徽州盐商也难以应付。据嘉庆《两淮盐法志》统计，从康熙十年（1671）到嘉庆九年（1804）的100多年中，两淮盐商前后捐输的财物共有：白银3930余万两，米2万余石，谷33万石。商人每次捐输，多则数百万两，少则数十万两，其余寻常捐输则难以枚举。两淮盐商中，徽州盐商占据优势，因此，捐输的负担大多落在了徽商头上。曾任两淮总商之一的徽州大盐商江春①，每遇捐输，“百万之费，指顾立办”。据嘉庆《两淮盐法志》载，从乾隆十六年（1751），乾隆帝首次南巡，驾临扬州，至乾隆四十九年（1784），江春与他人“急公报效”“输将巨款”达1120万两之多。江春也因此陷入资金链断裂的困境，以至经乾隆帝的特许，从国库中借款30万两来维持经营。徽州盐商频繁地捐输、赈灾、助饷、接驾，在获得荣光的同时，私囊渐空，其流动资金出现了严重的短缺。同样，上述石碑中的“抗佥”事件，也以鲍启运输银5万两而告终。

四、泛滥的私盐，无异于釜底抽薪

盐是生活必需品，不具有选择替代性。由于附加在官盐上的各种税费名目繁多，提高了成本，盐价过昂，百姓承受不起，买官盐食用成为一种负担，同时官盐还有短少分两、掺和泥沙等现象。但日常生活中食盐又必不可少，在这种情况下，价格低、质量好的私盐成为民众的必然选择。从产地到运输、销售各个环节，私盐无孔不钻。

灶户生活清苦，以盐售私，与盐贩共同获取利润。有的灶户为对付场商大秤勒索，在食盐中搀进不少沙土，称为“脚盐”，而将净盐售给私贩。搀有沙土的脚盐用高成本运到引地后，却发现质次价高，根本无人买食。运输时少装官盐，在盐船上预留空舱以装私盐，沿途售卖。由于

① 江春（1721—1789），字颖长，号鹤亭，歙县江村人。江春出身盐商世家，他的祖父是两淮盐商的中坚人物，父亲江承瑜为两淮盐业总商之一。江春参加乡试名落孙山后，遂协助父亲经营盐业，后任两淮总商。

有利可图，盐务官员凭借手中权力参与走私，官衙形同虚设，靠他们去缉拿私盐只是一句空话。据记载，当时淮北一带，活跃着一支庞大的食盐走私队伍，人数最多时，竟达数十万之众，使官盐的销售市场日益萎缩。

以上诸弊的出现，必然会导致纲盐运销困难，有引额而无售额。嘉庆二十四年（1819），淮北未销盐达89 769引，占额销引数296 982引的近三分之一。次年，湖广、江西缺销亦高达25万引，占原额的四分之一。清代学者包世臣指出：两淮纲食引地，无论城镇、村庄，食私者什七八。盐引积压滞销，必然造成盐商资金周转困难和借贷负息。“内不足而借资以济运，所得不偿其所失，则资竭于外矣。当此之时，欲使引不积而课有余，岂不甚难？”①

五、社会动荡，使盐业运输与销售受到极大的影响

嘉庆朝上承“康乾盛世”，下启道咸以来之衰世，是清王朝由盛转衰的过渡期。嘉庆一朝，吏治腐败，军备松弛。各级官吏层层盘剥，大鱼吃小鱼，小鱼吃虾米。同时，军官克扣军饷，勒索百姓；兵士疏于训练，纪律涣散。官吏的腐败，加重了人民的负担，激化了社会矛盾。在贪官污吏的盘剥下，老百姓无法生存下去，只好铤而走险，揭竿而起。嘉庆元年（1796），川、楚、陕交界地区爆发了白莲教起义，后波及川、楚、陕、豫、甘等地，起义的群众包括荆襄的流民、棚民，长江的盐户等，历时九载。而荆襄等地则为两淮盐业的重要销售地，战争使盐业运输与销售受到了极大的影响。嘉庆七年（1802）七月，广东博罗县陈烂四发动了反清的天地会起义，起义人数达万人。嘉庆十八年（1813）九月，爆发了北京天理教首领林清起义。清政府为镇压农民起义，耗费了大量的军费，仅镇压白莲教起义所耗白银就在2亿两以上，所耗的军费又转加在农民和商人的身上。

清嘉庆九年（1804），鲍启运遭到佶山的参奏，实际上是当时两淮盐业的真实反映。在此之前，佶山曾上疏嘉庆帝，呈报淮北海州管辖的三

①《淮鹾备要》卷七。

个盐场受了灾，积了六年的税款没有完纳。可知淮北一地的盐业生产凋敝已久，原因是浮费太重，盐价腾贵，因而私贩盛行，官盐匿迹市场，造成盐场生产停顿，灶倒人散。佶山明知道淮北盐场运不到盐，却强迫商人课税。佶山拿鲍启运开刀，无非是敲山震虎，因为鲍启运的哥哥鲍志道是两淮盐务总商，在众商中享有威望。佶山为了中饱私囊，就要弄权术。上谕中说："如果办运可以获利，则商人趋之若骛，何以鲍芳陶转推诿不前?"说明嘉庆帝对淮北盐务的情况是知情的。随着盐法舞弊祸患的加深，一般盐商濒于困境，忍受不了大小官吏的敲诈，已无力向清廷报效和捐输，当时只有几个大盐商还勉强能支撑门面，其中包括两淮盐务总商鲍志道[1]与淮南总商洪箴远[2]等。

虽说是满腹委屈，但迫于官府的压力，淮南商人同意按纲摊带，代完部分淮北口岸疲滞亏空的课税。鲍启运借故生病，"抗佥误课"，也以"患病属实，且于北运人地生疏，伊有一子读书，不谙盐务，势难兼顾，尚非有心违抗，着免其斥革，准输银五万两，代完淮北退商未运壬戌纲盐一万余引"而了其事。一场大祸就这样平息下去了。鲍启运知道如此了结，对商人来说是极不公平的，但又无可奈何。后来鲍启运回到家乡，整修宗祠时，精选碑材，刻上三道上谕，以昭告后人。

① 鲍志道(1743—1801)，原名廷道，字诚一，自号肯园，歙县棠樾人。清乾隆十八年(1753)，因家道中落弃学去鄱阳学会计。数年后转浙江、江苏经商。二十岁后独资为盐运商，并以"资重引多"出任两淮总商二十年。

② 洪箴远为商号名，主人洪征治，字魏笏，歙县桂林人。

休宁县茶叶公会与安徽省茶叶管理处等来往信函整理与解读

1937年抗日战争全面爆发之前，徽州的外销茶叶主要通过上海口岸出口。至1938年春，沪、宁、杭已经先后沦陷，茶叶外运受阻，外销茶商上年收购的茶叶阻隔在上海，尚未全部脱手，据统计歙、休、婺三县就有箱茶3万箱。为换取外汇支援抗战，1938年6月，财政部颁布了第一次战时产业统制的“管理全国茶叶贸易办法大纲”，由财政部贸易委员会主办茶叶的对外出口业务，在全国推行茶叶的统购、统销。8月，国民政府设立皖赣红茶运销委员会，由中国茶叶公司发放“箱茶贷款”，就地收购，统一通过宁波、温州等口岸，运往香港富华公司（贸委会专门经营茶叶的机构），通过香港转运国外销售。为加强管理和指导，1939年在屯溪成立安徽茶叶管理处，处长程振基，副处长胡浩川。本文所收录的信函均是此时休宁县茶叶公会与安徽省茶叶管理处等就茶叶贷款、收购与管理等方面的来往公函。通过对这些信函的解读，基本可以还原此时徽州茶叶销售与管理的一个基本概况。

（一）休宁县茶叶公会关于茶叶贷款事项致安徽省茶叶管理处的函[①]

遥启者：

窃查贵处审查贷款规则第十一条载：“箱茶贷款以正货为原则，其贷款额，以每箱三十元为标准，副货（红茶之花香、牙蕊，绿茶之针眉、秀眉、蕊眉等）仍须随同正货缴交，不另贷款”等由，本会四月十一日

① 信函标题系笔者所加，后同。

会员大会开会时，对于此项规定，曾提议案讨论，佥以副货随同正货缴交，不另贷款，似欠平允，拟请正货以七五成、副货以二五成合并贷款，每箱贷三十元。议决通过，相应录案。函恳贵处于贷款时，俯允通融，酌略变更办理，以顺商情。并希核复，俾可转知。至纫公谊。

谨致　安徽省茶叶管理处处长程

休宁县茶叶公会主席姚毅

四月十四日

（二）安徽省茶叶管理处致休宁茶叶公会茶叶贷款请示事项的复函

快邮代电：

休宁茶叶同业公会：函悉。据称绿茶贷款疑拟请正货以七五成、副货以二五成合并贷款，每箱贷三十元，恳俯允通融，酌略变更，以顺商情等情到处，查正、副货交货标准，本处所订绿茶贷款补充办法已有规定，至每箱贷三十元，为箱茶见箱。贷款办法与制茶信用贷款不同，准函前由。合将绿茶贷款补充办法检发，并仰转知各商号遵照！

安徽省茶叶管理处　宥印

（三）休宁县、歙县茶叶同业公会关于要求箱茶增加贷款致安徽省茶叶管理处的函

代电：

安徽省茶叶管理处程处长钧鉴：

窃以本年毛茶高涨，制本激增，而制茶贷款比较去年仅增加十分之二，商人资力薄弱，已多周转为艰，其在屯溪出售之箱茶，因时日较短，勉可支撑。至于交运箱茶，则成本既重，为时又久，商人资力确有不逮。且自评价公布，其奉到通知，核计售价，不敷血本者，实不乏人。皆感于售则必须亏折，运又限于资力，种种困难，彷徨无措。为此电陈钧鉴，务乞垂念商艰，函请贸委会对于交运箱茶，准照每箱原定贷款数目，最低限度增贷十分之五，俾利起运，而唯成本曷胜迫切待命。

休宁县、歙县茶叶同业公会同叩养

全面抗战前，徽州茶商主要通过茶行或直接向上海茶栈贷款。1938年由皖、赣红茶运销委员会发放茶贷，总额为350万元，由江西裕民银行、安徽地方银行屯溪分行经办贷款业务；1939年由安徽省茶叶管理处办理茶贷，同时改为“见箱贷款”，规定每箱贷款最高不得超过成本的80%；1940年，由中国、中央、交通、农民四行承办制茶贷款，规定“屯绿”每箱贷款48元，附加条件是产制300箱以上才有资格申请贷款。

（四）休宁县茶叶公会主席姚毅关于茶价评定事宜致安徽省茶叶管理处处长程振基的函

遥启者，四月十一日，本会召集会员大会，佥以售茶评价关系商人利害，至为重要。所有在港销售部分，查阅省方与会方所订合约第十七条载有：“茶管处并得派驻会专员一人，及助理员三人至五人……协助会方茶叶课，办理存栈、布样、过磅、结账等手续。定盘时并须先取得驻会专员之同意，省方如有意见，得随时提出，会方应尽量采纳之”云云。查此项规定，固有裨益于商人，但评盘高低，血本所系，为郑重计，拟请贵处于遣派助理员时，准由本会推选富有经验之专家二人，参与其间，不但布样、过磅等事，足资熟手，即于售茶评盘，由驻会专员转向会方陈述意见，亦得有所依据。如此，则评价较易平允，可免隔阂之虞。以上各节，当经列案讨论，全体通过，为此函陈。鉴核，务希体念商情，俯如所请，至纫公感。

谨致　安徽省茶叶管理处处长程

休宁县茶叶公会主席　姚毅

四月十五日

（五）安徽省茶叶管理处于茶价评定事宜致休宁县茶叶公会的复函

快邮代电：

休宁茶叶同业公会案，据贵公会四月十六日函称：“四月十一日，本会召集会员大会，佥以售茶评价，关系商人利害，至为重要。所有在港销售部分，查阅省方与会方所订合约，第十七条载有，‘茶管处并得派驻会专员一人，及助理员三人至五人……协助会方茶叶课，办理存栈、布样、过磅、结账等手续。定盘时并须先取得驻会专员之同意，省方如有意见，得随时提出，会方应尽量采纳之，云云。查此项规定，固有裨益于商人，但评盘高低，血本所系，为郑重计，拟请贵处于遣派助理员时，准由本会推选富有经验之专家二人，参与其间，不但布样、过磅等事，足资熟手，即于售茶评盘，由驻会专员转向会方陈述意见，亦得有所依据。如此，则评价较易平允，可免隔阂之虞。”等情，据此，查布样、过磅，重在经验，本处自当广延专才，以利进行，惟有贵公会推选一节，核与本处职责似有未合，未便采此方式，相应电复查照。

安徽省茶叶管理处　哿印

据查，茶叶评价委员会组成人员如下：姚毅全、叶凤山（歙）、吴泽民（休）、汪秋圃、孙星樵（婺源）、周祥忠、胡浩川七人。

（六）休宁县茶叶同业公会关于要求及时拨付货款致贸委会、茶管处的函

代电分缮贸委会、茶管处：

财政部贸易委员会皖赣办事处主任陈、副主任刘，安徽省茶叶管理处处长程，钧鉴伏查：

钧处贸委会收购皖省箱茶办法第二十四条内载：“箱茶过秤交货后，以十日内结价为原则。”又第二十五条内载：“本处结价揭单及茶款，由本处扣除贷款本息后，交由茶管处转发货主。”等由，公布在案，现在已经过磅之首、二各批箱茶，时逾十日者，业有多家，未蒙结价付款，致

各厂号纷纷来会探询。窃以绿茶原为分批贷款制造，分批交箱出售，则结价付款理应分批清算，自无疑义，且稽延日久，使商人资金周转感受影响，而贷款息金又必增重负担，为此电呈钧鉴，务乞垂念商艰，函请贸委会仍以过秤后十日内结价为原则，对于已经过秤之箱茶，迅予按批结付，即或目前事实不能尽数付清，其于各该批之贷款利息，应请依据十四日过秤、十日结价之规定，扣至允沽后二十四日为止。合并额陈，统希鉴核，迫切待命。

休宁县茶叶同业公会同叩　印

垂念商艰，自请贸委会仍以过秤后十日内结价为原则，将已经过秤之箱茶按批计算之金额，如数划收账内，作为扣还贷款，同时除去该批前领贷款外，所余整数仍行发给货主，作为加贷款项，一俟各厂号最后等箱茶售磅清楚再总结算。是于省会合约既无违背，而于商人得解倒悬。迫切电陈，伏乞鉴核，昌盛待命。

（七）休宁县、歙县茶叶同业公会关于要求拨付茶商之盈项致安徽省茶叶管理处的函

呈为二十七年份屯购绿茶派给茶商之盈余款项，拟请拨交本会保管，以充茶商事业基金由：

窃查二十七年份皖赣红茶运委会代贸易委员会在屯收购绿茶，根据合约载明如有盈余，交还省方以半数，按照箱额派给茶商。现在阅时已久，此项盈余谅经结算照数拨出，所有应行派给茶商部分，为数究有若干，以及如何处分之处，迄今未奉明。今本会对于此款，拟专组设保管委员会，请钧处按照休宁所售箱额应摊之数，拨交本会妥为保管，俾充本县茶商福利事业之基金。为此备文呈请钧鉴，是否可行，尚希核示只遵。至纫公谊。

谨呈　安徽省茶叶管理处处长程

休宁县茶叶同业公会主席姚

歙县茶叶同业公会代表　程镜庭　张景阳

（八）休宁县茶叶同业公会关于茶价调整致安徽省茶叶管理处的函

快邮代电：

安徽省茶叶管理处程处长鉴：

窃自绿茶评价公布后，据已奉通知之各厂号来会声称，照贸委会现评价格，若以本批计算，其能保持成本及稍沾微利者，未始无人，而亏及血本者，亦复不少。咸以赶运出口，销售国际市场，以期换取外汇，关系国家大计，故不便坚持，勉强允洽。惟是本年毛茶市价，确系逐步提高，今已评之首、二批箱茶，犹为初期所进之早水嫩叶，其购价未达极峰，乃售盘结果，仅仅如此。至后步所进毛茶，品质未免较逊于前，且购价反为较贵。设以已评为例，悬揣后批所售，统计全盘盈亏，不容不緦緦为虑！为此据实陈明钧鉴，伏乞咨请贸委会，对于后来评价，务宜顾及省会合约，在可能范围，不使低于制茶成本，并履践正当利润之保障。且当此空警时闻，敌机肆虐之际，当事者似宜以仁德为怀，垂念商人拥护国策推行，甘冒百般危险。缕晰渎陈，曷胜待命。

休宁县茶叶同业公会　卯庚

（九）休宁县茶叶同业公会关于茶价问题致安徽省茶叶管理处的函

安徽省政府皖南行署主任戴钧鉴：

据五月二十八日及六月一日徽报揭载，贸委会与茶管处商定收购皖省箱茶办法，其第十三条至第十八条所定绿茶价格，核合商人成本，制茶百斤，亏蚀至十余元之巨。查本年茶商成本激增，一则由于毛茶高涨；一则由于物贵工昂，制费加重，是皆事势所迫，无法减少。且征诸已往毛茶拟价，每石五六十元所常有。商人遵奉救济茶农之旨，不敢低抑茶价，亦不能低抑茶价，至贸委会所标价格，无非视去岁为比例，稍予增加，岂知去年茶商略沾微利者，非关售价优越，实缘毛茶购进低廉，至去岁毛茶之惨落情形，确属从来罕见。若以去岁比例，殊欠平允。为此电请钧署，调查生产成本，依据省会合约第十一条，饬令茶管处商定公允价格，以恤商艰，而利生产。曷胜迫切，待命之至。

休宁县茶叶同业公会　叩微

（十）安徽省营业税休宁县征收局关于茶叶税率调整致休宁县茶叶公会的函

安徽省营业税休宁县征收局公函

茶字第三十三号

事由：

为奉令本年茶税照二十七年税率增加一倍，定期开征，函请查照，转饬茶庄、号，照章申报由。

案奉：

省政府皖南行署财（文）代电转奉：

省政府财二（卅）电开："本年茶税应仍照二十七年成案办理，但红绿茶不论本庄、洋庄，经提会议决，一律照二十七年税率增加一倍，其增加之款作为发展交通及拨补县地方之用。仍解省库统筹支配，饬即筹备开征。"等因，查本局奉令兼办休黟两县茶税，行即定期启征，相应函达，请烦查照转饬茶叶庄号，应于营业前，报局查明，核发短期营业税调查证，以便营业，于营业时，并应请领申请书，填送本局照征税款，俾符定章。并希见复为荷！

此敬

休宁县茶叶公会

局长　张舫榭

中华民国二十八年五月二日

长期以来，茶叶税一直占徽州各县工商税的一半左右，它是财政收入的主要来源。茶税始于唐中期。宋时，茶商向官"交引"，凭引票购销茶叶。自唐代至明代，税率为十分之一。清代创办厘金，改征茶厘。民国元年（1912），每引（50公斤）征银元2元；1919年，销省外每引征税2元2角5分，销省内每引征税2元，地方税0.22元，常关税0.72元。1932年7月对茶类征收短期营业税，按资本额课2%。1935年3月每百斤征正附税1.20元（正、附各半）。根据上述公函可知，1939年的税率比上年增加了一倍。1940年税率复按2%课征。1942年4月改茶类统税，按市场每六个月内平均之批发价15%征收。

征收管理上，从1926年起，由省遴选县茶税局长，采取驻场和驻厂两种征管办法，征收茶类统税和货物税。茶叶集中产销，税源丰富的地区派员驻场。茶商按旬报告收购进度，于销售或运出前，报当地征收单位验明包件，发给完税照，监贴印照，加盖骑缝戳记，方准起运。在产区设有制茶厂者，茶叶进厂加工，起运前，具保申请，核发临时运单进厂，制成出厂运销时缴税。

（十一）安徽省茶叶管理处关于禁止使用有毒色素等事项致休宁茶叶同业公会

安徽省茶叶管理处公函

茶字第四十五号

案奉皖南行署建字第九五二七号训令开："案准财政部贸易委员会驻香港办事处本年三月二十四日函开：'查绿茶着用有毒色料，影响外销甚巨，本年各省绿茶所用无毒颜料，除令饬本会上海富华公司尽量制造，按照实际成本作为贷款一部分，分发各省茶叶管理机关，转发绿茶厂应用外，不足之数，准颜色商以制成品向富华公司登记，请求检验，经检验无毒，发给凭证，方准售与茶厂应用。深恐商人贪图廉价劣货混用有毒色料，为特专函布达，烦饬贵省茶叶管理机关对于无凭证之有毒色料，严加取缔，并希转告各茶厂，本会收购时，亦须查验凭证，举行色料检验，凡着用有毒色料绿茶，一概拒予收购，以维华茶对外信誉，诸希查照办理为荷。'等由，准此合函，令仰遵照"等因。

奉此查有毒色料，早经严禁使用，本处举行茶叶检验，旨在取缔粗制滥造，促进品质之改良，故凡申请检验之茶叶，即加以严格之检验，并随时派员巡回指导，以期周密至该项改良。无毒黄色色料，本处备有现货，为适应目前需要，函请财政部贸易委员会皖赣办事处，代向上海富华公司添购，不日可以运到。即希贵会转知各绿茶茶号，如需用该项无毒黄色色料时，可径向本处购用，相应函请查照办理为荷。

此致

休宁茶叶同业公会

处长　程振基

中华民国二十八年四月二十一日

徽州山清水秀，雨水丰沛，高山幽谷，云雾缭绕，茶树生长，得天独厚。徽茶，叶厚芽嫩，色润香浓，品高质优，本不必添加任何色料，但为迎合部分国家的消费习惯，为使色彩统一，汤色悦目，遂应洋行要求，添加各种色料。部分商人为追求利润，竟不顾添加的色料是否安全，盲目生产。徽茶历史上，曾因添加有毒色料而遭受危机，直接影响华茶在国际市场上的份额。

清宣统二年（1910），美国政府颁布了有关禁止着色茶进口的法令，从此以后，华茶（徽茶占相当的份额）输美数量即为锐减。幸而当时非洲、摩洛哥等地还可行销，销路濒绝的华茶，尚得一席之地。第一次世界大战结束后，日本、印度等国茶叶兴起，与华茶争夺国际市场，华茶国际市场的份额逐渐减少。1932年，法国也颁布了禁止有毒着色茶输入法属领地的法令，这样，华茶又失去了法属领地的大片市场，销路再遭打击。

《皖浙新安流域之茶叶》载："查徽属各地所施用之色料，经实业部上海商品检验局之化验，确于卫生不宜。茶既为有益饮料，制造自应力求清洁，方足以投需要者之嗜好，而我国茶商，袭用旧法，不思改良，而掺伪作假，以期一时利于推销，遂不计其一切，予日、印以有作用之反宣传，诚属自谋之不臧矣！"上公函即是针对此一现象而发布的。

茶叶同业公会的职责是维持增进同业公共利益，排除同业纠纷，纠正营业弊害，发展对外贸易。以上信函虽然有些并没有注明时间，但从内容分析，应是1939年，休宁、歙县茶叶同业公会为维护徽州茶商的利益，可以说是不竭余力。

新安江古航道航运安全初探

一、概述

徽州历史悠久，秦始皇二十六年（公元前221），置黟、歙二县，歙县的治所在歙浦，即今义成、朱家村一带，直至隋末。歙浦面临新安江，河深水缓，利于舟筏，为当时的水陆要冲。隋义宁年间，汪华迁郡治于乌聊山，筑郡城，临练江。

在徽州境内，新安江及其支流覆盖了徽州的一府六邑，除祁门可通过阊江、婺源通过乐安江进入江西境内的鄱阳湖，绩溪可通过青弋江进入芜湖长江外，绝大部分的商业活动及人员出入都要通过徽州的母亲河——新安江出入，因此，从一定程度上说，新安江的繁荣就是徽州的繁荣，新安江航运安全牵挂着徽州千家万户的心。康熙《休宁县志》卷七《艺文·汪伟奏疏》载：

天下之民寄命于农，徽民寄命于商。而商之通于徽者取道有二：一从饶州鄱、浮，一从浙省杭、严，皆壤地相邻，溪流一线，小舟如叶，鱼贯尾衔，昼夜不息。

清澈明媚的新安江，宛若熠熠闪光的彩练，蜿蜒曲折于徽州的崇山峻岭之间。徽州物产丰富，如茶叶、木材、毛竹、水果、药材、山核桃、香榧、桐油等，种类繁多，品质尤佳。徽墨、歙砚、漆器等传统工艺品久负盛名。徽州的茶叶、竹木及其他土特产通过新安江源源运出，大米、食盐、布匹、京广百货、海鲜以及南北杂货又赖其从杭、沪、苏以及金华、兰溪等地源源不断地输入。一江横流，舟楫往来，几千只民船舟筏穿梭往返于新安江上，大大活跃了徽州的商品经济，也促进了徽商的迅速发展。

徽州曾是山越人的栖居地，山越人善于驾舟。徽州最早的水上运输工具是乌排。乌排起源于南北朝，是用多根毛竹制成，漆成黑色，有底无帮，平面铺开，面积大，浮力大，适合山区浅水运输，每对乌排能载货五至七吨，且能载客，因此，在山区陆路交通闭塞的地段，发挥了很大的作用，被誉为“山间轻骑”。木帆船运输，约兴于15世纪末叶，到明嘉靖年间，已具有相当的规模。徽州因盛产木材、桐油、葛筋、毛竹、箬叶等造船材料，约在明弘治末年，就出现了小型的造船和修船的作坊。有一篇传记性的史料《姚洪魁公传》中记载：

渔梁为地瘠民贫之域，田园绝少，生机维艰，且居大河之滨，故多业船者。有姚公洪魁，里中之杰才也，小名九，号梅占。……时梁上各河，交通不便，转运客货，咸以竹筏载之，一竹筏能载几何？致获利纤细，公因丁口日增，诸形窘迫，乃翻变计，改筏为舟，日夜辛勤，不惮劳瘁，入款较前稍旺。于是，率同业之人，互相研究，一倡百和，竹筏自此绝迹，历年以来，船业之所以渐形发达，实公之创始之力也。①

徽商起于唐宋，盛于明清，整个徽州货物的进出口主要取道水运，中华人民共和国成立前，没有机动船，基本上靠人力操作。江中礁石林立，行船犹如穿行“八卦阵”。所有码头皆是自然坡，装卸货物，依靠一块跳板，肩挑人抬，当时人们称为：“船靠土坡一块板，千斤担子用肩挑。”运输条件十分艰苦。

明末徽商憺漪子选辑的《天下路程图引》卷一收录有一首《水程捷要歌》：

一自渔梁坝，百里至街口。八十淳安县，茶园六十有。九十严州府，

① 转引自歙县水运公司1987年编写的《歙县水运公司发展史》(初稿)，歙县档案馆藏。

钓台桐庐守。潼梓关富阳，三浙垅江口。徽郡至杭州，水程六百走。

自渔梁坝至朱村，全长5公里，常年通航木帆船，主要担任货物的短途驳运。练江与新安江在浦口汇流，始称新安江，它流经歙县，浙江省的淳安、建德两县，至建德县的梅城，入富春江，东流入钱塘江。新安江的主航道在歙县境内，起自浦口，流经南源口、坑口、漳潭、深渡、正口、小川、三港、新溪口至街口。在新安江及其支流上形成了许多繁忙而重要的码头，如绩溪的临溪，休宁的万安、屯溪，歙县的渔梁、朱村、南源口、深渡、街口皆是重要的码头。明代中叶以后，屯溪成为徽茶的重要的集散地，向有“无船三百只”之说，可见其水运的发达。新安江的主航道上常年可通航十吨以上的木帆船。装载量随水位变化而有所不同，丰水期载重量一般在七至八成，平常水位装五至六成，枯水季节只能装二至三成。支流主要通行小船或竹筏。数百年来，从事水上运输的船民们驾着木帆船航行在新安江上，时而驾着风帆，时而撑篙背纤，过险滩，顶恶浪，风里来，雨里去，在江上讨生活，十分辛苦。据老船民们回忆，当年在水上撑船，一天要穿破两双草鞋，走上行船，过滩背纤时，无论冬夏，皆要下河入水。

1958年10月，新安江大坝封水，新安江通往杭州的黄金航线被切断。此后，货物运输逐渐转向公路、铁路，水上运输的辉煌时代结束了。

二、新安江古航道的航运安全

新安江流域属于山区河流，险滩众多。各险滩处，河床狭窄，滩陡水浅，礁石星罗棋布，每逢山洪暴发，浊浪竞高，形成一个又一个的漩涡，航船行进中危机四伏。清代诗人黄景仁有诗云：“一滩复一滩，一滩高十丈。三百六十滩，新安在天上。”清中叶以后，由于森林砍伐过度，水土流失严重，河床淤积，平水期河道水位降低，造成通航能力下降，许多航道浅滩增多，礁石显露，稍有不慎，即有触礁之虞，严重影响了航行安全。其中，练江的施村碓、毛家滩、车轮湾、庙前滩，新安江的妹滩、绵潭滩、米滩、梅花滩等都是著名的险滩。

(一)礁石

影响新安江航道安全的首先是暗伏或显露的众多礁石，船在江中航行，由于受水流、风向、水位以及船老大对航道的熟悉程度等因素的影响，触礁事故时有发生，每当过险滩的时候，全船上下高度紧张，船工们有句谚语："一篙不稳千篙穷。"意思是说，假如有一篙没有撑住，要辛苦一辈子来弥补所受的损失，全家人跟着吃一辈子的苦。触礁的结果，轻者船破物损，重者船毁人亡。清末秀才詹鸣铎在自传体小说《我之小史》中有这样一段描述：

(詹鸣铎)此番坐蔚播茶箱船，至薛坑口(今坑口)，被石壁将船撞破，水入舱中，以致茶箱都湿。后拖船到岸修整，那个茶箱打开，至薛坑口人家，借锅熯过，搁了三天。这个茶叶到了上海，天然蚀本，不消说了。①

笔者在歙县档案馆馆藏的歙县航运管理站1953年的案卷中发现了相关的资料，经整理汇总如下：

1953年新安江船舶失事统计表

序号	日期	船户姓名	装载货物	失事地点	失事的主要原因
1	1月29日	刘金清	漕米35包	麦滩	水急触礁
2	2月4日	叶炳妹	大米73包	滋滩	触礁
3	2月20日	陈老五	大米130包	街口梅花滩	水流湍急触礁
4	2月21日	朱宝根	大米60包	街口梅花滩	遇风触礁
5	2月26日	庄正福	食盐100包	棉潭乡防里村附近河道	触礁
6	3月3日	汪衡山	肥料煤灰1.6万斤	妹滩	触礁
7	3月10日	毛嘉寿	棕毛、箬皮、五倍子	正口的长滩	下雨涨水，船多碰撞
8	4月12日	程庭安	石灰6吨	练江琳村滩	风大触礁
9	5月13日	叶开泰	木料	街滩	水急触水碓坝石
10	5月13日	吴仁贵	木料	街滩	水急触水碓坝石

① 詹鸣铎著，王振忠整理：《我之小史》，安徽教育出版社2008年版，第175页。

续　表

序号	日期	船户姓名	装载货物	失事地点	失事的主要原因
11	5月24日	钱记根	桐枯饼1935块	薛坑口的金滩	触礁
12	7月12日	方灶顺	大米49包	棉潭河段	水浅触礁
13	10月17日	巴春明	箱茶200箱	威坪后门滩	风大水急触礁

以上虽然是统计了新安江歙县航段事故的发生情况，但大致可以反映出新安江航运的一个基本概况。因此，为了保障航运安全，1954年至1975年，安徽省和徽州地区港航工程队，先后多次对练江和新安江航道进行疏浚和炸礁治理，共炸除礁石3000余立方米，建成丁字坝19道、顺坝4道，修复水碓坝3条，提高了通航能力。

（二）洪水

在徽州对外贸易中，木材是一项大宗商品。淳熙《新安志》卷一《州郡·风俗》载："（休宁）山出美材，岁联为桴，下浙江，往者多取富。"乾隆二十二年（1757）《婺源县志》卷四《疆域志·风俗》载："婺源股贾者率贩木，木商以其资寄一线于洪涛巨浪中。"《寄园寄所寄》卷十二载："徽处万山中，每年木商于冬时砍倒，候至五六月，梅水泛涨，出浙江者，由严州；出江南者，由绩溪顺流而下，为力甚易。"

木商一般于上年冬季拼山伐木，或从林农手中收购，运至河边，一般集中在屯溪码头，歙县渔梁、朱村、深渡等地，等到第二年丰水季节，扎成木排，顺江而下。木排连绵数里，声势浩大，这种方式运输量大、运费低、获利多，因此是木商最喜欢的运输方式。从新安江运出去的木材主要销售地在杭、嘉、湖、沪、苏、常一带。

徽州为季风性气候区，降水集中，水位上涨快，来势凶猛，山洪暴发时，肆意冲荡，破坏性较大。堆放在码头或低洼处的木材就有被大水冲走的危险，在运输过程中，由于捆扎不牢或触礁等原因，也可能导致木材被大水冲走。如1941年和1947年大水，停泊在屯溪被冲走的木材，多达两万余两[①]。1954年1月11日，在歙县大梅口被大水冲走的木材400余两，在王村被大水冲走的木材1200余两；5月8日、12日、18日先后三次山洪暴发，冲走了歙县境内国家、供销社、木农、木商沿河堆放的木材2396两；10月上旬冲走1203两，打捞回1112两，损失91两；同年歙县航运站木排运输组在运输过程中，发生事故15起，损失杉木5660根，计705两。可见由洪水引发的损失也是十分巨大。

1942年6月，新安江发生大洪水，国民贸易委员会收购的许多茶叶未及时运走，随意堆放在从屯溪到街口沿岸的村落，被洪水冲走，损失严重。

（三）欺行霸市

只要有经济利益，就存在不法之徒，自古皆然。在繁忙的新安江航道上，在不同历史时期存在着各种强索拉纤、搬运、抬杠等行为，激起民愤，徽州府、县不得不出告示，勒碑示禁。如在清嘉庆五年（1800）新溪口的米滩（也名尾滩）就出现了一群不法之徒，以帮助拉纤为名，行敲诈之实。有碑刻为证：

江南徽州府，歙县正堂，加十级纪录十次　刘

为霸滩勒诈，吁赏示禁，剔弊苏商事。

据黟邑商人余锦文，休邑潘湘浦，青阳县曹心田、宁祥麟等具禀前事，词称："徽河水流江浙，舟楫络绎，通商大川，沿途从无阻挡。惟舟行宪治水南米滩，即尾滩地河，近有无籍之徒，势藉地利，纠众盘踞，用强邀截客船，不容邦牵上滩，霸纤把持，专取其利，任意勒诈，不令商民酌量给力，硬索钱文，稍不遂欲，持刀断纤，并掷石击舟，且百般凌虐。若不用彼纤，即阻舟，不许放行。往来行人，既虑长途日暮，难以羁程，受此荼毒，苦莫言状，至今嗟叹载道，视为畏途。伏思关津留

① 1952年以前用龙泉尺码，以两为计量单位，即在条木大头5.7尺（1.9米）处量其围径，再折为厘、分、钱、两。围径1尺折合2分5厘，围径2尺折合2钱8分，围径3尺折合1两3分。歙县"龙泉码"与外地不同，如歙县不计半寸，上海、杭州计半寸；歙县在5.7尺处围量，上海在5.2尺处围量，杭州在4.8尺处围量。1954年7月废除龙泉尺码，以立方米为计量单位。杉元条每两折合1立方米，原木每2.725两折合1立方米，枕木每10.87两折合1立方米，寸板每2.7市方折合1立方米。

滩、律奉綦严，行市把持，法在必禁。桑梓关河，岂容棍徒霸占要地，欺凌客商。身等俱系代东走水必由之河，疾首痛心，情不得已。虽假邻邑，河在宪治，为此众吁宪天，念切恤商，志专剔弊，俯鉴下情，思赏给示，勒石立禁，以靖地方，以安商民。行旅感悦，甘棠千载。上禀宪台，文行县治。据此，查尾滩地方，有此棍徒，愍不畏法，援害商民，殊堪痛恨！该地保瞻徇不报，均属可恶。除既往不究外，今出示严禁，为此，示仰该处保甲居民人等知悉：嗣后，凡船只往来，听从商人同邦船拉纤上滩。如有情愿雇纤者，仍照前规：尾滩，每名给力钱十六文；天钻滩，每名给力钱十六文；横石滩，每名给钱八文。毋许老幼、残疾之人挽搅霸纤。倘敢复蹈前辙，恃强勒诈，许尔等客商赴县呈禀，即行严拿究处；该保仍复庇纵，定提一并究革，决不姑宽。各宜凛遵毋违。特示！

右仰知悉

嘉庆五年八月初六日示。街口立碑、尾滩立碑、横石滩立碑、屯溪镇立碑。

告示。①

新安江上滩多，江滩所在之处，江水浅、礁石多而水流很急，是下行船最容易发生触礁搁浅的地方，而在上行船时，必须要借助纤工和船工的共同努力才能顺利通过。为有效制止敲诈勒索的行为，徽州府、县对纤夫的价格都做出了规定："尾滩，每名给力钱十六文；天钻滩，每名给力钱十六文；横石滩，每名给钱八文。"并且老弱病残者不得参与拉纤。

王茂荫在咸丰八年（1858）所拟的《歙邑利弊各事宜》的奏折中亦有相关的叙述："由水路初入歙境，地名尾滩，其滩高峻，船最难上。至此正极吃力，两岸无赖之徒，使穷民妇女以小舟拦截于前，肆行强索。每船数百数千，相所载之轻重，必饱其欲乃去。在岸者坐而分肥。倘船户客商不给，稍有争论，则在岸无赖群起助虐，其祸匪轻，行旅病之。"②可见从嘉庆五年（1800）立碑严禁，至咸丰八年（1858）王茂荫上奏，五

① 屯溪市地方志编纂委员会：《屯溪市志》，安徽教育出版社1990年版，第443页。

② 王茂荫著，曹天生点校：《王茂荫集》，中国档案出版社2005年版，第174页。

十余年过去了，尾滩的强索敲诈行为仍然存在，因此王茂荫上奏咸丰皇帝，要求地方官要“严禁尾滩拦索”，严加管理，去除此害。

类似的事件在新安江航线上时有发生，如乾隆十七年（1752）十月，歙县商人王子美由苏州“带柩归里”，在南源口埠头上岸时，就遭到了恶棍余岩美等人，以勒索埠税为名，行敲诈抢夺之实。另笔者在歙县渔梁坝祠内发现两块“扶柩碑”也有相关的内容。两碑分别为同治元年（1862）和光绪元年（1875）所立。同治元年的碑刻全文如下：

特授江南徽州府正堂加十级记录十次　何

为　晓谕严禁事案准：

江南苏州府正堂李移开，据诚善局茶叶董事、国子监典簿衔、吴县附贡生江玉成，同知衔汪枝、叶荫青，从九品郑正昌，职员方光谦，同知衔浙江候补知县吴承绪，酱园业董事、运同衔候选府同知潘雷，五品衔分发补用从九品叶得钊，职员程尚敏、汪锡骏等禀称：诚善局向办资助徽郡六邑，不论何业旅榇盘费，以及浙江、福建、江西茶业无力归乡之柩，一体给费，始于道光十年，附在积功堂举办，继于道光十六年，另立公局，历久循行弗替。自遭庚申之变局，局房被毁，经费无着，以致无力之家，旅榇难归。今茶叶、酱园业倡议，均愿捐资兴复，仍于积功堂中附办诚善局事，棺柩扛抬下船，仍用积功堂土夫，特恐各处脚夫勒索阻扰，即盘柩到徽，恐该处河埠土夫难免需索，环求备移，一体示晓，并许各柩亲属自行起水，扛抬更为便益。循案联名禀乞，给示晓谕，凡扛抬棺柩悉用积功堂土夫，不许各处阻扰，并移徽州府转饬六邑，循照前章示禁通晓等情，并呈规条到府。据此，查该董事公议集资，仍于积功堂内附办诚善局事，资助旅榇盘柩归乡，事属义举，深恐嘉尚，除给示晓谕外，合抄规条移会等因，业经前府转饬各县，照章晓谕，示禁在案。本府查核规条，该商绅等公议捐资帮助旅榇盘费，俾尸魂得归故乡，实属善举可嘉，特恐各处河埠土夫藉端勒索阻扰，不可不防其渐，合行查案，出示严禁。为此，示仰合属各处河埠土夫人等知悉：尔等如遇前项回徽棺柩，无论下河上岸，悉听该亲属自行雇夫扛抬、给与工资，不得额外勒索分文倘有不法之徒勒索阻扰，一经访闻或被告发，立即拿案，从严究办，绝不宽宥！各宜凛遵毋违，特示。

右仰知悉

同治元年十二月　日给

告示　仰

在光绪元年（1875）所立的禁碑中对运费还做出了规定："徽柩自浦口至梁发小船运进，每柩给钱二百文，自渔梁过坝并运排至临溪，每柩给钱三百四十八文。"以上这些措施对遏制敲诈勒索的行为起到了一定的作用。

（四）盗抢

在许承尧编纂的《歙事闲谭》中有一篇《明季县中运米情形》这样叙述："杭有坝脚牙侩，更设罗网。严有衙蠹地棍，擅起私税，鱼肉米商，公行罔忌，甚至搁河纵掠，暮夜兴戎。商罹惨剥……"[①]这段文字对从江浙运米至徽州的艰难作了生动的描述，米商不仅受到杭州的牙人、脚夫和严州的衙吏、地痞流氓的侵剥，还有夜晚强盗的肆意掠夺、打杀，商人的生命财产得不到保障。

长期以来，新安江水路上的盗贼劫杀事件屡有发生。清雍正年间，歹徒蒋德彩等人在钱塘江至衢州一带水面乔装改扮成船户、客商，"随身假带被囊行李"，伺机作案。他们多次谋财害命，如雍正二年（1724）三月，蒋德彩等人在富阳落山头"谋死徽州寄信客人，得银三百二十两"。光绪三十三年（1907），徽州信客宋三禄和王春喜等收带金、衢、严三处"徽信"，被严（州）东关厘卡多方留滞，驶至马目埠，天色已晚，盗匪多人登舟肆劫，失去所携"徽信"千余封，而被劫夺的捎带银钱也达六千元左右，为数相当之多。同年八月：

（詹鸣铎）二弟船至宗潭安宿，至夜半忽听得"蓬……蓬……蓬……"一班粗汉打上船来。时余镜清睡后舱马路，连忙扒［趴］起。劈头打一洋枪来，子弹由眉心边穿过，幸未受伤，急由后舱跳落水去。另有歙县

① 许承尧撰，李明回、彭超、张爱琴校点：《歙事闲谭》，黄山书社2001年版，第181页。

二客人也跳下水去，其余客人将头钻在被窝里，皆不做声。我二弟真危险，眼巴巴望着他们刀劈皮箱，取去各客衣服物件，甚为匆促。另有一人见二弟脚旁放一考篮，试提之颇重，遂携之行。一霎时间，呼啸而去。大家都有损失，二弟考篮内有三百余洋，所亏尤巨。①

徽州信客，是指穿梭来往，专门为商民捎带书信、包裹、银钱的人。徽州信客往往成为盗抢的主要对象之一。

徽州是全国产茶的主要地区之一，每年不仅有大量的茶叶需要通过新安江运出去，而且由此产生的巨额茶叶贷款、茶叶货款以及税款等均需流通转运。自光绪年间起，钱江统带选备两艘炮船，每年的二月至七月循环护送至浙江淳安的威坪，而威坪至屯溪，茶市季节由屯溪警察局加雇巡勇10名，负责威坪至屯溪往返的安全护送。宣统二年（1910）三月，屯溪钱商、茶商（永达祥、汪广生、李祥记、万康、致祥、益和、通裕、德记、慎和、永益、芳和、永茂祥、森元、森泰、怡和、谦吉、东萃、茂昌、林茂、昌春、和永、馥馨祥、致中和、晋昌祥、裕昌馨、永芳、新裕、鼎春祥、隆茂祥、广芬祥、万福春、大吉祥等）联名具禀两江督宪并请求批转军装局，要求更换破旧的枪支，多配子弹，以增强防卫实力。

由于官府的水上保卫力量十分有限，徽商只得自己组织起来，保护商人利益，捐办巡船，置备器械。徽商公所及后来的旅严保商分会直接参与了新安江上的治安管理，以弥补官方警政之不足。经费主要从会费及徽商的资助中解决。笔者曾在歙县易宝斋王庆勇先生处见到一张旅浙徽属保商公会形合“方客”的《协助巡费三联收照》，其具体内容如下：

旅浙徽属保商公会为保卫行旅事：照得严河上下游一带，盗匪充斥，抢案迭出，前清末叶，旅浙同人呈请浙抚批准，组织徽属保商公会，创办浙严徽商水师巡船，扼要驻扎，并派兵随船护送，由官厅委员管带藉资防卫在案。惟经常费巨，非筹集的款，势难持久。民国肇兴，续经呈明浙军都督，循照向章，请过往同乡诸君，每人协助巡费大洋一角，用

① 詹鸣铎著，王振忠整理：《我之小史》，安徽教育出版社2008年版，第175页。

济饷需。今据方客如数捐助，合给三联收照。征实。此照。

中华民国四年五月廿六日

旅严分会经收入

这张由旅浙徽属保商公会开具的《协助巡费三联收照》，将事情的起因、经过都作了说明。旅浙徽属保商公会创办浙严徽商水师巡船，在险要处驻扎，开展武装护航活动，以保护商船的来往平安。据复旦大学王振忠教授收藏的徽州画家的日记稿本《绘事日利》载：

廿四日巳时，至严州泊，建德知事请仲奇兄诊病，即请至商会，保商会董纪厚之君等留仲奇施药半日，一夜诊视五十余人，仲奇兄逐一开方，并不疲倦。纪厚翁备翅席相留……席散……保商会着两勇持枪护送至深渡回严，仲奇兄资勇大洋八元谢去。

在这段叙述里，医生仲奇诊视病人，用餐后，因天色已晚，为了安全起见，在严州的保商会派出两名兵勇持枪护送到歙县的深渡码头。该条史料所系年代为辛酉年，即民国十年（1921）五月，由此上溯到光绪三十四年（1908），则严河上由徽商组织的武装巡船前后至少持续了十多年。

由于商旅艰险，一些徽商不断总结经商及行走江湖的经验，如休宁县渠口商人手抄本《江湖绘图路程》中归纳总结出的《士商规略》《士商十要》等商业文书，供徽商子弟学习参考。笔者收藏的《江湖十二则》复制本载："同船搭船之人，或人物衣冠整齐，无甚行李，踪迹可疑者，非拐子即掏摸吊剪之流，或自相赌戏以煽诱；或置毒饼果以迷人；或共伙党而前后登舟；或充正载而邀吾入伴者，不识其奸，财本遭掳。"俗话说，富贵险中求，徽商财富的积累也良非易事！

第二辑

徽州宗族

家谱，又称族谱、家乘、谱牒、宗谱等，是记载一姓具有同宗共祖的血缘世系和该姓氏重要人物事迹的历史文献。它以宗族或支派人氏姓名繁衍顺序为经，以历史传记等文字叙述为纬，组成了一个家族源远流长的繁衍图册。它也是一个姓氏生生不息的演变史、发展史。

徽州多中原南迁的世家大族，唐宋以来，聚族而居，世代繁衍，族有祠，家有谱，千年百代，皆历历可考。徽州宗谱是一座宗族文化的大观园，其谱载内容极为丰富，既有氏族演变的过程，也有个人记、传、表等；有山水风景、人文古迹等景观要素，也有习俗、杂记、传说、逸事等文化内容；当地重大政治、军事事件及水利兴修、品种改良等生产活动也都在家谱中有所反映。且历代撰写家谱都有严格规定，“旧者因之，新者增之，误者正之，疑者阙之”。故家谱可与正史相互比对，这对于我们更准确地复原微观历史面目具有重要的参考价值。同时，家谱对于历史学、民俗学、人口学、社会学和经济学的深入研究，均有其不可替代的独特作用。近些年，国内外许多学者充分利用和挖掘这些家谱资料，取得了丰硕的研究成果。但这仅仅是冰山之一角，其蕴藏的文化历史信息有待于后来者持续不断地去挖掘。

徽州历代民间修谱之风不衰，虽历经浩劫，仍有相当数量的家谱被收藏在全国各地的博物馆、图书馆、档案馆等单位，或珍藏于民间个人手中。但由于历史久远，宋元家谱珍若拱璧，明代家谱也屈指可数。歙县档案馆藏有《祁门奇峰郑氏本宗谱》、休宁《吴氏族谱》、新安城东《罗氏家谱》等50余部家谱，为便于利用，现就其中的部分家谱进行了适当的梳理，以供学界参考。

《祁门奇峰郑氏本宗谱》述要

一、概述

《祁门奇峰郑氏本宗谱》，长37厘米，宽22厘米，线装，雕版、宣纸印刷，谱约厚2.5厘米，明代刻本。本谱共四卷，全一册。原旧谱为郑氏二十五世孙郑岳（1487—1555）于明弘治年间编修。现谱为郑岳长子维诚（1508—？）增补并篆刻，郑岳二子维藩（1516—？）、三子维调（1520—？）校正。根据维诚、维藩、维调的生卒年及本谱事略的记载，以及卷四《文征》所收录的文章年代最迟为嘉靖四十五年（1566）等信息判断，本谱应梓行于明代嘉靖四十五年（1566）。

本谱前后均有残缺，谱前的序、凡例均缺失，卷二《系图》、卷三《事略》完整无缺，卷四《文征・杂著》之后缺失。

本谱卷一《宗原》破损严重，只在残页中依稀可见："始封祖……得姓祖……渡江祖……新安祖"等文字。

卷二《系图》记载了自祁门之郑始于"选"，将郑选作为祁门郑氏一世祖，直至二十九世孙。由于子孙繁衍，人数众多，自十三世至二十九世，每世系中又按"房"分续。十三世至十六世，分奕公房和才公房，分别按世系排列；十七世至二十世，分成之房、明之房、秀之房、重一公房、辛一公房，分别按世系排列；二十一世至二十四世，分一德房、一举房、明之房、秀之房、太三房、相一房、广二房、权公房、秀公房、夔公房、敬公房，分别按世系排列；二十五世至二十九世，分一德房、一举房、明之房、秀之房、太三房、相一房、广二房、权公房、安礼公房、安本公房、安信公房、夔公房、敬公房，分别按世系排列。

卷三为《事略》，旧谱的事略备注在世系之下，因难以详记，故单独成卷，详细记载履历、生平事迹等，无传者不载。书衔、书处士者，尊所出也；详本支者，谱吾作也；葬本都者不书都，生卒嘉靖者不书号。事略记载了自一世祖郑选至二十八世孙每个人生卒年代及简要履历。“处士讳选，自歙徙祁门西乡，葬高塘南门庄里田内。配汪村汪氏，葬汪村岭上曲岭头；继余、田、王氏，葬岭后汪牢坑。”由此可见，祁门奇峰郑姓氏族系由歙县迁至祁门繁衍而成的。

卷四《文征》占有较重篇幅，选辑了与郑氏显宦先达有关的文章及本宗作者的诗文等，包括有诏书、敕命、申文、传、记、表、墓志铭、行状、像赞、序、文、诗、杂著等。

1.“诏书”“敕命”9篇：《淮南节度左押衙保义都指挥使、金紫光禄大夫、检校司徒兼御史大夫、上柱国郑传秩诏》《右军散将充歙州第二部兵马使、银青光禄大夫、检校国子祭酒兼殿中侍御史、上柱国郑延辛诰命》《赠承德郎户部四川清吏司主事郑叔瑜及封太安人程氏敕命》《户部四川清吏司主事郑建夫妇敕命》《漕运粮储郎中郑建敕》《封文林郎浙江金华府推官郑岳及赠孺人汪氏敕命》《陕西按察司副使郑维诚督学敕》《巡视海道广东按察司副使郑维诚敕》《浙江金华府推官郑维诚及赠孺人汪氏陈氏敕命》。

2.“申文”1篇：《马湖府同知郑晃入乡贤祠申文》。

3.“传”8篇：《司徒公传》《孝子怡乐翁传》《郑节妇陈氏传》《郑节妇传》《节孝郑母传》《孝子小传》《马湖府同知郑秀峰公传》《德夫小传》。

4.“记”9篇：《祁门奇峰郑氏祠堂记》《澄心堂记》（2篇）、《聚庆堂记》《余庆堂记》《拙庵记》《完妇记》《可闲轩记》《亦政堂记》。

5.“表”4篇：《庠士郑先生节妇张孺人墓表》《杺五公表》《处士栖竹郑公暨配孺人余氏墓表》《中顺大夫栢崖先生墓表》。

6.“墓志铭”3篇：《郑处士以清暨配胡氏合葬墓志铭》《明处士洁夫郑先生墓志铭》《敕封金华府推官郑石潭公暨汪孺人墓志铭》。

7.“行状”1篇：《封文林郎金华府推官石潭郑公行状》。

8.“像赞”2篇:《司徒公像赞》《敬四孺人方氏像赞》。

9.“序”11篇:《赠郑公思熹庐墓诗序》《竹墩哀吟序》《寿族老以安公六十序》《赠郑君如谦归养序》《贺封君石潭郑公六旬初度序》《别封君石潭翁》《送郑少潭先生考绩序》《送大谏院郑少潭先生出守长沙序》《送郑少潭赴陕西督学序》《贺学宪少潭五旬序》《贺大宪伯少潭郑先生平寇序》。

10.“文”3篇:《祭司徒文》《陕西二司祭石潭公文》《徽州府祭石潭公文》。

11.“诗”5篇:《赠郑公思熹庐墓诗》《孝子怡乐公诗》《石潭郑公六十诗》《送郑少潭之金华》《送郑少潭守长沙》。

12.“杂著”(不详):《勉贡士郑岱语》。本文及以后缺失。

本谱卷四《文征》内容十分丰富,收录了许多重要的历史资料,诸如人物、宗祠、古墓、民居等的记载,不仅对我们研究古徽州的村族礼教、乡风民俗等具有重要的参考价值,而且收辑的古代文种多达12种,对我们研究古代典章制度、公文规范等具有一定的史料意义。

二、源流

“郑以国氏,初望荥阳,晋永嘉初,有渡江而南者,居丹阳秣陵,数传始迁新安……渡江祖,讳庠,字文序,先居荥阳,为车骑府长史、平难将军,晋永嘉元年(307),渡江而南,居丹阳秣陵,子讳平,敕戍浙之峥嵘镇,以功封开国公,卒葬衢州。”浙之峥嵘镇,即今浙江衢州市。

“新安祖,讳思,开国公之后,迁新安……许氏,生子六造、遇、适、运、迪……”

以上《宗原》部分虽然残破严重,但从残缺不全的上文并结合其他相关资料,还是可以梳理出郑氏的主要发展脉络。

春秋时郑武建立郑国,子孙以国为姓,郡望荥阳郡(今河南郑州一带)。郑武被尊为得姓祖。西晋永嘉元年(307),郑庠自荥阳渡江居丹阳秣陵(今南京),被后裔尊为江南始迁祖。

郑庠传五世至思,约于刘宋孝武帝时期自丹阳(今安徽当涂)徙歙县双桥（今郑村），郑思为新安郑氏始祖。思生二子洪、渌。郑洪移居茅（茆）田，生四子汝厉、汝舟、汝贤、汝霖。汝厉居琶村，汝舟居黄云岭（今祁门祁岭），汝贤居跳石，汝霖居长陵。郑渌生女青洁，即汪华之母。

郑汝舟生三子州、乡、里。郑州约于唐初自黄云岭迁郡北律村（今属歙县富堨镇）。郑州传十二世至造，郑造一度隐陆州，后居跳石，再归律村。郑造三弟郑运迁跳石。郑造传五世再能，富甲一方，律村方圆十里无他姓土地，地多出产，人称"郑半州"。生八子，共六十四孙。卒葬邵家坞之南，长子顺之庐墓居邵家坞。

三、人物小传

郑传（843—911），字国宝，三世。生唐会昌三年，卒开平五年十二月二十日，寿六十九。大顺元年（890），以平定寇乱功勋而被授予郡守，中丞宪公奏署保义指挥。乾宁四年（897）知歙州事，尚书李公奏升国军节度、押衙保义军使检校刑部、尚书右金吾将军同正。天复元年（901），授池州制置。天祐三年（906），授饶州副使兼知州事，复增秩淮南节度、左押衙保义指挥使、金紫光禄大夫、检校司徒兼御史大夫、上柱国。开平元年（907）加兼右骁卫大将军同正。葬田坑鲍公坑口。配王氏，封琅琊夫人。继娶陈氏、江氏、孙氏，生十三子。

郑梦龙，十五世。宋淳祐八年（1248）进士，授彭州刺史，兼管劝农公事，节制屯戍军士。配周氏，继娶朱氏，生子应旗。卒葬十六都一保曹婆坞。

郑兴京（1276—1358），字世京，十八世。生宋景炎丙子五月初八日，卒至正戊戌年八月初一，寿八十三。曾修族谱。壬辰（1352）、癸巳（1353），岁饥，以麻饼和粥施贫者。配贵溪胡氏，生子权、秀、夔、敬。卒葬四保榉木坞口。

郑安礼（1353—1402），二十一世。生至正癸巳，卒建文壬午，葬三保项家湾。洪武庚申（1380），因孝顺父母，敬爱兄长，致力农耕，表现突出而受到皇帝的嘉奖，被诏授于怀庆府济源县丞。配方坞方氏，生子怀德、悝德、忻德、悟德、怀忻；妾王氏，生子权悟。

郑安本（1366—1435），二十一世。生至正丙午，永乐甲午（1414）应税户人才，诏授湖广永州府副使。卒宣德乙卯，葬兰溪仓坞山。配陈氏，生子惟德；妾吴氏，生子庸德；妾叶氏，生子实德；妾焦氏，生子明德。

郑安信（1370—1450），二十一世。生洪武庚戌十一月十八日，卒景泰庚午六月二十七日，葬十六都四保张捕港。临死前，将他人的借款凭证，悉数焚毁，并留下遗嘱，将自己三年的口粮田租用于接济贫穷人家。配贵溪胡元济女，生子尚德、报德、宣德；继娶桃源陈仕祯女，生子佑德。

郑肃（1461—1499），字敬夫，二十五世。生天顺辛巳，弘治己未卒于官，葬汪坑。成化丙午（1486）中应天乡试，历任邵阳（今湖南邵阳市）、蒲圻（今湖北赤壁市）教谕。配方坞方氏，继娶棕榈陈氏，生子旦、晁、旻。

郑晃（1477—1528），字晦之，号秀峰，二十四世。生成化丁酉，卒嘉靖戊子，葬十三都冢林坞。弘治甲子（1504）中应天乡试，乙丑（1505）授曹州学正，正德丙子（1516）升长沙府通判，志载名宦。庚辰（1520）升马湖府同知，嘉靖戊子卒于官。丁巳（1557）邑尹钱侯申院，祀之乡贤祠（明清时，凡有品学为地方所推重者，死后由大吏题请祀于其乡，入乡贤祠，春秋致祭）。配贵溪胡氏，生子烽、灯；妾孙氏，生子熠、燎、煁、炳。

郑建（1478—1532），字一中，号柏崖，二十五世。生成化戊戌，卒嘉靖壬辰，葬十二都毕清岭下。正德丙子（1516）中应天乡试，丁丑（1517）第进士，辛巳（1521）选户部主事，丁亥（1527）升高州知府，壬辰卒于官。配溶口胡氏，赠安人；继室马氏，封安人；妾王氏，生子应瞻，生二女。

郑岳（1487—1555），字尧咨，号石潭，二十五世。生成化丁未八月初二，卒嘉靖乙卯八月二十五，葬十二都田里胡九山。正德庚午（1510）以儒士应试，补邑庠生（秀才）。以子贵，封文林郎、金华府推官。配查湾汪氏，赠孺人，生子维诚、维藩、维调；女雪香；继配侯潭汪氏。

郑维诚（1508—?），字伯明，号少潭，二十六世，生正德戊辰八月十五日。嘉靖甲午（1534）以儒士举应天乡试第一，辛丑（1541）登进士。壬寅（1542）选浙江金华府推官，丙午（1546）赴部考，三年满，以屡有旌异，例封文林郎，并推恩封赠所生及妻。丁未（1547）行取授南京礼科给事中，奉旨条陈六事，皆允行。又劾冢宰（指吏部尚书）夏公。庚戌（1550）升湖广长沙府知府，癸丑（1553）升陕西按察司提学副使。乙卯（1555）丁父忧（父丧）。己未（1559）复改除广东海道副使，有斩倭功，蒙钦赏。壬戌（1562）因得罪权贵而被罢官还乡。配贵溪汪氏，早亡。继娶桃源陈氏，生子胤兀，封孺人；妾隋氏，生子胤宪。女贞、德、玄、息。

郑维藩（1516—?），字仲价，二十六世，生正德丙子九月二十四。嘉靖丁酉（1537）补邑庠生。配兴田程氏，生子胤魁、胤第，女肃、静；继娶在城方氏，生女宜、美。

郑维调（1520—?），字孺阳，二十六世，生正德庚辰正月初一。嘉靖己酉（1549）儒士应试，补邑庠生。配溶口胡氏，生女端；继娶查湾汪氏，生子胤科、胤爵，女成、元。

附　录

淮南节度左押衙保义都指挥使、金紫光禄大夫、检校司徒兼御史大夫、上柱国郑传秩诏

诏曰：三秦蚁聚，九庙神迁，贡章罔达于嗣。君行赏，屡孤于勋将。先帝以朱题御札，铁券纶言，倚献替于诚臣。俾匡持乎大业，事无细大，泽在滂施（前件官）。媚夺珠灵，高分岳秀，力学而九流俱瞻。游心而六艺兼长，声响如钟，庐子翰辉，光于简牍，人才比玉，稽叔夜未，足以称扬。及乎巢贼乱常，邻偷伺隙，筑高垒以横遮一面，屯义旅而旁镇三州，故得播以恩威，歌其富庶。耕奴织婢自有区分，乌马鲤鱼各无差谬。今则方思尊奖，益仗忠劳，领前锋必胜之师，副掌武旌贤之举，雅符舆论，显协前功。爰升论道之班，兼表统兵之柄，可充歙州左右先锋都指挥使、兼西南防遏使。

天祐二年　日

赠承德郎户部四川清吏司主事郑叔瑜及封太安人程氏敕命

奉天承运，皇帝敕曰：

人子报本之心，莫切于父母；朝廷畴庸之典，莫重于显扬。推君父之同情，见齐治之一理，恩荣之贲激劝所关。尔郑叔瑜乃户部四川清吏司主事建之父，先代旧家，名乡良士，居敦德义，克延世泽之休，训切诗书，式启贤良之贵。国有庆典，恩及群臣，推厥本源，宜加褒宠。兹特赠为承德郎、户部四川清吏司主事。显服鸿恩，益延来胤。

敕曰：母德不专于鞠育有教，斯存于职；不限于旨甘，惟名是显。诞布旌贤之典，用广移孝之心。尔程氏乃户部四川清吏司主事郑建之母，夙称华胄，来归名门，慈训有方，肆才成乎哲嗣，褒恩从制，顾名显于朝章。惟善致祥，靡施弗报，兹特封为太安人。涣号是承，康宁永锡。

敕命。

嘉靖元年五月十四日

漕运粮储郎中郑建敕

皇帝敕谕：

嘉靖五年，漕运粮储户部署郎中事郑建，内府各监局并各衙门，该用白熟糙粳等米，及各官军所运京储米，每年例该差官攒运。近该户部奏称，嘉靖五年，军民粮船扛起运在迩；嘉靖四年，军民船只冻阻数多，又有完粮空回船只，各官不曾管押，弃船回还，任从旗军在途迁延者亦多。今特命尔星驰前去通州以南，一面将四年冻阻粮船随路严限，比并有粮北来者，令其星夜前来交纳。无粮空回者，逐一查访，严加查催，责令南面前去领运，不许在途迁延。一面直抵仪真等处地方，查明旧例，用心催攒嘉靖五年军民粮船，禁革奸弊及督并挑浚河道。如有抗违迟误，轻则量情责罚，重则应拿问者，就便拿问参奏。仍将各运把总以下河道等官，用心体察，预先开具贤否，揭帖七月以里，差人送部，候考察。其余各行事，宜悉听尔，从宜处置。事完回京复命，通将违限误事应参奏官员，指实开具，以便照例施行。就受兹简用，宜尽心竭力，以副委任，毋得偏执己见，处置乖方，自贻罪戾，尔宜敬之慎之！故敕。

嘉靖五年二月　日

陕西按察司副使郑维诚督学敕

皇帝敕谕陕西按察司副使郑维诚：

朕惟自古帝王治天下者，率以兴学育材为首务。而学校之兴废，人才之盛衰，治道之隆替系焉！此盖已然之明验也。今特命尔往陕西巡视，提督各府、州、县儒学，尔其钦哉！夫总理一方之学政，是即一方之表率也。然率人以正，必先正己。尔其务端轨范、严条约、公劝惩。俾为师为弟子者，一崇正学，迪正道，革浮靡之习，振笃实之风。庶几储养有素，而待用不乏。斯足以称简任之意。如或因循岁月，绩效弗彰，朕将尔责焉，乐其勖哉！所有合行事宜，申明条示于后，其慎行之，毋忽！故谕。

敕命。

嘉靖三十二年十月　日

巡视海道广东按察司副使郑维诚敕

皇帝敕谕广东按察司副使郑维诚：

朕惟广东地方接连海岛，倭寇不时出没，又有通番运盐载货等项船只，往往擅出大洋，私通番国，招诱外寇，偷捞珠池，劫杀商客，侵扰海滨地方，屡为民患。今特命尔专一巡视沿海地方，东莞南头驻扎，公同备倭。都指挥等官、提督军卫有司、原委备倭巡海捕盗等项官员，严督所属官军民快人等，整饬船只、器械，操习水战武艺，修葺墩堠，整理粮储，禁革奸弊，遇有贼寇生发，就便相机剿捕。凡海道一应词讼，径自行提问理发落。其所委官员，若有怠忽偷安、废弛兵备、及私役军士、克减月粮、科敛财物、害人等情，应拿问者，就便拿问；应奏请者，指实参奏。其余合行事宜，及利所当兴，弊所当革者，并听斟酌，从宜处置。尔受朝廷简任，尤须持廉秉公，以身率下，夙夜尽心，筹画边务。俾海盗肃清，军民安妥，庶称委任。不许偏执己见，因循怠忽，有误边事。尔其勉之、慎之！故谕。

敕命。

嘉靖三十八年六月十九　日

马湖府同知郑晃入乡贤祠申文

直隶徽州府祁门县，为崇祀乡贤，并恤后裔，以劝风俗事：

准本县知县钱同文关访得本县已故贤宦秀峰郑公晃，由正德甲子[1]举人，授山东曹州儒学正，迁湖广长沙府通判，四川马湖府同知，卒于官。宦历二十余年，节操耿如一日。先为学正，岁时馈送，一切峻辞。流贼寇曹州，督率诸生分门守御，贼骇而去。邻城破者十九，曹州独赖以全。事闻于朝，旌赉有加。长沙钱粮最号难完，公至革弊，开心布诚，僻邑穷乡之民，一呼即至，数十年逋负，逾年尽完。其在马湖，会芒部土官叛，连年捕剿不能得，公撤领土兵助官军进讨，擒其渠魁，党类悉降。事闻朝廷，命兵部遣官赉赐金帛，方拟擢用，遘疾。卒时囊无寸贮，所在官司资送脚力以归。柩所经历民夷，家家涕泣设祭，如不忍骨肉者。本职询诸耆老，犹能道其平生，深为咨嗟叹惜。及考张龙湖内阁纂修《长沙府志》，称其清苦自励，虽居官而茹蔬啜粥如平时，水蘗之操，人所罕及，益信人言不诬。又召公子郑灯询问家事，称其兄弟四人，俱于嘉靖二十三四年间，迫于饥寒兼染疾病，连绵身故，惟灯幸存，训课童蒙，仅给朝夕。孤孙数辈，贫苦伶仃。窃惟居宦致富者为雄杰，在古已然。郑公生而苦节，死无以庇其子孙，此正时人之所鄙笑。苟非出格优恤，力为表章，其何以塞流俗之口，而坚向善者之心。本职议将郑公择日题主祀诸学官，仍免其子孙均徭、里甲一应杂差，给付帖文执照。使士人亦知，富贵止荣于一时，而节概则垂于百世，庶几有所感发兴起以共振。夫礼义廉耻之风，即于教化，不为无补。合关本县转详，合干上司等因。

嘉靖三十六年三月初八日　知县钱同文

司徒公传

公讳传，字国宝。生唐会昌三年癸亥，隆准方面，美髭髯身，长六尺余，幼而刚勇，独力不群。乾符二年，盗发中原，跨州连郡，转相剽掠，骚动乡邦。公兄弟义居当里，众皆推服。

乾符四年，黄巢寇浙江，领三十万人，从宁国入泾县，卷甲来寇。公

① 原文有误。应为弘治甲子。

以吾境山多，令人设鹿角、栈道以御之，当里之民幸不被害。未几，胡曹犯婺源五福镇，啸集，寻寇本县，居民悉逃窜山谷，公率宗族以逐之。中和元年，王仲隐复自秋浦之赤岭入当县，公慨然作色，誓举义旗，招集义兵，保护郡邑。不旬日，募数千人，严加训练，与众同劳苦。仲隐知而不备，袭之大败。未几，赵言集五千余人屯西乡，恣劫掠，烧庐舍，公兄弟发军士，夜令人以吾帜插贼营，飞火箭于中，于是鸣鼓，贼众自相吞灭，由是远近畏慕。中和四年，刘乃率八百余人，从建德涉栟根岭，因假我里，公吁众攻之，贼欲久驻不得。光启元年，李仲霸率千余人寇本邑，入吾里，观公之建营，曰："此智将也，吾不敢扰矣！"即去之。大顺元年四月，陈獳起兵会稽，从东屯寇当县，公屡战屡胜，卒平寇难。是岁，西乡汪章，南乡熊宿，各鸠土俗，亦仅盈千，恃势倚强，多行不义。每因贼军过后，便为劫掠，民间冤诉无门。公愤二恶之不悛也，义旗一举，首戮章，次殄宿，具状申州，乞申朝省。郡守中丞宪公差人执帖慰谕，公兄弟五人各受职事。上复褒嘉我公，即署为保义指挥，益壮公用兵保民之志。景福元年，孙端自鄱阳来寇本邑，公遣先锋百余人，押衙方修部领义寨数千人，战于水亭，设伏兵击之，杀贼甚众，贼军既败奔溶口。犹子元范方守是寨，率军鏖战，端遂溃走浮梁。十二月，汪淑将兵先入黟，诈称奉上命，权辖两县事。公密使人索其敕，淑仓皇失对。公知其诈，遣犹子先锋延寿带精卒千余人御淑，淑军败，民获安堵。乾宁四年，夏章聚五千余人至栟根岭，先遣人来当营假道，公发二兄艺、谓，巡检延光领百余人至彼，以观事势。章潜怀二心，攻剽城邑，既见兵少，便请索战，艺等觉兵寡难御，坚请归营。章举兵相逐，对垒数日，先锋延辉等以秘计，冲破贼围，因纵兵击之，擒五百余人，得其辎重、牛马，以赏军士。三月，陈旭从浮梁来寇高塘，公于险阨处峡山雷湖等置寨，先设伏兵。贼果来攻，巡检延光发伏兵夹击之，矢发如雨，贼军大溃，奔出池州界。夏五月，城门朱庠、吴庠等，剽窃南乡，入吾疆里，延晖等统军至溶口镇黄沙滩与贼交锋，贼众瓦解，获其所虏衣物、牛羊，分给军士。公无私储，故人乐为用。十二月，池州赵仆射差苏统制至浮梁查鳌洞，经过当县，见吾邑之民熙熙自若，谓公贤于长城远矣。是岁，李尚书赴歙州，任公招集所管兵士。申州奏请乞休岩谷，不复视事。尚书以公言奏上，上复丁宁曰：公以忠义奋身立节，柔能恤众，猛可除凶，慰谕而奖借之！俄尔，吴王行密敕下，补宁国军节度押衙、保义军使检校、刑部尚书、右金吾将军同正。光化二年，公以查慜洞贼复起为寇，乃于日新里步屯军，先锋延晖屯日新，巡检延光屯溶口。忽报，查贼入安德里劫掠，溶口军先至，日新军后至，公进两军，合战杀贼殆尽。九月，义成寨总管方剽驯，翚寨总管胡满，结衅上司，频降指挥，二人不肯相和，公乃遣卒四千逼两寨，先遣人谕之曰："和同，则不进军。更自矛盾，即当扑灭。"于是二人各立降旗，公仗大义，让之曰："当此之时，爱护众庶，如护元气。守望相助，疾病相扶，两虎安得私斗哉！"二人请罪，公释之。光化三年，公迁日新里屯军。是役也，公躬亲临视，郭内百姓欣迎于道，欢声鼎沸。自是四境之内，凶徒屏迹，众庶咸安堵矣。天复元年，田相公收钱塘，围守三载，当营差郑宝率千余人共收之。时宝入见田公，因问曰："唯尔军独整，何也？"宝曰："受尚书严令，不敢有违。"乾符四年，事田公，嗟叹久之，乃曰："不有君子，其能国乎？"于是申请于朝，制下，授池州制置，公辞以年高不赴任。天祐三年，浮梁金安尚据孤垒，遂发军士围守三月。公梦一女戴盖头，拜寝前。时公营有异僧，号大圣，释之曰："女戴盖头，安字也。拜寝前者，金安投拜于寝前也。可勿加兵，姑待之，明日安献地而降。"大圣曰："此瓜藤形也，子孙居之，绵绵不绝，名曰新居！"寻奉恩制，授饶州副使，兼知州事。公退逊恩命，辞以年高，愿驻家山。时平乐汪思海口诸岩寨，犹有扰民者，遂从司空陶雅入衢郛，破大浪坞口一十寨，擒王廷显、顾全武等，再破婺女获夏侯以献吴王。于是增秩淮南节度左押衙、保义都指挥使、金紫光禄大夫、检校司徒兼御史大夫、上柱国。

诏曰："三秦蚁聚，九庙神迁，贡章罔达于嗣。君行赏，屡孤于勋将。先帝以朱题御札，铁券纶言，倚献替于诚臣。俾匡持乎大业，事无细大，泽在滂施（前件官）。媚夺珠灵，高分岳秀，力学而九流俱赡。游心而六艺兼长，声响如钟，庐子翰辉，光于简牍，人才比玉，稽叔夜未，足以称扬。及乎巢贼乱常，邻偷伺隙，筑高垒以横遮一面，屯义旅而旁镇三州，故得播以恩威，歌其富庶。耕奴织婢自有区分，乌马鲤鱼各无差谬。今则方思尊奖，益仗忠劳，领前锋必胜之师，副掌武旌贤之举，雅符舆论，显协前功。爰升论道之班，兼表统兵之柄，可充歙州左右先锋都指挥使、兼西南防遏使。”

迨至开平元年，民苦疮痍之后，渐获息肩之所，公以本营事，重请命于上，自甘野处。寻属制下不许辞免，加封兼右骁御大将军同正。公自广明迄天祐，创置岩寨垂三十年，握兵三万，目睹军兴，务加存恤。民不失所，狱讼不兴，时天下未定，独我一方之民安生乐业。当县自古产茶，寻遭乱离，竞采杂草，公止绝弊源，更以佳名，谓之剪草。商贾辐辏，人赖其利，至于官人榷货，亦及百余万上下兼足。公之保护乡闾有功于世，岂小哉！

开平五年十二月二十日薨，享年六十有九，次年归窆于田源。公凡四娶：王氏，封琅琊郡夫人；陈氏，长孙氏，江氏。子十三人：延晖，充左押衙右先锋第一部都知兵马使、检校工部尚书，天祐三年，战越州诸暨县，亡于阵；延辛，充歙州团练押衙、银青光禄大夫、检校国子祭酒兼御史中丞；延匡，充左右先锋指挥军都头，顺义七年往抚州，投临川，充右军押衙、水军都知兵马使、检校工部尚书；延光，充节度押衙左先锋、第三部都知兵马使、银青光禄大夫、检校工部尚书兼御史大夫；延绍，充节度押衙兵马副使；延芳，授将仕郎，检校饶州馆驿；巡检延玙、延琚、延珣、延玢、延褒、延英、延升。

夫洪荒之世，剖裂封疆，创立国邑，更名易号，何代无之。若当州始则汪世华之起建也，增以歙州之额。当县本亦乡土，因吴公仁欢之起立也，加以祁门之名。非徒以创置为功，重其当危难之时，立庇业之大也。天分秀气，岳降灵衷，公义相先，刚柔兼济，奉上以忠，牧民以仁，则自先公始。公长弟讳鲁，朝议郎宣州司马、检校工部郎中，知祁门县二十余年，政声大著。次弟讳玫，左右先锋都指挥使，歙州中军使、检校尚书、右仆射兼益王府长史，总握军权。上下辑睦，兄弟三人，举无过事。自吴王改保义军为先锋指挥，悉封亲属为都头，公东收婺、睦、衢、杭，南破洪、饶、抚、信，临阵三十八战，战胜三十四处。计受纶言数十，诰敕二十八道。莫不四远钦风，群凶慑服。爰自先公薨，予乃退迹，戎旃固守丘园，秉持祖业。两郡税钱九千余贯，兄弟三十三房，骨肉五百余口。念先勋将门之后，特免户门差役。供输两邑苗税，火客三百四十余所，屡于驱使，许为部助。匪先公司徒功勋庇荫，安得后嗣优闲！谨录。初终用垂于后，铭曰：“有绰其行，有烨其名。其亡如存，是乃德馨。瞻彼田源，为公佳城。归于其间，既安且宁。”

保大十三年岁乙卯正日

男、银青光禄大夫、检校工部尚书、兼御史大夫延光拜述

祁门奇峰郑氏祠堂记

正德丁丑，进士郑君一中奉例归展间，过予新庵，请为其祠堂记。君之言曰：予家旧有家庙，在地曰花座者，毁于元季兵燹。之余顷者，建与长沙判晃、太学生笏、庠生兰昶、敏弟岳徇诸宗英，谋所以兴复之者，于是吾宗之老等各鼓义聚金，相与殚力经营之，至是祠堂成。祠之主以唐司徒公传为始祖，公当逆巢之乱，有保障八州功，乡人德之，殁祀之于社。与越国公华比，主不迁焉。祖有功也，以公次子殿中侍御史延辛公配，盖自公始迁祁南之奇峰，而吾奇峰子姓之所从出者，大报本也。诸有劳于家庙，洎应祀之主得从祀焉，广孝思也。祀之基拓地于奇水之西者，凡四亩，其制增于其旧祠之前，为一本堂。堂有规，大率视义门郑氏之旧而损益焉。祭毕，有燕燕，有训训，诸族人各唯唯而退，此其大较也，愿有以诏吾后之人。予惟祠堂之制，宗庙之变也。庙制之出于三代，天子七，诸侯五，大夫三，进士二，官师一，虽有上下等杀之分，而所以享先序族之心，则一宗庙之法行，而仁孝之俗成矣。自秦罢侯置守，而宗法于是乎废。宗法废而庙制不可兴，庙制不可兴，而仁孝之风衰于天下。故家文献知先祖之不可忘，而萃涣之不可以无所也，于是仿庙制而为祠堂。则奉先之孝，合族之仁未斩，其如线之绪者，不在兹耶。吾观郑氏祠堂之建，岂惟广仁孝之道，抑又有崇礼教之端焉。岁时奉祀之时，长幼燕集之际，布其家规，而聆其训词，有不洞洞然，属属然，若先祖之临乎！其上质之在傍，以兴起其念祖之心，而无忝所生者哉。礼教之崇族，不益振而祖，不益有光耶。一中，予礼闱所取士，有为之才已于文乎，占之郑氏诸贤其出者，才自他见，而其处者有隐德焉，予不得而泯也。是为记。

正德庚辰翰林院、国史修撰、儒林郎歙人新庵唐皋著

可闲轩记

祁南奇峰郑氏，出唐司徒传后，嗣后代不乏人。迄今族益繁，名益著，子孙益才。虽显晦殊途，朝市异趋。而为亢宗，淑后则一而已。曰璋[①]，字明夫者，性倜傥，有大志，商游江淮间，而资用饶。今年五十，慨然知止，乃构轩若干楹，将终老焉。函深雅洁，可啸可憩。其从兄国学生廷谏见而颜之曰："可闲，顾未有发其义者。"予外兄沙堤叶廷肃，于君为姻家，悉君行请记之，辞不获已，乃言曰："闲之为说。"于经魏人有闲，闲之什于昌黎，有宽闲之语，而大程夫子有"闲来无事不从容"之句，古今亟称以为常谈，猎其似奇人逸士皆能之。造其堂，跻其哉，称丈夫者，或歉焉，盖闲非不事事之谓也，必恬其心使不兢，定其志使不惑，安其神使不躁。几矣，彼汲汲于名利纷华者，未见其能闲也！郑君出华胄，操重赀，而与富商巨贾角雄长，宜其以利殉身而不顾，乃能脱烦冗而慕清旷，去险坎而即平夷，其将由魏人之什而上之不贤，而能若是乎？视夫得闲于僧话之逢，偷闲于僧房之卧，其焦焦然，若不能以终日者，不可同年而语矣。闻君居家事其父，以启公及母甚孝，处二弟璥、聪甚友，恤遗孤从子传甚慈，且积而能散。己巳之歉，尝捐金易粟以饲道殣，多所存活。己卯夏，宁藩肆逆，远近骚然，兵费不资，劝民运粟，以供军饷，君欣然往随，授七品散官。其行之著，类如此，悉自仁厚之性。出之仁者静，静则其心恬，其志定，其神安，此可闲之轩所由构欤。或者乃曰，君富于家，方役多事之不暇，而何闲之？可是又不然，夫所谓闲不以迹而以心，盖心之静躁少异，而境之闲剧顿，殊如以迹言，则庐人境而不闻喧，住朝市而称大隐，其与终南之捷径，少室之索价，一也。而可乎，若郑君之闲，得之静而本之仁，迹阛阓而心林壑，迹华腴而心淡泊。故于江湖为良贾，乡党为仁人，于朝廷为义士，岂徒猎近以钓名而炫俗哉。况所授者闲职，有簪绂之荣，无案牍之劳，其于斯轩尤宜。上无愧司徒之裔，下可永遗安之面。则一轩虽小，而系于亢宗，淑后为甚大，是不可以无述也。鲁论曰："仁者寿。"诗曰："永言配命，自求多福。"仁则配命矣，然则洪范之福，首福之寿，皆君所必致

① 郑璋（1471—1536），字明夫，生成化辛卯，卒嘉靖丙申，葬十六都焦坑口。纳七品散官。配方氏，继娶胡氏；三娶陈氏，生子佐；妾余氏，生子任；生女四。

者。五十，特其发轫也，富，特其一端也，第予未及，识君而其为人之大都得之外兄之口传，与轩扁之类，推其文不二，其义不备，固宜。虽然君德弥邵，年弥高，而二子任、佐在襁褓，人辄以英物目之，所以承君之志，于他日者可卜。而郑多名公巨儒，必有不一之书，拟其后，予可略也，姑记此以为君寿，且以念夫履盛满而不知止者，而为诸君子草创焉。

时正德十五年岁庚辰冬月之吉

中顺大夫、前南京工部郎中、镜山李汎书

明处士洁夫郑先生墓志铭

祁之奇峰里，山水秀异，不独掇巍科跻膴仕者，赫奕相望，即有德而隐者，亦络络出于其间也。予尝见汪君月塘，道其外父洁夫郑公之善，予恨未与之接。今予官留雍，月塘不远千里，持其自所为公状，来乞予铭。予曰："洁夫公死矣乎？予不获见公于其生，得悉公之行于其死，不能不悼！"而继之以喜也，乃拟状。次之曰：公名如璥，姓郑氏，字洁夫，出唐金紫光禄大夫郑传公后，累世有显者。闻曾大父尚德，大父仕素，父良晨皆不仕，良晨娶倪氏，生子三，公其仲也。公生而聪敏，幼即负巨志，及长肯劬书攻文，后以父殁不克，卒儒业。乃愤然曰："丈夫生世独以书显哉，商为四民一，即为之末害耳。"乃挟数千金与其兄璋、弟聪，游江淮荆楚间。未十年，资日饶裕。以百金求吉兆，安厝二亲，建祠构堂，次第为之。人谓公知急先务者，若创园池之胜，创延宾之馆，建怡怡之楼，皆公所自综理者也。公在瓜多义举，以盐坝为官民共道，遇粮运辄阻商行，乃捐金募工别浚一河，使官运无碍，商不留难，至今人利，赖公焉。又公性乐施予，以济贫乏，贷人钱，多弗取。瓜有善人钱姓者，穷无所居，公畀以自居之屋，不取其直钱，由是绘公像世祀之。公见一丐者，病恶疮，无钱以济医药，公施金数十治之愈。后数年，公梱飘泛孟子河，遇群盗夺其有，后知为公，皆相顾惊愕，拜而还之，导送数里而去，盖以公为治疮者在盗中，故以此报公也。公天性孝友，虽十九在外，遇父母诞日必涓，人远致时物，及期焚香百拜，泪簌簌下。兄璋常家居，公以独力任贾事，岁获利至千万，公不毫发私也。璋每贻公书，公端置几上，再拜启读，见璋平安，则喜动颜色；知其不豫，则戚戚于怀，祈之多方，必得平复报，始释然耳。后公卒于瓜，有为璋言者，谓公有厚积。璋语人曰："吾弟何人也，而我不以心，谅之。"谢弗听，及柩归，果惟衣服单帐存之箧，而资之在外者，无一暧昧，故璋为之恸哭不已也。公之卒以嘉靖辛卯三月二十七日，距生成化乙未三月十一日，得年五十七。配康氏，淑顺尽道，人称其贤，生成化癸巳十月十一日，卒后公二十年，为嘉靖辛亥十月十一日，得年七十九。公之子三：孟俟娶桃园陈氏，公侧室刘氏出，早卒；仲倚娶龙源汪氏，继娶车田胡氏；季化娶贵溪胡氏，公次室周氏出。女四，长兰仙，次从仙、橙仙，俱康氏出。兰仙适渚口倪本佑，从仙适严潭王章佑，橙仙适浮梁朱珊。四蒲仙，周出，适龙源汪于宪，即月塘。孙七人，鸣阳、纯阳、一阳、正阳、丹阳、三阳、初阳；孙女三，仙闺、菊闺、容闺。曾孙有本，曾孙女爱娥、蟾娥、倚化。以嘉靖癸亥十二月二十九日扶翁柩及康氏合葬于六保齐坑王龙住后，丑山未向。于康氏右，又虚一穴，以为周后日附焉。铭曰：

商而儒行，隐以德尊。曷乃其大，孝友是敦。捐居义隆，筑河名存。免害于盗，以有夙恩。相彼二媛，淑慎恭温。千秋同归，齐坑之原。兆也协吉，珉焉勒言。安斯永斯，后祉其繁。

嘉靖四十五年冬十二月吉

赐进士及第南京国子监司业，前翰林院、国史编修浮梁眷生金达撰

休宁《吴氏族谱》述要

休宁《吴氏族谱》，长36厘米，宽22厘米，线装，雕版、宣纸印刷，谱约厚2厘米，明崇祯三年（1630）刻本。全一册，共五卷，前后均有残缺破损。该谱由休宁磻溪吴可元（字元辅，吴氏二十八世孙）、吴维东（字旭初，吴氏二十九世孙）、吴成瑾（字怀元，吴氏三十世孙）三人同编。

该谱虽有残缺，但卷中辑有总目，该谱主要由谱诗、谱序、像赞、凡例、源流、附录、祖茔、后跋等组成。首篇为明天启丙寅年（1626）周顺昌（1584—1626，字景文，号蓼洲，今江苏苏州人，明万历四十一年癸丑科进士。历官福州推官、文选员外郎，为魏忠贤党迫害，死于狱中）题写的《吴氏族谱诗》（残缺）。其次分别为崇祯戊辰岁（1628年）孟冬鲁史题写的《吴氏族谱叙》，鲁史为万历三十二年甲辰科（1604）会魁；吴氏二十八世孙吴大赋于崇祯三年（1630）所作的《休邑吴氏族谱序》；二十八世孙吴可元于崇祯庚午年（1630）所作的《新修族谱叙》；二十九世孙庠生吴维东于同年所作的《新修吴氏家谱》；三十世孙吴成瑾于同年所作的《休宁吴氏族谱叙》，共五篇谱序。

像赞部分收录有唐邑詹琇公像及翰林学士李穆所题像赞，唐少师依拱公像及学士杨亿所题的像赞以及执金吾上将军孟臣公像及像赞。唐邑詹琇公的像赞为："楚楚衣冠，棣棣威仪。出于平江，游宦于徽。劝农金竺，爰处于此。流芳悠久，天地并期。"唐少师依拱公像赞为："闻公辅君日，当与敕时俦。景望如甘雨，宏木若海流。岐阳世泽美，问政德干优。遗像垂丰度，千年颂未休。"执金吾上将军孟臣公（龙图阁学士，进新安郡后赠端明殿学士）的像赞为南宋景定辛酉年（1261）八月十日景定帝为其所作的御赞："学优出仕，展布经伦。上不负君，下不负民。襟怀莹彻，玉洁冰清。堂堂遗像，千载芳名。"另还有李寔所作的像赞。

像赞后为总目，总目后为凡例，凡例后为世系。该谱后原附有《孝北诗十首》《道礼宗法》《增考祠堂祀位》《家礼服图》《吴氏历代祖茔》《吴氏族谱后跋》（朱应秋作），但以上6篇均缺失。

该谱以《休宁吴氏族谱图系》为主要内容，分总卷及一至五卷，总卷前还有历世渊源。总卷由始祖琇公至十一世，一卷由十一世至十五世，二卷由十五世至十九世，三卷由十九世至二十三世，四卷由二十三世至二十七世，五卷由二十七世至三十一世止，分子伦公、子宗公、子用公、子宝公、子仁公、子祈公、子元公等支派分别叙述。子元公支派二十三世后残缺。

据该谱载，吴氏源于商朝泰伯，周武王克商封姬姓，求泰伯仲雍之后，知周章（泰伯四世孙）居吴地，因以吴封姓，而吴氏自此始也。

该谱以吴少微为始祖。罗愿《唐御史少微公传》载："吴少微，歙人，徙居休宁石舌山。"《岩镇吴开墓志》亦载："吴氏先世，自唐左台御史少微始家休宁。"唐嗣圣元年（684）少微公徙休宁，繁衍星分棋布，难以记述，故纂修世系起自琇公，琇公至孟臣公有四世，其后支分派别，瓜瓞绵延。

该谱世系上溯泰伯，下止明崇祯三年（1630）吴氏三十一世，世系源流基本清晰，详略适当，对考证和研究吴氏宗族在休宁的繁衍发展具有重要的参考价值。

附　录

休邑吴氏族谱序

先世所传家乘，源出黄帝，历后稷古公泰伯以及季子，始别姬姓为吴，其传不待谱而详见于经史也。周末下迄六朝，近千年间，乱离相继，迁徙难稽。唐初少微公居新安古歙，始土著，而后世系次第可考云。公传十一世曰琇公，为海宁令，因劝农至里仁金竺，而居焉。又传数世，孟臣公生，为南唐金吾将军，徙富寮。又数传曰子宗公，伯仲八人，散居各村，今磻溪、高桥等处是也。呜呼，人生两间，异于庶类者，以其知有祖而后知有宗也。是故不知其而不敬其宗者，非也。且世远人繁，安能人人富且贵哉，或士也、农也、工也、商也，安生理无非为，则堪誉矣。虽华门蓬户，陋巷互乡，又何害乎？今人一旦致富，则骄曰“彼穷骨耳”；一朝致贵，则曰“彼下流耳”；或处僻地，则曰“彼蛙居耳”。吾见其人矣，吾闻斯语矣，识者特助一笑也。吾儿维东，执新谱过庭，将付梓人。予阅之良久，欣然曰：“兹岂小补哉，百派分波，皆由此定，极难事也，亦极美事也。”因述数语与之并梓，且勉之曰：兹举也，毋惑人言而堕其经始之志，毋惑人言而毁其宗派之卑，毋惑人言而弃其贫贱不录，毋惑人言而黜其僻处不收。夫如是，则不特免筑舍道旁之讥，而历世祖宗在天之灵，亦将佑之于冥冥中矣。

崇祯三年冬月
磻溪裔孙大赋谨序

新修族谱叙

盖礼莫大于亲亲，而亲亲不越乎宗族。宗族之昭穆森列，世次不紊者莫重于谱牒。然谱牒不修，宗法不讲，则固有中盛中微，而迷失其宗祖之所自者，比比矣。故朱子曰：三世不修谱，逆莫大焉！稽予族，虽昔有则荣公、文正公，递及我胜国，有克正公、文卿公，记述具在掘指来兹，又几百年，亦云久矣。况前之所修者悉眷录，弗能梓行，不无世远而有窜入，致真赝溷淆，鱼鲁帝虎，是有谱若恍惚也，虽修未获确乎传世也。曷贵于谱哉，予父深虑之，尝以谱事叙予。予缘肄业寒窗，未遑慰望。数年来，与族侄旭初者，皆居西席于贵源。戊辰秋，有邑人修□余氏谱问序于予辈，因得卒业其家史，读至经诗纬书，而辄忘其先。凡学也，不觉夙昔水木本源之思，勃然兴起，遂尔偕归，告知父老，率诸族人，而族有怀之氏，欣欣而言曰：此予父之素志也！予几欲继之而未逮，孰意有先得我心之同然者，敢不效劳。用是综核源流，乃□予派虽自少微公，而入籍海阳，为予族发祥者，琇公也。琇公仕唐，任本邑县令，有五子，散居于邑。四世至孟臣公，为金吾上将军，因宋乱而隐居邑北富寮。胤嗣日繁，播迁异域，不可胜纪。倘今不加纂修，后将汉水冒认淮源，桧叶错看松生者有之，又安能宗其宗，亲其亲乎！于焉更为编缀，世则起自琇公，而派别于金吾，明世次，辨昭穆，立宗法，防窜入，屹然不少假借。虽族属条条，一披览，而俨若同堂矣。今而后，使予族知宗祖所自出者新谱，使予族真赝之不淆者新谱，使予族千里而犹亲，万祀而未艾者，亦新谱也。兹予辈粹心三载，镌事乃成。愿族人崇尊祖敬宗之念，笃同源共脉之谊，十袭珍藏，世世慎守，为弈叶之蓍鉴云，是为叙。

明崇祯庚午十月既望

磻溪裔孙可元敬叙

新安城东《罗氏家谱》述要

一、概述

新安城东《罗氏家谱》，长31.2厘米，宽24.5厘米，线装，雕版、宣纸印刷。明崇祯乙亥年（1635）刻本。全一册，未分卷。谱后序中说明此谱为罗文烈、罗士衡等纂修。刊刻者谱中未署名。

本谱主要由序、凡例、祠宅的记载、像赞、明太祖召对文、敕命诰命文书、文赋、世系图和后序组成。罗姓是徽州的名门望族，历史上曾有“一尚书、三知府、七通判”之显名。因此，本谱在人物传记、像赞中不吝文字。本谱收录了较多的文赋，为其一大特色。

谱前载有序文4篇，其中旧序3篇，分别为明永乐十七年（1419）工部右侍郎、前翰林院侍讲学士兼修国史同知、经筵官、吉水宗人罗汝，郡人吴中明，明正德十年（1515）南京户部尚书、郡人胡富（1454—1522年，字永年，绩溪龙川人）撰写。

凡例10条，对明代徽州族谱的编纂体例研究具有一定的参考价值。

谱中对罗氏祠堂及所有宅第、轩堂所在地址、题字等均一一列出。其中罗氏支祠一座，在罗家巷内，为启贤公所建；其他17座宅第、轩堂分别为龙冈旧第、慈恩堂、别驾第、地望轩、恩寿堂、书锦堂、兰桂庭、竹庵、狮山小筑、亦轩、意堂、振叶楼、美继堂、怡顺堂、孺乐堂、贻谷堂、行苇堂。

像赞分别列有始祖秋隐公、尚书汝楫公、别驾福州颢公、伯五公、耆儒诚辅公、别驾启贤公、乡宾启道公、廷曜公八位祖公像及赞词（始祖秋隐公无赞词）。而其中尚书汝楫公的像赞为宋高宗撰写（蓝绫金书）：“尚书汝楫，名济大川。登升三辅，泽溥八埏。致君为尧舜之君，事天如仁化之天。其德如玉，其性如渊。显金紫之荣贵，昭黻黼之光鲜。容仪肃若，图像俨然。朕甚嘉之，而为之赞。俾之宝之，而永远其流传。”时为绍兴十四年（1144）甲子春。

谱文中选有至正戊戌年（1358）十二月明太祖朱元璋从宣城到徽州后，访召故老耆儒求以国事，其中就有儒士罗诚辅（罗氏十七世祖）。该文详细记载了朱元璋寻求治国方略的故事，与史书记载的朱升（1299—1370年，字允升，安徽休宁人）献策“高筑墙，广积粮，缓称王”，是同一时期的事情。

本谱收录了敕命诰命等文书7篇，如绍兴三年（1133）十月二十日授罗汝楫任寺丞的敕命，绍兴五年（1135）十月授罗汝楫任刑部员外郎的诰命等，记载了罗汝楫等罗氏名人被朝廷封官、封号的皇家文书。

文赋部分是本谱的主要特色，也是最精彩的部分。共收录有16篇，皆为名士所撰写，文采较好，内容主要为祝升迁、祝寿、雅居赋等。分别是《龙冈说》，郡邑唐子仪著；《送龙冈之任通州》，户部郎中金宗善赠；《送别驾罗侯入觐序》，永乐十六年（1418）十一月，通州儒学署训导、举人乐平宋俊撰；《赠别驾罗侯入觐序》，永乐十九年（1421）十一月，承德郎、尚书、刑部清吏司主事、治生赵琰撰；《寿克斋翁八秩序》，吏部尚书诚斋汪鋐撰；《竹庵赋》，中顺大夫、广西南宁府知府靖安舒栢撰；《竹庵铭》，中宪大夫、浙江按察司副使、眷生张仕镐撰；《寿竹庵先生古章》，云南左忝议、眷生洪汉撰；《竹庵先生古章》，广东按察司使淳安王子言著；《竹庵序》，奉议大夫、四川简州知州、烟溪程默赠；《寿竹庵翁八十序》，黄潭黄训赠；《慈恩堂序》，朝议大夫、湖广布政司、右忝议、怡庵方勉书；《北望轩记》，奉议大夫、同知、汀州府事、琅琊廖辅著；《恩寿堂记》，户部郎中、眷生胡大全著；《竹庵记》，奉议大夫、兵部武选司郎、黄潭黄训赠；《狮山小筑记》，南京国子监祭酒、兼翰林院侍读学士、通家眷侍教生方逢年著。

世系图为谱中主要内容，分两部分介绍。一是秋隐公一派世系图，记载了“秋隐公（一世祖），鸣尹公之孙，先物公之子。始居柏林，唐末迁京陵，再迁歙呈坎，称为后罗呈坎之始祖”，自一世续至十三世止。二是伯五公一派世系图，记载了伯五公（十四世）“宋末迁居郡城（歙城）东关龙舌头，为城东之始祖”，自十四世续至二十八世止。

后序为明崇祯乙亥年（1635）孟冬月汪应元所作，说明了罗氏渊源、修谱的缘由及经过等。

本谱虽为刻本，但谱中采用了魏碑、宋、草、行、楷多种书法形式，颇为精美，观之无不赏心悦目，同时，也是研究明代书法的宝贵资料，反映了当时徽州雕刻手的高超技艺。

二、源流

据本谱载：罗氏源于祝融，祝融本名重黎，中国上古神话之帝王，以火施化，号赤帝，后被尊为火神、水火之神、南海神，古时三皇五帝中五帝之一，葬衡阳市南岳区祝融峰。罗氏自称“祝融氏之家”。周时封于宜城（湖北），后迁长沙，又从长沙迁至豫章（今江西南昌），自汉大农令珠公始繁衍至三十三世，又从豫章迁至歙县的呈坎村，自天秩公始，称为后罗呈坎之始祖。一世祖，罗秋隐，讳天秩，娶呈坎汪古悦的女儿，生一子，卒葬杨干寺。

伯五公（十四世），字道达，讳冬孙，宋末自呈坎迁居郡城（歙城）东关龙舌头，为城东之始祖。娶胡氏，生二子：德乙、千六。卒葬罗家林。

城东罗氏自十四世至二十八世，居住较为稳定，人口迁徙主要有二十二世罗廷大，居京台；罗廷置（讳邦立，名玄应），迁居片上村。二十三世罗瑶，迁靖州。二十五世罗文燫，迁旌德县南门；罗文煜（号爱墨），迁湖州；罗文美，迁湖州。

三、人物小传

罗汝楫（八世），字彦济，政和二年（1112）进士，官至左朝请大夫、龙图阁大学士、吏部尚书，绍兴十三年（1143）九月赐绯鱼袋（指绯衣与鱼符袋，旧时朝官的服饰。唐制五品以上佩鱼符袋，宋因之），封新安开国侯，食邑580户。先娶吕氏、再娶王氏，三娶俞氏，生六子：颢、吁、颜、颂、硕、颀。卒葬汪龙坑。

罗颢（九世），字端素，右通郎，湖北安抚司，主管机宜文字，通判福州。娶方氏、周氏，生七子：表臣、宁臣、介臣、克臣、世臣、恭臣、令臣。卒葬篁墩。

罗庆益（1297—1368），字永嘉，善于经营，富甲一方。娶朱氏，生四子：诚辅、原寿（出继闵氏）、庆寿、康寿。卒葬车田。

罗诚辅（1320—1412），字诚一。聪慧明敏，府学，以亲老归养。明太祖驻跸玉屏山时，诚辅与数老被召见问策。娶李氏，生五子：克敬、克忠、克铭、克俊、克仁。卒葬车田。

罗启贤（1375—1424），字希哲，号龙冈。少孤、性孝，建慈恩堂奉母。治春秋，授顺天府通判。原配唐氏，续娶胡氏，生三子：镛、镜、鉴。

罗鉴（二十世），讳通真，字仲远，号克斋。年八旬，恩赐寿官。娶东关程氏，继娶北关程氏，生二子：本清、本浩；生二女，长嫁与十字街詹彦杰，次嫁与方彦仁。

罗贵宗（二十一世），字本爵，以威武为殿前力士，生一子廷大。

罗本华（二十一世），讳张九，别号拙隐轩，以耆德宿儒执教于州间。娶绣衣坊吴氏，生二子：廷佐、廷佳。

罗本清（二十一世），讳胡应，字源洁，别号竹庵，德高望重，率众重修家谱。配东门黄氏，继娶彭氏、苏氏，生二子：廷山、廷威。

罗廷山（二十二世），讳虎，字汝立，号南源，授江西益府引礼，娶黄家坞黄氏，继娶程氏、吴氏，生四子：璋、珮、琮、琢。

罗廷威（二十二世），讳彪，字汝重，号练溪。治易经，授广东韶州府照磨，娶新安卫王千兵女王氏，生二子：玠、珂。

罗廷曜（二十二世），讳凤，字汝晦，号松溪，输粟义官。娶刑部郎中童宗远女，生三子：瑚、琏、璇。

罗廷瑞（二十二世），讳麟，字汝信，号草亭，输粟义官。配汪氏，继娶吴氏、侧配王氏，生一子珦。

罗珮（二十三世），字鸣玉，号明川，治易经，授山东济东县主簿，配詹氏，生一子本。

罗桥（二十四世），字时济，号忆轩，授河南项城县幕，配东关黄氏，立罗朴次子文烈为嗣

罗文炜（二十五世），号念堂，任广西兴安县，配宋川胡氏，继娶吴氏，生二子：士戴、士载。

罗坤（二十六世），字惟静，任广东惠州府照磨。娶富堨汪氏，生一子继伦。

附　录

罗氏家谱旧序

古者先王建立大宗、小宗之法，何哉？所以明亲疏之派，叙昭穆之伦，故祖者百世而不游，宗者五世而迁之也，追至三代而下，载诸方册而显姓氏之原，灿然可考。惟罗姓出自祝融之后，始姓。国初，封宜城，至周末居长沙，乃周之小国。后为荆楚所并，遂以国为姓，群肇豫章，族日蕃大，萍处星居，莫能统纪。按：吾新安有讳彦济者，历官吏部尚书、龙图阁大学士，桥梓联芳，并登显位。至我国朝，太宗中兴之时，有讳子山者、启贤者，佥以德政称于民社，故时人语曰，新安罗氏之显，一尚书、三知府、七通判，可谓荣矣。伯五公迁居郡城之东，亦为城东之祖也。启贤公以下亦八世矣，其谱可不修之哉？先达有云，三世不修谱，即为下流人。今本清翁辈，丑居下流？自伯五公支派，明白简切，而不妄援滥引，以取遥遥华胄之讥，可谓有志之士也。予得归扫于乡，一日，罗君本清偕仲侣汝重，将谱系属予序，以弁诸首，于戏！明世系，别尊卑，收人心于涣散，非谱牒，其何如哉！虽然此特见于文字之间者也，若非孝敬无以惇宗而睦族，非仁义无以浚源而引流。罗氏族属之□甲于新安，而汝重肄业司成，将来名位未量，固有以见奕世积累所致使矣。是为子孙者，益务于孝敬，益笃于仁义，绳绳继继而弗替，则罗氏之福，宁有既乎！传曰：源深者，流必长；本大者，末必茂。罗氏者有矣，是为序。

时正德十年乙亥冬长至日

赐进士出身，历授资政大夫、正治上卿、南京户部尚书，郡人胡富书

龙冈说

世道升降而文质异趋，故古人尚质，相与语多名之，而后以字，而后又以号。虽文之日滋而少者，不敢先长者之名，若字亦君子撝谦之厚道也。然号存乎人所自取，或以地示所志也，以物昭其感也，或绎乎字寓自勖也。然则龙冈之号，希哲君固有以取之矣。吾歙州僻在江左丛山间，黄山雄踞西北，为郡重镇，支脉之流，隆而为冈岭，伏而为陂陇，延袤百余里，环绕大溪，清碧渟蓄，复突发于郡城，转折东驼耸峙，高阜垂下为东关，曳尾而劲头如龙之吐舌。然罗氏卜筑于兹累世矣，未有取夫龙冈者，是将有待于希哲君也。君负大抱，方蓄于而家以待用，盖潜于渊也。贡春官，业胄监，登天曹，拜通州别驾之命，跃而见于田也。服命于通，振纲兴落，作利厘弊，膏泽下于民，其呵气为云，转瞩为电，登禹门而霖雨天下也！噫，罗氏得龙冈而重者，其居也；龙冈得希哲君而重者，其用也。用是而彰其能，行其所学，则希哲君之号，不徒得其名已也。孕雏遗世，百代其昌，龙冈之用无疆，龙冈之名亦不朽者矣。因志其说以赠。

同郡七十三翁唐子仪著

寿克斋翁八秩序

予欲偕计北上，贡礼官频逅晤，亲友道别。忽旧爱詹彦杰君自歙到，恳恳致言曰：予岳丈罗仲远翁，年跻八十，某月某日适维诞辰，豫求大君子之言，以侑寿觞。予以乡党莫乎齿如故，接乡丈必勤礼执道，固有所宜先也。予维仲远公，古君子也，虽未有一日之雅，闻其名旧矣，重以詹君请，敢卒辞乎？詹君又曰：翁之父龙冈公，卒于通，严官箴，有先汉辅治风，终于官，无余储。时翁方三岁，孤弱侍母，战承母训，长而服勤向上，苦志以自植立家，因以裕。翁之子本清、本洁君，勤勤家理，足继父志，而大其业。孙廷海、廷山、廷曜、廷瑞、廷威，森森然起，是无可虞于后者矣。世居城东，介万山秀丽之中，结友登临，悠然有道雅趣，其所以为寿之征，大有可颂焉。予闻之，乃谓之曰：子以人

之寿，谁则尸之，栽培之理出于天，颐养之道存乎人。天不可必，吾当责之，吾人之所以可能者。夫子曰：仁者寿。谓其静而有常，故寿语。鲁公曰：智者寿。谓其以疾与法与斗，乘之、罹之、戕之三者皆智者所不为，故寿。是殆有人所当为与其不当为者，在其间顾不系夫人所自作福耶。克斋少孤苦，长顺裕而处之以泰，性刚毅果断，而克勤克俭以静之。夫泰则怿，于是乎心安而体舒，有久道焉；静则主无适，于是乎神定而心安，有厚重不迁之道焉，是以有今日寿也。犹未也，吾尝读《新安文献志》，君家有慈恩堂，则知君孝爱有自也。矧迩紫阳之居，精华之钟旧矣，旦夕董子姓，寻先哲道轨，溯其渊源，更能以仁智之说充其所，至德寿之，传远而弥昌，则君之寿，将不但今日已耶，而世世享君之寿，暇无穷矣，岂人者不可为而天果不可必哉，遂书之，以与詹君为寿章。

赐进士第、吏部尚书、诚斋汪鋐拜赠

竹庵赋

郭之东兮地为隙，湛其膏兮匪为隰。铲其跦兮捶其坳，芟其芜兮削其棘。移潇湘之灵根兮，凿地窟而栽培。沃坤灵之瀀虚兮，彻天鼓而闻雷。长龙孙于千章兮，兢持立而徘徊。声摇金而戛玉兮，叠锦棚于莓苔。伊有人相亲兮，缚草堂突其间。揭四棂而晃射兮，盼交加以怡颜。风曳曳而洒翠兮，堕凤毛于宇寰。皎晴空而鼓动兮，鸣青雨之珊珊。时启户之一瞬兮，胡乾坤之浩荡。无物之可系兮，兴快快于遐想。顾吾生之造托兮，出红尘而凌爽。戴鹖冠而衣鹤氅兮，曳到头之鸠杖。呜呼，竹只挺标而秀峙兮，检吾身之不可弛也。竹只秉操而不改姱兮，确吾心之不可倚也。竹只淡薄而媚耻兮，端吾志之不可侈也。竹只延延而参天趾兮，永吾年之登上履也。竹兮、庵兮、人兮，殆将情怀倾倒与天地之相为终始。

中顺大夫、广西南宁府知府靖安舒栢撰

竹庵铭

处士罗公本清肃，好古而尚志，伉振门楣，绰有雅致，与人交，倜傥不羁，遇事咸义。先世宅，郡郭外之东，尘嚣不入。居负山，山之旋有阿，奥窔娟婧，处之可以娱生。乃构屋数楹，辟轩绕栏，以竹清阴，倒映潇然，天光云影，游适其间，可以存心养性，因颜曰“竹庵”。令器汝重业南雍，携卷过眎请铭。予惟公隐君子也，植竹祇自怡云哉，固有望夫龙孙解箨之茁于后也。因铭曰：有矗斯冈，有卷乃阿，膴膴而夷，硕人之窝，孰其尸之。东郭曰，罗智者，斯择考盘维歌，载种千章，淇水青柯，雪霜方剥，不挠不痾。清风时至，珊然鸣珂，天和籁静，壁立冠峨。揖逊俯仰，宛若贤科，迂迂中处，自适良多。非惟澄碧，鉴之无波，抑亦助逸兴之吟哦，非惟来鹤鸣之于和，抑亦起龙种而跃巨龟。

赐进士出身、中宪大夫、浙江按察司副使、眷生张仕镐顿首拜赠

狮山小筑记

狮山踞邑城中，面抚华屏，背拥乌聊，斗山突兀于左，问政岧峣于右，紫阳、披云诸峰若耸若送，练江六水如带如环，蜿蜒之，联络之，山巍巍中尊焉。其烂然受扶与之精，夺乌兔之气，细而缊之为城郭，人民之雄丽，礼乐衣冠之严肃，纷披映发有自来矣。城东罗氏，世居山阳，毋怪其礼乐世讲衣冠代兴，何也？其精气久与山通也，惟山之要，嘉树蒙茸，芳草油润，脉融理结，翠抱青回。其远祖龙冈公构山架月，叠石莳花，朝夕咿唔其中，亡何致身奋迹，为国家循良别驾。练溪公千寻文焰，直逼祖风，亦竟“明经”起家，为一时敏练从事。至琢干公栋朽垣颓，复起而葺之，于是嫏嬛再辟，禹穴重开，弋华猎誉青紫，为之前驱矣。嗣后生齿既繁，趋向匪一，讲帷书席，化为寒风，不犹之丝与金乎等丝耳，胡为黻黼，华而缯帛，陋也等金耳，胡为钱镈，钱而鼎彝，贵也。绍武氏出有若山之灵，豁之导之，一旦动绍先惕后之思焉，丙寅岁采桐梓于泰山，伐砼础于洞庭，鸠工必良，取荫必美，于先人读书之地，小构别墅焉。恫先业也，志不忘也，启后昆也，忘有本也。由巷之左委宛拾级而上，一楼如拳，点翠微中，楼外竹门掩映，署曰“狮山小筑”。门外小台，植天竹一株，翠叶红子，如交相映。左折台可二丈，蕉、竹、桃、橘，澹而生韵。一亭，倚岩嵌壁，曰亦轩，曰匪轩也。亦轩耳，一日期步，琢轩公也，亦一步一趋耳。轩面回廊曲邃，为堂三楹，曰“意堂”，亦自抑也，意有指也，意绍先而惕后也。闲阶净寂，翔云气于天边，摘星斗于檐际，盆蒲缶桧尽有生致。人为楼二楹，曰“振叶楼”。

嘻，其有深指乎，绳尔子孙与山相终始乎，如山之树木，蔚起乎。楼下曲房洁楚，辟一壶当窗，曰“壶室”。亦效壶公之玩世乎，化浓为淡，足窥其出尘袪累之度矣。地不四亩，为楼、为堂、为轩、为室、为台、为径、为廊、为砌、为花、为木，靡不具焉。八窗含云，四壁濯露，溪山置之，几席鱼鸟，狎以须眉，谁谓维摩丈室、龙象人天不种种具也。居是宅也，有琴有书，载弹载咏，楸枰散桑柘之影，尊荦索莺花之笑，幽禽相答，高抑扬清，黄菊半篱，明河一户，玩林下之美人情诗，兴于驴背，斯足乐矣。若其悬一经于子舍，守清白以自盟，乌睹蹄涔之波，棘簌之径，不可奋神龙而超逸轨也，低昂凭心，可以自定。他日有锦绣之胸、金玉之口者，出接羽联，镳超三君子而上，千里始跬步也。谓非绍武氏绍先惕后之心，为之鼓荡而振动之哉，且闻狮山之脉从黄海逆逗数百里为邑之屏，作郡之郛，寻龙衍脉，君家书香一缕，左右券矣，不惜颖秃，勉为之记。

赐进士第、南京国子监祭酒、兼翰林院侍读学士、通家眷侍教生

方逢年拜著

太祖召对御制五伦文

国戊戌年十二月庚辰，太祖自宣至徽，召故老耆儒访以民事，有儒士罗诚辅等来见。

太祖问曰：“丧乱以来，民多失业，其心望治，甚于饥渴，吾深知之。”

诚辅对曰：“自大军克复，民获所归矣。”

太祖曰：“邓愈筑城，百姓怨否？”

对曰：“颇怨。”

太祖曰：“筑城以卫民，何怨之有？必愈所为迫促，以失人心。”即命罢之。

太祖曰：“尔能博通古今，谙成败之迹。若汉高祖、光武唐太祖、宋太祖、元世祖，此数君者，平一天下，其道何如？”

诚辅对曰：“此数君皆以不嗜杀人，故能定天下于一。主公英明神武，兼数君之长，驱除祸乱，未常妄杀，出民膏火，措之于衽席之上，

开创之功，超于前代。然以今日观之，民虽得所归，而未遂生息。”

太祖曰：“此言是也。我积少而费多，取给于民，甚非得已，然皆军需所用，未尝以一毫奉己。民之劳苦，恒思所以休息之，曷未尝忘也！”

诚辅对曰：“诚如是，民之生息可待矣！”

太祖曰：“有不便者，盖尽言之。”

诚辅等拜谢，乃赐诸父老布帛抚慰之而去。

歙北《上源程氏宗谱》述要

一、概述

歙北《上源程氏宗谱》长24厘米，宽37厘米，线装，雕版、宣纸印刷，谱约厚9厘米，共6册6卷，每册1卷。本谱为上源程氏务本堂编修，1928年程启祥撰修，安庆怀宁胡竟成梓。上源即今绩溪县大源乡，民国时叫中溪村。

卷一为新、旧谱序以及敕诰、诰命等。新序两篇，首篇为1928年壮月（农历八月）绩溪旺川通家生悦甫曹念祖撰写的《上源程氏纂修宗谱序》，次篇为程氏裔孙程启祥撰写。新序后为总目，全谱共6卷，计558页。

总目后为旧序，共收录22篇，时间从唐至清，依次为唐歙州都知兵使程淘、程祁、程孟、程璇分别撰写的《程氏世谱序》，明翰林国史院编修、淳安徐尊生于洪武十三年（1380）撰的《大程村程氏续谱序》，婺源汪睿（仲鲁）于洪武十年（1377）撰的《程氏续谱序出歙大程村谱》，星源碧溪俞瓒书的《后序》，歙县棠川鲍宁于景泰二年（1451）撰的《新安程氏会通谱序》，歙县槐塘程孟于景泰二年（1451）撰的《新安程氏会通谱后序》，稠里汪处善于永乐五年（1407）书的《续谱序》；临江傅颜于永乐壬辰（1412）书的《又序》，程孟撰的《重修谱序》及《又序》《会通宗述》《岑山渡程氏续谱序》，明进士休宁程敏政于成化十八年（1482）撰的《新安程氏统宗世谱序》，乡进士（举人）绩溪仁里程传于弘治十三年（1500）撰的《新安程氏谱略序》，婺源裔孙程士培于康熙二十四年（1685）撰的《新安程氏统宗补正图纂后序》，程大成于万历庚寅（1590）

撰的《订正程氏历代履历总谱得失序》，赐进士出身翰林院庶吉士程闳（奕仕）于康熙十二年（1673）撰的《槐塘程氏显承堂重续总谱序》，赐进士通议大夫南京户部右侍郎程嗣功于万历丙戌年（1586）撰的《续槐塘程氏宗谱序》，赐进士嘉议大夫贵州按察使程大宾于万历己丑年（1589）撰写《槐塘程氏续会通谱序》。

谱中敕诰、诰命、敕命共有78篇，均为自西汉至明历代朝廷对程氏名人封号、封官、封爵等内容，其中有不少是夫妻或父子同封，亦有对贞节烈女的敕封，以此突显皇恩浩荡、家族兴旺。

卷二为会通原文、会通凡例原文94则、会通修谱凡例、续修宗谱事宜、上源程氏新增凡例15条、程氏家范10条（敦孝友、睦宗族、勤生业、节财用、戒争讼、毋恃势、崇典礼、远佛老、别男女、重家学）、程氏祠规36条、篁墩墓祠图、世忠庙图、碑志、上源村图并志、柯溪村图并志、程灵洗及明处士程马荣的像及像赞、续衍辈排行字；清嘉庆十年（1805）建祠能干6名，清同治七年（1868）建造寝室能干9名，清光绪二十四年（1898）建造中堂能干6名；1928年纂修宗谱人名录（主修启祥，校对兆润，采访启绶，族长启约，总理兆雅，协理开锭，襄理庶务启瑞、兆坊、兆嘉、兆裕、兆朗、秉春、秉俊、秉定、秉义、秉明、开泩、开洪、开益，司祠总理宗诗，司祠协理秉清，司祠庶务启祐、兆榜、兆贵、秉杏，柯溪佳根、佳昇）；领谱字号及名录（领谱字号：上承先绪，下启后昆，源长流达、派别支分）；开先原始世系图纪；新安总始世系图纪（自新安一世祖元谭公续至三十一世）。

开先原始世系图纪自天、地、人三皇续至东晋元谭公（迁新安始祖），其中包括原始第一图（自黄帝始）、开国第二图（自伯符开程国）、仕战国晋第三图（自婴公仕晋托孤）、仕西汉第四图（自珍和公始）、仕东汉第五图（自文爽公始）、仕魏第六图（自元昱公始）、仕东晋第七图（自智公始至元谭公）。

新安总始世系图纪自新安一世祖元谭公续至三十一世，其中包括迁新安第八图（自一世元谭公始）、仕宋齐第九图（自八世祖宝云公始）、仕梁第十图（自十五世祖灵洗公始）、仕唐第十一谱图上（自十九世祖公颢始）、仕唐谱图中（自二十三世祖季随始）、仕唐谱图下（内有及五代者凡五世），总谱分派图（自二十七世纂公始至三十一世）。

卷三为世系图纪。一为迁槐塘世系图纪，自三十一世祖延坚公始续至三十九世。二为正府前派世系图纪，自三十九世元定公续至四十九世，为永庆堂谱。三为正府正派世系图纪，自三十九世元凤公续至四十九世。前派与正派因三十八世鲁国公太师放二子元定、元凤（南宋丞相）而分。四为槐塘迁上源世系图纪，自四十七世祖马荣公（迁上源始祖）续至第五十五世。

卷四为槐塘迁上源世系图，自五十六世续至五十九世。

卷五为上源世系图，自六十世续至六十五世。

卷六为上源世系图，自六十六世续至六十八世，录有程元谭、程宝惠、程灵洗、程马荣等人的墓图及墓地记载，记载了上源程氏宗祠田地、山场的字号、税额、地名录；录有遗失祖考妣系图纪，谱末为1928年绩溪曹念祖作的《上源程氏纂修宗谱跋》。

二、源流

据本谱记载，程氏源于伯符。始祖伯符，在成康之际（指西周初周成王（姬诵）、周康王（姬钊）在位时期。史家称“成康之际，天下安宁，刑措四十余年不用”，以德瑞征，始封广平（今河北鸡泽），遂开程国。程国其地在长安，于汉为安陵（今河南鄢陵西北），隶属古扶风（今陕西）。伯符生廪丁，廪丁生仲壬，仲壬生子藏，子藏生休父。休父为伯符的四世孙，周宣王执政时任大司马，子孙因以国氏。

至春秋时，传至十四世程婴。晋景公三年（前597），赵氏家族遭难。程婴与公孙杵臼密谋，设法保下了赵氏孤儿——赵武，程婴在抚养赵武成人后自杀，因此被封为忠诚君。

程婴传三十二世为元谭公。程元谭，牧公次子，大兴三年（320）自东阿南渡任新安太守，有善政。“绥辑流民，疏通畎浍，教民孝悌，举俊造于朝廷，歙民大悦。”永昌元年（322），任满返里，百姓遮道请留，卒不得发。晋明帝赐田宅于黄墩，子孙世居，奉元谭为新安程氏一世祖。元谭娶东海徐进女，生二子，长彪、次超。卒合葬于城西十里牌（向杲）

驿路之旁，平地之中，坐北朝南，系衮绣乡二十三都。因墓前有双石人，故名双石。

程氏郡望上望广平，次望武昌，次望歙郡。自西周之后，程氏后裔迁居的各郡地主要有：绛州、洺州、河东（以上三地古均为冀州，今河北省一带）、河南（今河南省）、新安（古扬州之域，汉丹阳郡分治歙，吴置新安郡，晋改新安郡，隋置歙州，宋改徽州）。程氏尊汾河祖忠诚伯婴，兖州东阿（今山东）祖任诚君伯先，歙州篁墩祖新安太守元谭。篁墩，或云黄墩，因其地多产竹，故名。后因黄巢乱天下，所过杀戮甚多，独以黄者己姓，故凡姓氏州里山川但系黄名者则兵不犯，当时衣冠亦尝有避地于此者，故改"黄墩"为"篁墩"。其地在歙郡南三十五里驿路之傍，仁爱乡二十五都。

程元谭传十四世为忠壮公灵洗。程灵洗（514—568），惠公长子，南朝武官。少以勇力闻，梁时以拒侯景乱，授谯州刺史。入陈，官兰陵太守，以讨伐战功拜都督，郢州刺史，封重安县公。治军号令分明，与士卒同甘苦，又躬勤耕稼，老农不能及。夫人董氏，妾二十余人，生二十二子，九十三孙。卒葬黄墩旧宅旁，赠镇西将军开府仪同三司，谥号忠壮公。南宋嘉定年间敕建世忠庙；宝庆三年（1227），封广烈侯；元泰定三年（1326）加封忠烈显惠灵顺善应公。

新安程氏二十八世程汾，始居休宁方源（休宁临溪），天祐四年（907），为郡助防驱使，遂举家迁居郡城（歙县）之河西，埋石造屋，后在宋皇祐四年（1052）五月初七日为大水所毁。程汾生四子：彦赟、彦枢、彦榕、彦材。彦赟为迁槐塘、范坑、屯石岭、罗祁诸派共祖；彦枢为迁向杲、上市，旌德前坦、集贤，歙南长陔诸派共祖；彦榕为迁歙田坑、塘贝，休宁山斗、霞阜诸派祖；彦材为河西篁程堂派祖。彦赟生四子，长子延美为迁歙屯石岭祖，次子延长为迁范坑祖，三子延春为迁罗祁祖，四子延坚为迁槐塘祖。

延坚（三十世）因河西地势狭小，前临练江，常遭水患，因而有迁居他地之谋划。一夜梦神人指点：郡西十五里有佳境，宜建家立室，子孙昌盛。延坚信其言，遂于五代后周广顺二年（952）携家定居槐塘，开辟荒地，勤于耕种，事业日新。尝赋卜居诗："离群已绝功名愿，拂袖来寻泉石盟。”娶方氏，生子信。享年七十六岁，卒后合葬旧宅后。槐塘在郡西十五里衮绣乡二十二都状元里，旧名程村，至宋赠太师齐国公程正，效王晋公故事，手植三槐于庭，而居又临大塘，故改今名。

传至三十七世，程子瑜、程子玘两房最盛，生九子十八孙，多以文章发身。由于人口众多，祖居狭小，遂各开基业，筑室分居，分为上、下、正、旧四府。

三十八世程放，字季嘉，子玘子。生于乾道乙酉（1165）二月十五日，殁于淳祐壬寅（1242）十月二十五日。娶溪南吴氏，生二子元定、元凤；女三，长女嫁刘元佐，次女嫁吴潜，三女嫁汪应耕，俱业进士。宝祐中，程元凤拜相，追封程放为太师鲁国公。自三十九世分为正府前派，为元定公支下；正府正派为元凤公支下。

正府派后裔，四宝公之子，四十七世程马荣，禀性豁达，倜傥不羁，精于堪舆，爱山乐水，忘而知返。游历歙东，见上源山环水秀，源远流长，遂于明成化十年（1474）由槐塘迁居上源。公生于明景泰三年（1452）二月十八日，殁于明嘉靖十二年（1533）四月初三日。娶汪氏，温柔淑顺，相夫教子，有大家风。生三子文星、富宗、仁宗。明嘉靖年间创建宗祠。其后子孙又由上源迁居绩溪九都小呈里、十五都柯溪。迁居小呈里派程长木、十五都柯溪派程长满均为马荣公五世孙。从而形成了三房鼎峙，子孙繁衍的兴旺局面。本谱上源世系图，自新安程氏四十七世、上源始祖马荣公，续至六十八世“嗣”字辈，时间自明成化年间至民国十七年。

续衍辈分排行自“昌”字以下（明末）四十字：长社春继世，图光应元启。兆秉开宗立，佳吉嗣武昌。道德徽猷伟，诗书衍泽宏。圣贤宜效法，勤俭定隆荣。

三、人物小传

程璧，字子瑜，六朝议，大圭公次子，三十七世。秉性质朴，勤俭起家，友伯仲待乡闾，始终无间。常积粟以赈乡里之贫困者，值岁歉，不责偿，竟焚其券。尝说：“子孙当有兴者。”生卒年不详，恩赠迪功郎。

娶鲍氏，赠孺人，续娶汪氏、张氏。生四子：十二、念二、念六、三七。

程正，字子玘，大圭公五子，三十七世。赋性纯质，好读书，尝教授乡里，轻财乐施，以行义著，尚佛，终身吃素。喜读阴阳书，自卜寿域。晚年自旧府移居正府，手植三槐于庭，以效王晋公故事，槐塘之名由此而来。娶方氏，生五子：放、纲、轮、恬、纯。享年八十二岁。

程元岳（1218—1268），字远甫，号山窗，三七公三子，三十九世。宝祐元年（1253）进士，初授迪功郎、真州司户参军。四年，改差沿江制置司干办、升循从仕郎转承直郎。六年，授史馆检阅。开庆元年（1259），累迁奉议郎、太学录、武学博士。景定元年（1260），率学馆同僚上疏，极言时事，数次上谏，被逐出宫门。但有旨命留添差，通判建康军府兼管内劝农营田公事。二年，添差江南西路安抚司参议转承议郎、发遣兴化军。四年，转朝奉郎，任宗学博士。五年，理宗称“拥俊望以重来，知直心之犹在”。改任监察御史、右正言兼侍讲。咸淳元年（1265），授朝散郎，御笔亲封殿中侍御史。二年，任朝请郎。八月，任尚书、工部侍郎兼修玉牒官。十月，转任左侍郎。自二月起，累次上疏要求赋闲，后任郡守、集英殿修撰，知太平州兼管内劝农营田公事，节制屯戍军马。并随时听从调遣。三年，恩封歙县开国男，食邑300户。守父丧，卒于家中。著有诗文集《山窗集》。娶汪氏，赠淑人，生三子膺祖、昭祖、崇祖。生于嘉定戊寅十一月十二日，殁于咸淳戊辰五月，享年五十一岁，卒葬二十七都烟村。

程元凤（1200—1269），字申甫，号讷斋，程放次子，三十九世。绍定初年，乡试夺魁。宋绍定二年（1229）春宫居第一，赐对集英殿，授江陵文学掾校文鄂渚，先后任宗学博士、秘书丞、饶州知府、江淮荆浙福建广南路都大兼饶州知府。淳祐八年（1248）任右曹郎，上疏条陈六事，充殿试考官。不久任监察御史兼崇政殿说书、侍讲、殿中侍御史。以公博文典雅，忠正不阿，理宗御书“昭光、清忠、儒硕”六字赐之。又再转任吏部侍郎兼中书舍人，同修国史。宝祐三年（1255），迁工部尚书、端明殿学士、同佥书枢密院事。四年七月，拜右丞相，封新安郡开国公。五年转金紫光禄大夫，进诗三章，受褒嘉。六年，以观文殿大学士判福州。景定二年（1261），拜特进依前职，充醴泉观使度宗。咸淳元年

（1265），进少保。三年，拜少傅、右丞相，封吉国公。四年致仕自同签书，恩赏加食邑至8900户，实封3300户。生于庆元庚申（1200）十二月二日，殁于咸淳己巳（1269）二月二十日，享年七十岁。遗表闻遣使，祭葬如礼，谥文清。葬古城关（今古关），并建昭孝积庆寺崇奉。娶吴氏，赠周国夫人，生一女，名六，嫁与呈坎通判罗鼐。续娶汪氏，赠汉国夫人，生男喜老，早夭。侧室华惠贞，杭州人。长子象祖、次子述祖，俱为从弟元德之子。三子崇祖，系从弟元岳之三子。元凤公气貌冲粹，襟度宽夷，不为畦町峭堑，待人遇物春风蔼如。然胸中泾渭甚严，短长轻重寸量铢较，犹黑白之辨凿凿乎不可。乱平居退，然一儒者言若不出诸口，及临大事，虽千条万目纷错于前，审义之得毅然自任，如山岳之不可移。引援贤俊唯恐遗才，尤爱惜公朝名器，姻戚交友无敢萌意外希求者。居相位两年，三辰正百度，举朝无异议，民无疾呼。

程偕寿（1310—1375），字大年，又字伯固，桂公三子，四十一世。生于至大庚戌（1310）十一月二十二日，九岁丧父，孑然一身，赖兄宏寿扶持。公敏慧向学，读经史能考见古人用心处。知事姚公见奇，纳为婿。喜交名士，郑朱二公相唱和，赋诗清婉，人多传之。游商增产，经郑公保荐，任紫阳书院山长。公任紫阳书院山长的第二年，由于灾荒，学租歉收，书院运转困难，公倾尽家资以助。值元末战乱，公隐而不仕。明初签充库役，盘点前元所积存，亏折大半，照例追赔，计用1300余金。平生宽厚大度，与人交始终如一，性好俭，礼所当费虽多不吝。创建忠壮行祠，重修丞相祠、御书楼及各处祖茔，俱一马当先。公卒于洪武乙卯（1375）七月十三日，享年六十六岁。孺人姚归妹，操持有度，生二子铁、完都。续娶跳石郑向，生一子诚，绍永寿公；女程清，嫁与棠樾鲍思诚。再娶潭渡黄氏，无子。侧室陆氏，生女程聪，嫁与路口汪氏。

程回善（1375—1429），字宗敏，昇奴公继子，本完公四子，四十四世。好读书，识大义，做事不苟，言必当理。尝于黄山兴贩排筏十余年，资本颇裕。后为暴水所荡，坦然应之。公生于洪武乙卯，殁于宣德己酉。娶凤凰汪巧，生二子孟孙、亿孙。二女，长女程壬适岩镇鲍世杰，次女程柔适三十都钱信常。

程佐显（1501—1547），一名廷佐，字汝忠。昱公三子，四十八世。

幼聪敏，业儒。既长，从父游商，复归潜心闭门苦读，以书中嘉靖丁酉（1537）乡进士（举人）。生于弘治辛酉（1501）三月十六日，殁于嘉靖丁未（1547）四月二十日。娶鲍氏，生一女，嫁与棠川鲍涞。侧室吴氏，生一子，名大甲。

程嗣功（1525—1588），字汝懋，号午槐，野亭公长子，四十九世。十九岁登乡荐，二十三岁举进士，授武康知县。断冤案，称神明。三年任满，仅《论徒》一牍入南职。“倭寇”侵扰南京时，程嗣功辅佐谭襄敏御寇有功，任安棉佥都御史。任浙江参议，除暴安良。又起补贵州，部落首领安国亨内衅，王开府主张征讨但未奏效。程嗣功依据法令选出新的首领，平定了内乱。盗贼扰民，程嗣功密请李中丞潜师剿平。在辖东粤时，古田县罗旁等山贼作难，督抚殷正茂（歙人）领兵剿杀，程嗣功犒劳兵士。升任南京管理应天府库，丞吏仓皇告失金，程嗣功色自若。已而得金以告，程嗣功色仍自若。吏退而吐舌佩服：气度犹如裴相国。升南京户部右侍郎，总督粮储。洞悉利弊，进呈《五便事》，神宗嘉纳，诏为律令推行。二年后因不附权贵而告归。返里倡修宗谱，和睦乡邻，优恤宗族，为乡达所赞。娶潜川汪氏，封淑人，生七子道充、道立、道章、道新、道康、道育、道彦。一女，嫁与岩镇方尚书子方以蒙，后以子士亮贵，赠兵部给事中。

附　录

上源程氏纂修宗谱序

夫家之有谱，犹国之有史。修而续之，所以继往开来也。然续也，必待其人而后行，虽迫于时之不可待，抑将草创焉以待之，昔宋先哲淘急是务，于师中良有以也。按：宗谱皆谓广平伯始祖，伯符在成康之际，以德瑞征，先封广平，而后封为程国，子孙因以国氏，故郡从广平不忘本也。继迁沂州汾河，祖忠诚伯婴。兖州东阿祖，任诚君伯先。歙州篁墩祖，新安太守元谭。自太守上溯广平伯，凡四十五世，下及十世孙道乐。其间勋业行状，国史家乘，参互考订，章章可据。历周及元二千余年，子孙世守之。明学士敏政统宗世谱，改封程国，自休父始改元谭，不祖魏安乡侯昱，而祖吴亭侯普，改道乐以上九世官爵、讳字。不有淘、祈、旋、孟、常、隐、曈、项、典、士培等牒，辨伪补遗，会参反正，则我宗支派源流不致讹谬失实者，几希此。又宗先哲厘所以训子，有三代不修谱之戒也。乃我支祖马荣公为元谭始祖四十七世孙，明成化十年甲午由槐塘徙上源，其子孙由上源而徙绩邑，九都小呈里派、十五都柯溪派，皆出自马荣公五世孙。斯时三房鼎峙，子孙繁衍，创造祠宇。领得宗谱宗字第七十七号，昭穆煌煌，备极一时之盛慨。自咸丰十年粤匪入寇，桑田赤地，梓里沙场，黎民百免二三，白屋十焚八九，我宗祠亦为所毁，领得宗谱偕亡。感念及此，窃以为我族世系不可续矣。差幸老成幸获逃生，勉于同治戊辰，先复创宗祠寝室，以妥先灵。迄光绪戊戌继复中堂、前门，然皆略备告成，未获完美。而于世系一端，则仅祥所录一挂线牌谱已耳，爰是集合众议，佥皆以修谱祧主为急务。乃于今春群推兆雅总理，开锭协理，及襄理、庶务诸端者，又有二十二人，而祥亦参列。其后，族众不以祥为不才，特以编辑之重任付之。任之实深负疚，辞之而义不容，惟有竭尽心力，会合小呈里、柯溪、八亩坵等派，编辑一谱。勿使遗漏失实，庶可上告于先灵，下及夫后裔。其如采访未周或遗或失，尚俟补正于继起之君子，从而修饰之、润色。之是，则祥之所厚望也云尔。

时民国十七年岁次戊辰桂月上浣　谷旦

裔孙启祥谨识

上源程氏祠规

人言国法严矣，而不知家法尤严。国法尚疏而易漏，而族人之淑慝最迩最习，莫毫发遁也，奈何不谨。今将宗祠议立条例载在谱中，紧要者明白开后，俾观者互相劝勉告戒云尔。

一、凡有大功力于祠及显扬宗祖者，又有仁德孝行、忠义节烈实迹显著，殁后秉公崇报，进主配享，不在常例之列，节烈孝妇者亦如之。

一、凡捐资入祠至百金者，夫妇中龛配享；五十金者，男像中龛配享。

一、凡仗义乐助银入祠配享尚义者，每名大洋五元整。

一、凡在生乐助银入祠至十两、五两者，生殁照例颁胙；助田地者，依时秉公按价，颁胙亦如之。

一、凡子孙阴损祠宇神主，毁祭器等物者，不许入祠，仍鸣官治罪。

一、凡变卖盗葬祖坟及毁卖家传谱券者，不许入祠，仍呈官究治。

一、凡附近子孙于造祠设祭毫无财力相助者，不许入祠。

一、凡殴骂父母、伯叔、亲兄、长上者，已经鸣告祠首族长，仍怙恶不悛者，不许入祠。

一、凡殴骂翁姑者，已经投祠训诫仍悍恶不改，不许入祠。

一、凡婚娶仆隶下人者，不许入祠。

一、凡奸生之子，不许入祠，或完娶年余后生者不在此例。

一、凡犯十恶、奸盗败伦、紊乱宗支事迹显著者，不许入祠。

一、凡出嫁母及妾僭妻位者，不许入祠。

一、凡乏嗣承继，理应由亲及疏，如亲房无昭穆相当序继人，择远房受继，或兼祧，或悬名，主权在于主盟人自行决断，立继以延嗣续，亲房毋得抗阻。

一、凡出嫁之妇，不得祔祠进像，只于夫系下书曾娶某氏，示义绝劝贞烈也。或夫死毫无产业营生，私自逃外佣工度日，毫无劣迹，族众调查明白，情实可原，方许祔入。

一、谱与史法同义异，小善必书，小过宜恕，隐恶扬善之义也。至于悖祖训，违祠规，五伦紊乱，曾经祠规斥革者，例空名位不书，仍系厥子罪人、不孥之义也。

一、凡无嗣殁后承继者，继子既独享家资，则当隆继父之报，上等者出田或十亩、七亩，中等者或五亩、三亩，下等者或二亩、一亩，如远房择继者则必倍之，颁胙照田多寡定则，田至十亩以上者，猪羊另祭。

一、凡进像照常例每像大洋三角整，务须先缴像银，登名随录牌谱，方许祔祠，庶免混淆讹误。

一、凡无嗣，殁后悬名进像正寝，照常例外，每像牌资大洋二元整。

一、凡犯十恶，进像照常例外，每像牌资大洋十八元整。

一、凡年未十五岁，未曾婚娶者，本属官人像，祔官人堂，照常例每像牌资大洋三角整。或有人承继并悬名，俟继祔像正寝，照常例外，每像大洋二元整，否则不得越进。

一、凡姑娘进像，照常例每像牌资一元整。

一、凡产妇进像，照常例每像牌资大洋六角整。

一、凡主祭分献，若德行有亏者，不许与祭位。

一、凡议事许能干，请族长及达礼者公定，如少年负气阻挠者，罚银一两。

一、凡能干遇事托故退避者，罚银一两；侵渔祠中钱谷者，查出罚银二两，仍追偿。托公假义，因而荡废祠中资产者，永远不许入祠。

一、凡轮首买办祭仪开价不实，查出罚银一两；祭仪不洁，先尝窃取，查出罚银一两；香灯缺乏及见屋漏不葺，罚银一两；不打扫者，罚银五钱。

一、凡对阅神主有私自插入者，检出罚银一两。

一、凡祭祀及散胙之际，但有报复私怨，或挟私怙势，或倚酒撒泼骂詈斗殴者，初犯罚银一两，再犯罚银二两记过，至三犯，叱出不许入祠。

一、凡祠中桌凳器皿等物私自窃用者，罚银一两。盗取者罚银二两，仍追赃呈治。

一、凡祠中毋许设席延宾，私自堆积晒晾，以至亵渎宗祖，违者罚银一两。

一、凡来龙水口、朝山竹木杂树，兴养护荫，为钟灵毓秀所必需，凡属子孙，毋得盗取窃斫，犯者照例议罚。

一、河中深潭清涟可鉴，鲤鱼群聚，悠洋活泼，实为鱼跃呈祥之瑞，凡属子孙毋得捕取窃钓，犯者照例议罚。

一、统宗之权，虽擅于族长，而是非之口，实出于士人，今后有不公之不法事体，许士人协同族长、能干，直言驳正之，无得避嫌。

一、已定条规载在谱中者，俱秉公斟酌，参合家礼律例，确然可守，日后毋得妄生变乱，违者罚银十两，仍呈治，永远不许入祠。

一、能干列名实纪，宗祠之权，责在能干，前已详言矣。然不列名则更代无所查考，不实纪则事迹无所凭据。今胪列于后，并及夫造祠头首，俾后日不没其名焉。

重建世忠庙记

阴阳愆违，水旱不节，谁其序之？天灾流行，人物疵病，谁其御之？明为人福，幽为神功，谁其尸之？凛凛乎克当其任者，吾忠壮公之神欤？公姓程，讳灵洗，字元涤，其先出于黄帝重黎之后。自伯符封广平郡，四世休父仕周宣王为大司马。十四世婴仕晋平公，有托孤之德，封忠诚君。四十五世讳元谭，仕晋成帝，为襄州刺史，持节江南，为新安太守。有诏赐宅于歙篁墩，子孙遂以为桑梓，故世为歙人。自元谭八世法晓仕宋为海宁令，十世道乐仕齐为承奉郎，十三世宝惠为本郡仪曹，公视之如三代也。宝惠娶安定胡氏，有子五人，而公主器，公性宽惠，孝于亲，友于弟，待群下以恕，处乡党以义。别嫌明疑，定是正非，无得而谁何者。所居之偏，其湖深广，有神居焉。与吕湖为邻，吕湖有蜃，素为居民之害。湖之神一夕为黄冠，现梦于公曰："吕湖蜃稔恶于此，不早图去，民其鱼乎？明日吾复与战，披白于肩者吾也，以公义士，敢以辱！公倘为助，酬报敢后？"翼日，公果率乡之少年鼓噪于湖侧而俟。有顷，湖水浩荡，云雾隐暗，两牛角于滩上，而肩白者屈。公挽弓发矢，中彼黑者，俄而阴晦廓清，湖波澄静。居不更夕，有巨鱼死于吉阳滩下，即吕湖蜃也，至今号其滩曰"神滩"。自是吕湖涨塞，而蜃之害除矣。越数日，有道士叩门候公，公为具馔。道士曰："公尝有德于我矣，又劳鸡黍之勤，何以为报？吾素习天机书，能卜善地，当徐我以行。"至黄牢山，以白石识之曰："迁此可暴贵矣。"公于是为太夫人寿茔焉。梁太宝间，侯景之乱，公据黟、歙以拒之。侯景移军新安，太守萧隐奔依焉，公奉以主盟，景不得而陆梁也。其后平徐嗣徽，破王琳，走周迪、华皎，降元定，进克周沔州，擒裴宽，与士卒同甘苦，虽节制甚严，而人乐为之用。太清承圣间，除散骑常侍，建威将军，累迁新安、丹阳太守，历谯州、青州、豫州刺史，巴邱县侯、食邑千户。陈受梁禅事，陈高祖为佐命功臣，与周文郁、侯安都号为三杰，以功授兰陵、南阳太守，封遂安县侯，迁太子左卫。率事世祖，为豫州刺史，将军持节西道，授都督司空，食邑千户，鼓吹一部，班剑四十人。久迁中护军，出都督郢州刺史。废帝即位，进云麾将军，封重安县公。卒赠镇西将军、开府仪同三司，配享武帝庙庭。谥曰"忠壮"。夫人董氏，生子二十二人。长文季，有高烈传于公后。余多以功显于时。今程氏散处四方者，其源皆出篁墩，家谱载之详矣，故此可得而略也。初，公微时，其声名气节，达于朝廷。尝负铧视田，而诏使踵门，公置铧水中，以卜休咎，果得吉兆，今尚有铧卜坑焉，其旁则公之宅也。今众水潴为深湖，湖之水清莹可鉴，时有巨鲜聚游其中，人不得而渔焉，号曰“相公湖”。不数百步公之墓也。公尝自营其兆域，以缣帛埋之墓前，祝曰：“吾子孙有能大吾门户，当生大木，以为休征。”既而楮木生焉。今大且十围，其一不知何代为风雨所揠，旁出二枝，亦合抱矣，号曰“千年木”。乡人遂于其下叠石为坛，以奉祭祀，号曰“相公坛”。公生为篁墩人，而死为篁墩神，祈雨而雨，祈晴而晴，瘟火疾疠，有祷即应。篁墩之民，受公之庇为不浅矣。曰牛一，曰羊一，曰豕一，与夫脯腌之荐，莫不时谨。故自夏四月、秋八月，土鼓冬冬不绝，其声展敬，乞灵于祠下者，又百余社。陈奠荐辞，何其虔也？公之坛与里之社接宇，春秋戊祭，以公配焉，公之功德与勾龙氏相为终始乎？暨今数百年而益大，庙貌轮奂之美，得其时制，而大合乐以庆落成，董其事则有乡之父老焉。故凡谒于庙者，皆愿丰碑以识公之始末。里人方汝舟实赞成之，则愿捐金刻石，求记于麟。惟公历事梁、陈，功业著矣。云仍诜诜，以文章登显位者代不乏人，固有能发潜德之幽光以传不朽者，而乃属记于麟，其不赘乎？盖尝证于梦寐，而佥谋所凭，何敢不勉？谨按《图经》、史氏，与夫讲讨村老之传闻，端拜而特书之，庶几后人益加严奉，永永不懈，亦使访古者并有所考焉。

时嘉熙己亥孟秋既望

经谕胡麟谨记

歙南《长标东陵邵氏宗谱》述要

一、概述

歙南《长标东陵邵氏宗谱》，长23厘米，宽37.5厘米，线装，宣纸印刷，谱约厚6厘米，1930年六月刊印，共4卷4册。

卷一主要由像赞、谱序、邵氏姓原、敕诰、凡例、族规等内容组成。卷首有“邵氏宗谱，东陵世家”八个遒劲有力的大字。卷一收录了9位先祖的像赞，分别为康公、平公、坦公、乌龙公、文九公、绍祖公、百二公、祖智公、正聪公。其中百二公的像赞为程箕所写：“慥慥君子，迁歙井川。课农训读，家声以传。徽堪启后，严可承前。绵绵瓜瓞，亿万斯年。”祖智公的像赞为许承尧所写：“卓哉伟人，万古纲常。富贵不慕，山林独藏。学通经史，行比圭璋。宗风励俗，世泽流芳。甘棠遗爱，俎豆馨香。”

卷一收录了不同时代的10篇谱序，时间从元至大四年（1311）至1930年，分别为乾隆五十年（1785）新定（今浙江建德）章浩渭撰写的《重修邵氏宗谱序》，1930年古歙江友燮撰的《长标邵氏宗谱序》、姚邦燮撰的《长标邵氏族谱序》，崇祯壬申年（1632）方逢年撰、武强书的《鼎葺邵氏宗谱序》，明洪武六年（1373）十八世孙邵璧书的《邵氏通宗会谱序》，明成化十九年（1483）十五世孙邵楷书的《重修邵氏谱图序》，弘治二年（1489）赐进士、嘉议大夫、都察院右副都御史徐贯撰的《邵氏重修宗谱序》，明正德五年（1510）赐进士出身、亚中大夫、赠嘉善大夫、云南承宣布政使司左参政、裔孙邵新书的《邵氏重修宗谱序》，元至大四年（1311）十三世孙邵桂子书的《邵氏家谱所自》，清乾隆十年（1745）岁进士徐风来题写的《东陵邵氏世谱序》。

谱序后是邵氏实录、邵氏姓原、东陵郡望等文章，介绍邵氏得姓及繁衍的过程。收录的敕诰有21篇，如《赐广济庙额》《诏封神为乌龙感应王》等；收录有《修谱则例》《凡例》《正伦堂宗规八则》等；收录了《邵氏宗卷引》《长标邵氏宗谱引》等4篇。

卷二为列传。卷首有总列传，介绍邵氏的渊源。召公奭采邑于召，周武王时封于北燕。至令王喜，共繁衍了四十五世。秦灭燕，丹之子臻，字文泰，被废为庶人。臻生匡，匡生奤，奤生平，自召公至平公共五十世。自平公起，至迁永平乡始新源侯溪文九公，共一百零四世，至正聪公迁居长标共一百一十六世。

列传从邵平为始，续至文操公之子邵检，接续至侯溪始祖邵文九，歙南井潭始祖邵百二，长标始祖邵正聪。长标以正聪公为一世，一直接续至第十七世的“有”字辈。

卷三为列传、世系。卷三列传从第十八世“东”字辈开始，续至二十一世的“玉”字辈。列传主要介绍姓名、字号、生卒年月、婚育、墓葬等基本情况。世系部分简列了召公以前的世系演变，自伏羲至轩辕黄帝，至周文工昌，至召公奭，共二十一世。自召公至平公共五十世。自平公起，至迁永平乡始新源侯溪文九公，共一百零四世，至正聪公迁居长标共一百一十六世。长标邵氏世系图详列了自正聪公始祖至1929年的二十一世的“玉”字辈。

卷四由长标住居图、十景诗（分别为方维翰、方竹山、徐宗椿题写，计30首）、祠图、正伦堂记、祠规、家规、先儒家训、五伦训箴、十不书、像赞、传记、文赋、谱序、同宗地纪、迁建图、墓图、办事人员、领谱字号（圣贤明广大，忠孝远流传）、原跋、新跋等组成。

同宗地纪含淳安、建德、寿昌、桐庐、杭州、西安、常山、龙游、衢州、兰溪等地。徽州本宗地纪有井潭、纹川（即绩溪伏岭，百二公支下世杰公迁此）、横巷、鱼川、海宁（德恒公孙继康宦迁鱼川分派）、隐川、诸显、钟村、富川、曹川、岩川、白川、塘川、鹤落街、常乐坑、长标、贤源。

办事人员有：族长，日恬；长房长，有钲；二房长，日康；三房长，有琳；管祠，有和；倡首，有盛、东秀；出入登记，东煌；办事员，有杨、有料、东京、东伍、东朗、春晖、春松、树贡。

二、源流

邵氏得姓自周文王庶子召公奭，因采邑在召，故称召公。召公曾辅佐周武王灭商，因功封于北燕，建立燕国。历经四十九世生平公，秦时封为东陵侯，隐居长安城东，其先郡望博陵，后郡望东陵。又九世生驯公，号伯春，汉献帝时，官至光禄司。汉献帝时，因召氏世有封邑，因授敕赠邑，加邑耳为邵姓，自此邵姓确定。传十一世生坦公，自燕京（今北京）提拔担任始新县（今浙江淳安）令，任职期满，民众感念他的恩德，"攀辕卧辙"，不放他走，邵坦于是定居于县东祖村，卒葬飞砂。邵坦为淳安邵姓的始祖。

邵坦后裔文九，宋时由淳安太平乡谏村迁永平乡始新源侯溪（今威坪）。文九传六世百一、百二（字子宣）。百一居阳坂，其孙万四迁歙南樟潭。

南宋绍兴四年（1134），百二为避盗自侯溪徙歙南井潭，后世尊为井潭一世祖。百二生五子文一、文享、文祐、文四、文祖，长子文一在井潭延族，余四子皆迁绩溪开派。文一配淳安方氏，生子万椿。万椿配黄氏，生三子六三（字荣贵）、六四、六五。六三生二子祖东、祖芳，分别为井潭下门派、上门派祖。六四配洪氏，生子清，迁歙西上朱村（见华阳谱）。六五配方氏，生子祖智，祖智配吴氏，生二子正明、正聪。正明迁歙南石耳，正聪随父隐居歙南磻溪。

正聪见"石耳山脉雄伟冠全歙诸龙"，遂卜石耳山正脉之长标定居，为长标始迁祖。正聪配余氏，生一子佛师。正聪传六世正法、正顺、正伦。正法配盛氏，生四子明宪、明道、明通、明凤，为长房支分祖。正顺配盛氏，继配李氏，生二子明宝、明宠，为二房支分祖。正伦配余氏，生三子明相、明威，明保，为三房支分祖。三支子孙皆衍旺，合建宗祠正伦堂。

轮祚排行字。清乾隆五十年（1785），淳安、歙县邵氏同修宗谱，以淳安侯溪始迁祖文九为一世祖，编有百字序，各代子孙也可作轮祚排行字用，“周康肇辟，世爵沐皇恩，荣泰崇文显，福禄寿元亨，利贞宜迪吉，阀阅瑞祥臻，圣贤名教大，忠孝报君亲，诗书宏事业，温故自知新，存心修德厚，广学富经纶，齐家兼治国，绳武贵簪缨，善积多余庆，绵衍曰纷纭，谦和敦族谊，根本务培深，兰芽玉树，千枝万叶永汲春”。上述长标邵氏只作序世次用，如文九为“周”字辈，文九之子绍祖为“康”字辈，迁井潭始祖百二为“皇”字辈，迁长标始祖正聪为“文”字辈，而基本未采作名字排行。

据1930年《长标东陵邵氏宗谱》，考其谱名，轮祚排行字为“佛谋永添正，明廷伯世可，进士文启日，有东春树玉”，自长标二世始用，谱成时衍至“玉”字。

三、人物传略

邵平，字衡仁，一作士衡，秦封东陵侯。秦亡后为布衣，隐居长安城东种瓜，瓜味美多汁，世称“东陵瓜”。娶魏郡毕氏，生五子奴、乾、进、遵、章。

邵驯，号伯春，少习诗书，以志义闻名乡里，号曰“德行恂恂邵伯春”。郡辟为司徒府，稍迁骑都尉，转河南守，又代任隗署光禄勋，卒于官。以其世有封邑，故添邑耳为邵姓。夫人马氏，生二子岫、崑。

邵坦，字君平，晋拜别驾将军，任睦州始新县（今浙江淳安）令，莅职廉平，存心不苛，抚字以仁，在百姓中有良好的声望。任职期满，民众感念他的恩德，“攀辕卧辙”，不放他走，邵坦于是定居于县东祖村。南朝宋元嘉二年（425）卒葬飞砂。夫人刘氏，生三子忠、嵩、暠。

邵检，字君仲，授始新县（今浙江淳安）令。夫人刘氏，生子元通。

邵法绥，字子宜，授始新县（今浙江淳安）令。配项氏，生二子。

邵仁祥，字安国，少栖岩谷，内蕴经纶，倜傥放逸，不拘小节，常衣布裘木履，时游郡邑谒见官长，未尝更衣易色，时人称为傲士。唐贞观年间，建德令周光敏闻公放达，预有愠心，及至会见，果甚倨傲，遂加酷法，以致身殒。公且死，谓人曰：“吾三日必报。”及期，果雷电晦冥，化作大蛇，身长30余丈，直登县治。光敏见之，惊仆连叫：“处士来也！”须臾而毙，吏民震慄，莫知所措。忽于空中语曰：“为庙祀我！”于是民为祠于乌龙山，因山名以奏请为谥，其柩归葬淳安县清平乡寻凤里。唐、宋、明皆有封赐。

邵裕期，行封之子，歙州刺史，配陈氏，生一子协。

邵如珪，肃公之子，唐授歙州祁门簿（即主簿，古代掌管官府账簿文书的官员），后授兰溪县丞，配黄氏，生三子颙、华、子中。

邵绍祖，“康”字辈，文九之子，字传芳，配王氏，生一子铉。登汉献帝乾祐三年（950）状元及第，后因郭威兵变死节。子邵铉扶柩归葬侯溪叶坪坞口。

邵百二（1114—1187），“皇”字辈，字宣，又名小二，号文达。北宋政和甲午（1114），生于青溪县，即今淳安六都始新源永平乡相宅。因绍兴四年（1134）甲寅之岁，盗贼蜂起，由淳安至徽，迁歙南井潭，配淳安县童氏，继配王氏，生五子文一、文亨、文祐、文四、文祖。卒于孝宗丁未（1187），享年七十四岁。唯文一住井潭，文亨、文祐、文四、文祖俱迁往绩溪发派。

邵正聪，长标始迁祖，“文”字辈。因时运不济，隐居山林。正聪随父祖智先暂居歙南磻溪，后定居长标。配余氏，生一子佛师。墓葬磻溪大路里乌鸦拍地形。

附　录

长标邵氏宗谱序

宗族之团结，即国族团结之基础。《虞书·尧典》云：“克明俊德，以亲九族；九族既睦，平章百姓；百姓昭明，协和万邦。”《正义》云：“九族蒙化，已亲睦矣，又使之和协显明于百官之族姓。百姓蒙化，皆有礼仪，昭然而明显矣，又使之会合调和天下之万国。”此宗族扩张为国族之明证也。《皋陶谟》云：“敦叙九族，庶民励翼，迩可远，在兹。”孟子云：“亲亲而仁民。”旨与此同。周道贵亲亲，惟贵亲亲，所以重齐家。

《诗·召南》一篇，大率齐家之诗。《驺虞》序云：“《驺虞》《鹊巢》之应也。《鹊巢》之化行，人伦既正，朝廷既治，天下纯被文王之化，则庶类蕃殖。”想当时召伯布政，必有一种纯粹宗旨之宣传，如何正人伦，如何团结宗族，如何化民成俗，言之必剀切详明，如今日之宣传三民主义。然惜乎古人用竹简，不能如今人之用纸，故其辞多简不备书。又秦焚诗书，古籍多湮没，无可考也。惟召伯既书布政之任，甘棠遗爱，以身作则。可想而知，即就正伦联合宗族而论，其必有大过人之处，亦可想而知。吾考晋时，汉寿人邵荣兴，八世同居宋，邵维子五人，玘、琥、珪、琢、珣，兄弟不分财产，于所居立怡怡堂。邵氏皆召伯之后，其笃于家族，兴家族之亲爱。想亦召公家法历世相传，使德不止，周时民众被其化也。召氏改姓邵，始于汉时。驯公嗣后，族属蕃衍，迁徙不一。迁居歙之长标，则自明朝正聪公始。长标虽属僻地，而邵姓族人知尊祖敬宗，亲其所亲，并有说礼乐而敦诗书之文人学子，竭力提倡，将来相亲相爱，由团结宗族，推而广之以团结国族，则此族谱之编辑，其效果岂止睦一乡之族而已哉。余于长标邵姓诸君虽少所识，而披读风诗，想召公之德泽，伏读三民主义，对于长标人笃于族谊，希冀其推广，又因同学弟邵纯暇君等之求念，伊亦优于学者，欲其兴乡间达者，继续提倡也，故乐而为之序。

民国十九年六月　吉旦

古歙江友燮敬序

西晋诏定大姓谱志敕

太康五年正月十三日，二青龙现武库井中。是夕，帝梦神人，共语法令，帝惊寤，喜。明日敕司空隶、校尉崔琳，更集九州百郡仕贵，仰各齐先世谱状，具投秘阁，品为四海大姓。有司辑成谱牒，以传来兹。毋容非类买谱接枝粘叶，如犯者，削谱。

太康五年正月　日敕付

投进邵氏家谱状

太子洗马府卫参军邵祥，成都王府参军、冀州刺史邵续进状，祥等恭睹朝旨，应在廷臣僚，四海望族，合行条具，先世名公巨卿，为官得姓之因，宜采摭呈上，俾下有司辑成家谱，以传将来。祥等谨书，一具录前，随状进投秘阁修撰，伏乞详审，纂辑成书行下，照应施行状，候钧旨。

太康六年太子洗马府卫参军邵祥，成都王府参军、冀州刺史续进上，司空、司隶、校尉崔琳等奏进：

前：太康五年正月十四日，奉敕更集九州百郡仕贵，仰各齐先世谱状，投上秘阁，品为四海大姓。于是太子府卫洗马参军邵祥，刺史邵续等言。琳等千载有幸，值陛下平吴蜀，天下同一，衣冠靡然，百姓更苏，四海忻跃。臣琳虽寒微，忝与限官，谨赍先代名宦年月投上秘阁，异同流列，用垂战灼。臣琳等顿首伏罪进表以闻，奉圣旨敕付司空、司隶、校尉崔琳依奉修撰。再奏臣琳等奉旨翻续邵氏家谱，乃周文王庶子召，康公奭之裔绪祥、续等。平之适胤也，博观五经子史。及周秦汉魏以来，清臣不绝，并有名状。遂用品量邵氏，以为四海大姓，著于今录。臣琳恭遇大晋启佑删定仕流，四海咸忻，万邦同悦。若堕而不记，历代无闻，倘绝根由，后生奚续。但琳不揣庸昧，辄措斯心，撰录古文，缉为机要，以示子孙鉴之。臣等谨奏。

太康七年丙午四月

正伦堂记

石耳山脉雄伟，冠全歙诸龙，居是间者，往往丁蕃族大。长标为石耳正脉，为居街源之发源，区处四山环护，地面宽博。邵氏正聪公有学行，厌世纷乱，常怀高蹈之志，世居浙之侯溪，固望族也。因明初不靖，避居于此，遂为长标邵氏始祖，历元迄明数百余载耳，门庭日盛，福履绥安，爰议建祠，栋榱坚固，名其堂曰“正伦”，无非示后人惇族正伦之意。自是世守遗训，俎豆馨香，永延勿替。时两京祭酒张公一桂，以乡情戚谊伸述名堂之义，为其后人勖勉之也。于清乾隆年间，永璋公者构建祠宇，以光前烈，迄今百数十年，渐次颓败，举族不安，经日惺公等倡议重建，询谋佥同筹画，鸠工庀材，经营孔亟，于民国甲寅年冬月敢告成功。但此中困苦艰难，固赖乎提倡之功与赞同之力，而祖宗夙德，敦伦理，终身行之而不怠，其风流余韵之传于后来者宜矣。故曰：德厚者，流泽光辉；德薄者，同歆享祀。其不信矣乎？兹及登谱，莫为之先，虽美弗彰；莫为之后，虽盛弗传，公等为之二功，岂易得乎！夫人伦虽天地不磨之道，若前人有以正之，而后人岂不承之。不正，则道有时而泯矣，后之子孙欲彝伦攸叙，当以祖宗为法焉，可也。兹因邵氏支裔天赐与余同讲学于县立高等学校，请余作记，余平张公叙伦之意，为记。其缘起庶朝夕修省不忘，其先而成之，则邵氏将积庆之厚，而致流泽之远焉者，又岂有涯焉。

时中华民国十九年岁次庚午夏月　吉旦

清贡生理斋姚邦燮拜撰

祠　规

一、祠为祖宗灵所凭依，凡栋宇有坏急葺，罅漏急补，理宜严整致敬。此为事死如事生之道，族人所当首讲者。

一、祠为通族公建，以妥先灵。宜洁净严肃，毋许私家堆晒杂物至祠内，什器尤不得妄行借出，以免损失。违者，便属慢亵祖先，应罚令赴祠焚香谢过，以示惩儆。

一、宗祠锁钥应由首事者轮流执管，非本祠公事，不得私行启闭，以绝流弊。违者，罚洋五元正，充公示戒。

一、每岁春秋二祭，期前一日由首事者将祠宇拂拭洁净，祭馔必早预备，理宜丰洁，以致孝敬。此为报本要义，不可疏忽。

一、本宗坛主入祠，仍照旧例，每年正月九日、九月九日两次。而五月二十四日为安民会，由首派钱事毕，方得升祔。

一、鳏寡孤独，王政所先，韩公《原道》篇亦切言之。况在一族闻见，既确尤为可悯。本宗如遇此等穷人，贫无立锥，万难存活，而人品正派者，各家设法扶持。以仰体祖宗一脉，而笃亲亲之意。

一、本祠匾额惟诰封科甲、节孝盛德、文行远播及宠异功名之有实迹者，准其悬挂并准其立传、刊谱，此外不得滥悬滥刊。

一、本家自祖传遗，乃同四大姓之名家，务宜耕读为基，毋习娼优、隶卒卑贱等项，恐玷上人。凡婚姻嫁娶，宜择阀阅相当者，不可不配匪伦，致辱祖先，违者，男不得入祠。

一、族中以强欺弱、倚众暴寡、恃尊凌卑、以幼犯长、靠富欺贫、捏故占产、污人名节、挑弄是非、唆讼滋事、盗窃损物，以及一切犯法违理不平之事，凡此恶习，最为人害，准被害者禀祠。亟应会众研究，实则由祠示罚令，向祖前焚香谢罪的，量情节轻重，轻则罚洋五元，重则二十元，充公。如所禀属虚，即照此例反坐，以惩诬害。倘不受，由祠呈官究治，庶得稍挽敝风，免玷祖先。

一、君子为宫室不斩丘木，重先兆也。不能自立，稍不如意，每归怨于祖。或发其冢而鬻其地，或妄信堪舆家言，谓某房吉、某房凶，遂至此房，欲改葬，而被房强阻。一切凶煞水蚁置诸不问，竟听其父祖骸骨损坏，忍心害理，莫此为甚。倘族中有此等不肖子，亟宜会同族众，力攻其罪，并罚洋二十元充公，以示惩儆。

一、受人欺侮，情固难容，然必须投告亲族，由祠调处。若逞意兴讼，两造机诈百出，欲罢不能，破家荡产，悔恨无及。为父母之仇、祖坟被害、奸淫大变，应力申雪，其余皆可以情恕。理道遣至，禀祠时应缴祠费洋三元，为会众膳食之资，此外不必致谢。

一、中人之性，得教则习于善，失教则流于恶。为父、兄者，各宜督之，使归于仁厚。各习一业，切不可听其游手好闲、烟赌酗酒，以不肖之途。

一、三代以还，全人罕觏。苟有一节一行之美，如忠臣义士、孝子顺孙、义夫节妇，或开义学以育才，或分己财以惠众，与夫倡行义举之事，皆属祖宗肖子，宜纪其实迹于籍。异日修谱，当由祠立传以表彰之。

一、无后为不孝之大，立继以承嗣，礼也。照例立继，先择亲房，昭穆相当者，谓之应继。亲房不得其人，则择远房贤能者，谓之爱继。盖承继所以承祧，非承产也。应继无论继产有无，皆应承继。若爱继必视继产厚薄，酌贴本生父若干，一贴之后，本生父不得干预继产。其亲房应继，本生父贫苦者，亦视此为准的。至立继之后，或继子游荡破产，准其禀明宗族退继，另立继子。断不擅令异姓入绍，及螟蛉他人子以乱宗祏。违者，不得入祠。查康节公派订谱，凡例云：三四房内止一子，亦得兼祧，无则书止。此条宜仿行之，以广礼祀。

一、男子之生，各有名行，所以辨尊卑、别长幼也。近有重犯祖讳者，有越次取行者，其乱宗无礼甚矣。以后宗祠应立谱系一总册，各房立分册，各择读书明理者司之，每岁元旦日入祠，书名并年月日时，汇入总册，每名喜洋二角。如犯祖讳，重名行者，悉令改正。凡我宗人遵行不怠，将来修谱既易集事，又无遗误。

一、本祠公款或得之祖遗，或集诸众力，理宜慎，益加慎。嗣后三房各派一人，以一人记账，二人司出入。凡动用公款必先集众议妥，方准开支。每岁正月，定期换班接手核实交代，不得亏空分文。违者，除追清外，仍议罚洋五元，以重公款而昭大信。

一、谱牒之设，所以明世次、联疏远也。宜效康节公三十年重修一次，庶免遗佚之患。

一、吾族贫瘠当勤树艺，查闽省有地瓜，川省有石绵，山左有美绵，浙江有茶子，皆易种而多获。如此等类，宜访觅教种。俾同族之人皆得地利，以裕生计。将见事畜有资，稍知自爱者必不肯为非，且游闲无业之辈，尽纳之于树艺之中，一切弊害不革自除。易浇漓而归仁厚，庶足以光一族，仰对祖先。

一、本祠首事人等，宜仿国家新定选举法，由族众投票公举，以得票多寡为去取准绳，一经选定，不得推诿，一年一次，善则留任，不善则不举。如肯任劳怨而公直者，谓之善；如毫无建白而诡谲者，谓之不善。其被选者，只论公正，不论有无功名。选人者，必平日省事正派，方准列名投票，以防弊端。至被大众留任至五年之久者，为正直勤劳可知，应列入纪善籍，以表带勚。异日修谱，当立传以表彰之。

一、祠规者，所以整齐一族之法也。然徒法不能以自行，宜仿王孟箕《宗约仪节》，每季定期由斯文族长，督率子弟赴祠，择读书少年善讲解者一人，将祠规宣讲一遍，并讲解训俗、遗规一二条。商榷族中大事体，各宜静听遵行，共成美俗。实为祖宗莫大之光，应置纪善籍一本，每岁终，将本族之有大善者，由公核实纪籍，以示风励。其宗约、仪注，另列一牌。

一、右列（上）二十条，皆从旧牌祠规、前贤宗规，与夫近事之宜整者，酌量参订，通族核定，以示劝诫。苟能遵行不怠，所以睦族敬宗者，胥在乎此，愿宗人共勉之。

家规

宗祠。家礼云：君子将营宫室宗庙为先。盖宗祠之建，所以妥先灵而萃族涣，故自始祖以下咸祀。无祧者，水木本源之心也，有事于庙，则群昭群穆咸在，而不失其伦焉。若不建不修，则冠婚丧祭之礼，无自而行；同派连枝之属，无地以会。吾宗族属当此为首务。

宗法。礼书云：百夫无长不散则乱，一族无宗不离则疏。士庶人家祭法止于四代，有小宗而无大宗。其曰：大宗云者，皆礼，以义起也。盖诏继祢之宗，同父兄弟宗之；继祖之宗，同堂兄弟宗之；继曾之宗，再从兄弟宗之；继高之宗，族兄弟宗之，四世则亲尽服尽，而不为宗矣。然上尽于高祖，则远者忘之，旁尽于三从，则疏者忘之。若是，则族不可合，虽欲亲之，无由也。故晚近士大夫家，皆以始迁及有功德者为始祖。以准古之别子，其嫡长世世继之为大宗，以准古继别之宗，凡族人五世外皆合之祠堂，序以昭穆，则始祖常祀，同姓常亲。倘宗族有事，宜禀之宗长，会于宗祠。当兴者，从公议行，设有忿争，听从处分，不可径自告官，以伤祖宗一体之义。所谓家之事，宗为政是也。

族会。程子曰：族人须相与为礼，使骨肉之情常相通。骨肉自疏者，只为面不相见，情不相通耳。故古人有分岁除夕之会，有冠婚丧祭之会，有四时燕乐之会，凡以浃洽情好，联属疏远，于饮食燕享之中，而寓敦睦之谊，非苟然也。

书谱。男子之生，各有名行，所以辨尊卑、别长幼也。近有重犯祖讳而恬不快者，有越次取行而无所忌者，其乱宗无礼莫此为甚。以后宗长立谱系一册，凡子生三日，抱见祖先，次见宗长，书名书其年月日时；既冠，书其字行；既娶，书其妻之姓氏。生子不告者，不书；不以礼娶者，不书。犯祖讳重名行者，悉令改正。

忠上。忠上之义，担爵食禄者，固所当尽。若庶人不传质为臣，亦当随分报国，趋事输赋，罔敢或后。区区蝼蚁之忱，是即忠臣之义。传曰：婺不恤纬而忧王室，野人献芹犹念至尊。名列于谱者，省之。

孝亲。孝为百行之原，人子所当自尽者。大而扬名显亲，小而承颜顺志，皆孝也。即不幸处变，亦当以大舜闵子为法。

弟长。兄弟乃天合之伦，世人多因财利之相竞，或因妇言之谗构，以致同气乖离，视若仇敌。一体手足之义，弗思甚矣。传曰：易得者田地，难得者兄弟。名列于谱者，省之。

正配。君子之道，造端夫妇，故居室之间不可苟也。男正乎外，女正乎内，相处有琴瑟之好，不可有反目之变，所谓夫妇和而后家道成也。若嫡妾倒置，使绿衣兴叹，宗长当攻而正之，惟七出有犯者，议去。

择交。朋友，五伦之一。人未有不须友以成者，但损益殊途，不可不慎。故友得其人，则德业相劝，过失相归，其益多矣。比之匪人则淫燕，比昵以樗蒲为生计，以浩饮为适情，士废读，农废耕，工者技因不精，商者财因不阜，即千金之子，一旦被诱，未有不倾家者。名于列谱者，省之。

彰善。三代以远，全人罕觏。苟有一行一节之美，如孝子顺孙、义夫节妇，或务学以荣宗，或分财而惠众，皆祖宗之肖子，乡党之望人，族之人宜加敬礼。贫则周恤之，患难则扶持之，异日修谱则列传以表扬之。

立继。无后为不孝之大，立继以承嗣，礼也。凡族人无子宜择昭穆相当者为嗣，须由亲以及疏，不许擅令异姓入绍，及螟蛉他人之子，以乱宗法，违者不书。

瘅恶。人之行检，虽恐惧修省，且未易致声称。况席祖父之庇，惟思般乐怠傲，上不足以先前，下不足以裕后，此无赖之徒，有识羞之。又有一等玩王法而不顾，奸盗诈伪，行同禽兽，小则徒黥，大则处死，此尤为辱先人而玷家声也。名列于谱者，省之。

勤业。业精于勤荒于嬉。耕读，男子职也，移于游谈而男作荒矣。纺纴，女子职也，移于艳冶而女作荒矣。此则十人耕之不能食一人，十女绩之不能衣一人，而家何由裕？吾宗男女当务勤。

节俭。财者难众，聚而易散也，故一朝而可以散世之储。苟服饰而工丽，都燕会而极鲜浓，物力无由取给，乃倾囊倒廪以希观美，而不知有穷之积难应无穷之费也。若赌博宿娼，其倾家尤为易焉。吾宗子弟当崇俭。

恤族。族由一本而分，彼贫即吾贫。苟托宗祖之荫，而富贵正宜。推祖宗之心以覆庇之，使无失所，此仁人君子之用心也。若自矜富贵，坐视族人贫困，听其鬻妻质子而为人仆妾，以耻先人是奚，翘贫贱羞哉，即富贵亦与有责也。惟自为不法怠惰奢侈，致家破身辱者，不足恤。

婚嫁。婚姻，人道之始，此而论财，识者鄙之。吾宗子女年可聘字，为父母者须择阀阅相当之家，备礼聘定，不必计奁资之多寡，尤不可下配匪伦。至本宗之妇，有不幸早年丧失者，族内必共扶其节操。如妇性情不定，宁任改适，断不容入门招赘。若有遗孤，亲房务须提携成立，视如己子，不得任其沾危。

祀典。祭不欲数，数则烦，烦者不敬。祭不欲疏，疏则怠，怠者忘。先世所传祀礼与家礼稍左，然丧祭从先祖自记之。吾宗元旦拜天而拜祖，清明祭墓，中元祭于宗室，复设馔祭王舅公于前堂，相传旧矣。至于冬至祭先，乃古人之通义也。此礼若缺，孝子慈孙之心安乎？若夫君子有终身之丧，乃忌日之谓也。生死忌日，齐戒致思。若必修因果，是礼中之非礼，俗弊宜革。

茔训。君子为宫室，不斩邱木，重先兆也。不肖辈不能自立，稍不如意即妇怨于祖，或发其冢而鬻其地；或妄信堪舆家言，收未骨骸，盗葬先茔；或侵入坟禁，凌犯昭穆。其忍心害理，莫此为甚，尤宜戒之。

重谱。谱牒之设，所以明世系、辨尊卑、联疏远也。宜世加修辑，尤宜宝藏，不可轻鬻他族。俾鱼目有乱珍之弊，戒之、戒之。

教子。中人之性，得教则习于善，失教则流于恶。为父者当督之，使归仁厚，不可姑息，姿禀请明者，择名师益友辅之上达。即姿质庸常，亦要教之识字识数，令其习农工商贾之业。切不可任游手好闲、讥谤谑浪及结匪、酗酒、习枪、弄拳，以入不肖之途。

惠下。婢仆为人服役至艰苦也，少拂家主意，鞭朴随加，含泪吞声而应命趋事，犹恐复挞，此亦人子也，心何忍乎？此等女子、小人，当庄以莅之，不与戏谑，宜慈以蓄之，使得饱暖。饱暖而仍盗窃，则惩之。至年十五六以上者，防闲当谨，不可偶有踰越。

戒溺。世俗溺女最可痛恨，彼来投生父母，何仇而致之死。若云家贫，甘苦可以同尝，一丝一粒皆有分定；若云难嫁，荆钗布裙可以从夫；若云出腹生子，则得子有一定之命。岂不思残忍不仁，天必斩其嗣。此等人，天理尽绝，人心尽散，罪恶与杀人同科，可戒哉。

谨讼。受人欺侮，情固难容，然必须投告亲族，评论曲直，宽以自解，乡间调处为妙。若逞意恃强，听信讼师，则上马难，下箭不由弓，破家荡产，悔恨无及。为父母之仇、祖坟被害、奸淫大变，不死不休，其余皆可以情恕理遣。

别嫌。物各有偶，无相渎也；设恣淫行以溃内外之防，是禽兽也。礼仪之家，可有是欤。谚云：好男不看春，好女不看灯；男忌花街，女忌佛殿。切戒谨耳。

谨革。妇主中馈，供蚕织、养舅姑，无外事也。惟彼长舌，为厉之阶，人家父子相夷，兄弟相贼，比邻仇雠，皆自妇言起也。凡在吾宗者，各宜正身率化，毋惑帷言。

十不书

凡此十者，有玷于祖宗，有一于此，黜而削之。

一曰不忠。为臣不忠，蠹国殃民，以大奸而被诛僇者，削而不书；

二曰不孝。为子不孝，不思报本，忘恩灭理，如赵不义者，削而不书；

三曰弃祖。弃卖祖墓坟地于异姓，货鬻族谱于非族，为之弃祖，削而不书；

四曰叛党。前人叛逆抄没，而余党苟全于世者，谓之叛党，削而不书；

五曰刑犯。积世恣恶，代遭刑狱者，为之刑犯，削而不书；

六曰败伦。彝伦渎乱，男女无别，禽心兽行者，谓之败伦，削而不书；

七曰狗行。交结匪类，趱入邪路，为盗作贼者，谓之狗行，削而不书；

八曰背义。不思祖宗义重，惟图狗行全躯，甘为人下者，谓之背义，削而不书；

九曰杂贱。不肖无耻，甘与下贱结婚，并出家为僧，苟安度日者，削而不书；

十曰乱继。承祧无序，乖乱宗枝，聚讼未定者，削而不书。

《飞山洪氏务本堂宗谱》述要

一、概述

《飞山洪氏务本堂宗谱》，长23厘米，宽37.5厘米，线装，宣纸活字印刷，蓝布封皮，谱约厚6厘米。1931年秋八月刊印。共4册，14卷，含首卷和末卷各一。因历代祖墓多葬于飞山，而名派为“飞山洪氏”。清康熙间，问政山洪氏支派与上路街同族，以县城江氏宗祠左侧的祖宅共建为宗祠——务本堂。务本堂在咸丰、同治年间毁于兵祸，70年后，复建宗祠于吕公山之畔并倡修谱牒，洪亮卿、洪德旺、洪斌彩等出力最甚。

首卷包括序文、目录、祖训三项内容。序文收录了裔孙洪安柏撰的《飞山洪氏宗谱序》（同邑黄锦文书），城南渔梁凤池里人姚邦燮撰的《飞山洪氏纂修宗谱序》，铸冶村农黄锦序，裔孙洪德旺序，裔孙洪瑞政序，共五篇序文，均为1931年秋撰写。序文的主要内容包括阐述修谱的意义、洪氏渊源、问政山风光、物产等。

序文中有两点值得留意，一是太平天国战争，对宗族的毁灭性打击，祖祠及居宅毁于一炬，上路街一支无一幸存。经过七十余年的“树木、树人”才恢复元气。而元明之际，洪氏与何、许、毕、项居上路街，共立会社，以“新城”为名，子孙繁衍，皆为望族。

“咸丰间，发军构难，兵祸之惨，亘古所无。山与城之间，共同殃及，祖祠居宅，尽付劫灰。上路街同族劫后，更无噍类，而我山居之五派宗支，亦仅有孑遗。”（洪安柏）

“世运迁移，中经国难，发军（指太平军）之役，此世外桃源竟遭池

鱼之殃。及祖龙一炬，尽成焦土。族胤流离奔走，转填沟壑者不可胜计，乱平仅有孑遗耳。”（黄锦）

如恒德堂三十五世的15个男丁中，就有13个殁于咸丰兵难，仅有洪金富、洪来寿幸存。罹难的有洪金华夫妇、洪金龄夫妇、洪金瑞、洪观宝夫妇、洪来旺、洪来庆夫妇、洪华成及其子德昌与德晋、洪华允、洪华元、洪华衮、洪华采。其他支派的遭遇大同小异。

二是问政之名出自唐代陶刺史访政于聂真君。问政山距城数里，远看“崇山峻岭，拔地参天。入其中，有田园、有泉水，亦平，亦颇不异夫寻常墟落。其资生也，桑麻而外，稼穑之余，有猗猗绿竹，有馥馥珠兰”（洪德旺）。问政山土质肥美，物产丰腴，洪氏一族多以农为业，由种竹而养花，由养花而制茶，振兴实业，蒸蒸日上。清末民国时期，问政山的茶商兴盛，洪斌彩是其中的代表人物。养花由清代乾嘉时开始，花为珠兰花、茉莉花等。

卷一包括凡例、里居图、祠图、祠规、图像、世次行列、本族源流、旧录等。其中值得一提的是祠规，共有祖训、祖茔、祠宇、公匣、锁钥、荫木、祠产、祭扫、喜庆、祔主、胙例、宗谱、值年、修正等14条。结构严慎，内容详尽。像赞内容丰富，有始祖经纶公，十二世祖中孚公，十五世祖庆士公、文德公、文寿公、文爵公、文星公、文灿公（称上路街五文公），三十三世祖东贵公，三十六世祖德茂公、德勋公，三十七世祖安善公、安顺公、安铨公等遗像和像赞，像赞分别由宋濂、程珌、黄训、江子安、徐本烜、郑履端、吴承祐、江达明、程槐茂、金殿传等题写。像赞皆为溢美之词，如宋濂所题始祖经纶公像赞：“圣贤德量，经济才猷；时当霏蛊，心怀隐忧；生民休戚，周爰访求；邈绵瓜瓞，祀享千秋。”此外还有亮卿、德成、德旺、斌彩、安定、鉴三、瑞源诸公的最近肖像（喜像）。

世次行列自三十世五祖同迁问政，协定世次从新安三十一世（问政山二世）“广”字辈至五十世“祥”字辈，始用轮祚排行字，依次为：“广俊喜明华，德安瑞吉昌，敦仁敷敬礼，承祖树基祥。”谱成时，衍至“吉”字。

裔孙洪德明撰《本族源流》，内容与序文所叙无二。在此文中提及始祖“五文自邑城上路街同迁于问政山居焉，此我问政山洪氏之起源也，后世子孙大都种竹为业，至清季乾嘉时，始兼业栽花，至今遗风未泯，山居乐更不识人间富贵为何物矣”。“种竹成林，出产山笋，四时无闲。为吾歙驰名特产佳品。”

旧录则是收录了有关编谱修志、尊祖敬宗的名人名言。如“程子曰：‘管摄天下人心，收宗族，厚风俗，使人不忘本，须是明谱系，立宗子法也。’”

卷二包括有原始世系图和原始小传两项。原始世系图以新安始祖经纶公为一世，续至十五世。原始小传则是将一至十五世各氏生卒、婚配、迁居、墓地等一一叙明。

卷三为本宗总系图。本卷承前卷原始世系，以十五世上路街始迁祖庆士公提纲另起，为飞山支派起源，下逮栋公以迄武英公而正纲公，再传而国士公，国士公始及五文兄弟，同迁问政，共十七世，是为本宗总系。爰系以图而列为一卷，其小传以限于篇幅另卷载之。

卷四为本宗总系·小传一，卷五为本宗总系·小传二，其内容是自十五世庆士公迁上路街续至三十世，各氏的生卒、居地、婚配等简况。

卷六至卷十为飞山洪氏宗族第三十世五位文公各自堂派支谱，分别为怀德堂（文德公派）、恒德堂（文寿公派）、叙庆堂（文爵公派）、馀庆堂（文星公派）、永德堂（文灿公派）。各堂支谱体例大体相同，即由小言、支系图、小传三部分组成。皆自三十世续至三十九世。

卷十一详尽列出了先世祖茔录（自始祖经纶公至十二世祖中孚公）、总系墓图（十五世至三十七世）和分系墓图。

卷十二收录了10个领谱字号，分别为“敦、仁、敷、敬、礼、承、祖、树、嘉、祥”，每部在卷首加盖某字号，卷末加盖本祠图记——“飞山洪氏宗祠图记”。此外还收录了编谱收支账目。

谱末有1931年铸冶村农黄锦撰《飞山洪氏宗谱书后》和《谱成告庙文》。

是谱内容详尽、层次清晰、排列有序、考证翔实。特别是祖训颇具特色。谱中址图颇多，对研究县城周边的古地名有一定参考价值。

二、源流

洪氏源于夏禹之后，世居敦煌。春秋时，演公事卫懿公，以忠贞著称，始以“弘”为氏，迁居昆陵。唐高宗年间，弘察任监察御史，因避太子弘讳，举族改“弘”为“洪”姓，盖“弘”与“洪”同音，此洪氏之所由来也。

洪察生子舆，为起居舍人，迁居淮阳。再传至经纶公，唐天宝十二年（753）进士，建中元年（780）因议罢藩镇触上，从河北黜陟使任上左迁（降低官职调动）宣歙观察使，任满后遂家于歙，此为新安洪氏之始祖也。洪经纶后隐居于婺源县浙源乡嘉福里，名其地为“官源”，即今官坑。经纶娶金氏，生三子旦、迁、全（二世）。旦的次子洪校（三世），字子复，为承务郎，自下邳（青州北海县麻子乡下邳，即今山东潍坊市）复迁官源，依叔叔洪全而居。洪校娶孙氏，生三子凤、鹄、袖（四世）。洪凤，字寿祖，娶休宁程氏，生二子桂、椿（五世）。洪袖为洪源延州洪冲坦（休宁）各派始祖。洪桂娶汪氏，生五子为佛、德、代、叚、隆（六世）。洪叚，子元德，后唐同光时任临淮（今江苏泗洪县）令，有善政。娶陈氏，生七子为云、万、樵、通、俊、朝、矩（七世）。洪朝，又名绍，字继宗，后晋天福间任东莱（今山东龙口市）太守，北御契丹，后晋衰微，不忍见民生涂炭，遂避居遂安木连村（今属淳安县），娶陶氏，生八子镌、钧、钱、钹、针、钦、铸、鋐（八世），时逢唐末五代十国战乱，兵兴岁饥，八子合作编修宗谱，刊印八套，各携一套分别散居，作为将来会宗之验。八子后发展了28个支派。

洪钹迁休宁黄石（今屯溪黎阳），是为黄石派。洪钹娶汪氏，生一子廪（九世）。洪廪娶孙氏，生三子德仁、德义、德智（十世）。洪德义，唐中和登进士第，知广州路擢两广盐运提督，三世孙邦治任秀州（今嘉兴、上海一带）教谕，迁歙县西乡塘坞。洪德智，又名庆六，娶鲍氏，生四子文允、文演、文富、文经（十一世）。文演娶程氏，生四子中庸、中复、中孚、中纯（十二世）。洪中孚（1049—1131），字思诚，十四岁时乡试第一，元丰二年（1079）乙未科进士，官至礼部尚书、龙图阁大学士，封爵丹阳，食邑六百户。娶程氏，生五子知微、知柔、知彰、知彝、知彙（十三世）。知微娶汪氏，生一子邦宁（十四世）。邦宁娶詹氏，生一子庆士（十五世）。

知柔，以承奉郎任河东提举，配程氏。子邦彦，从政郎任保康（今湖北）军令。长孙四，四为承事郎，次孙八任、都机迁桃源。曾孙二迁横溪；三为司理，迁旌川。五为司法，元孙三二迁沙源；十二迁三崑。

知彝，任右朝奉大夫，主管台州川崇道观，配徐氏，继配汪氏。子邦杰，为承务郎；邦侍为迪功郎；邦靡为右迪功郎，保康军节度推官。孙七为都干大，十为知府，小十任彭城县令。曾孙五二中贡元，贵三为朝议大夫。元孙千一为都干，迁潜山；千六中贡元；千二为县尉，迁雄村；楠迁洪源；杞迁坤源。

知彙，以承奉郎任抚州军推官，晋封朝议大夫，配孙氏，长子邦膺为太湖县主簿，孙十二为县令，百二迁江村。

洪庆士（1154—1215），由休宁黄石迁歙城上路街，为飞山支始祖。娶隗氏，生三子千三、千五、千百（十六世）。千五娶隗氏，生二子关之、关云（十七世）。关之娶胡氏，生三子城康、城浪、城襄（十八世）。城康娶方氏，生二子起、超（十九世）。起，一名启，娶高氏，继配程氏，生二子浦、渚（二十世）。渚，字景云，娶金氏，生二子越卿、越定（二十一世）。越卿先后娶萧氏、胡氏、项氏，生一子仰泉（二十二世）。仰泉娶江氏，生一子成位（二十三世）。成位娶胡氏，生二子廷进、廷远（二十四世）。廷进娶董氏，生一子栋（二十五世）。

洪栋（1545—1638），字光宇，始于问政山置别业，晚年以种竹自娱，来往于山、城之间。栋娶黄氏，生三子胜保、观保、天保（二十六世）。观保娶江氏，生二子文英、武英（二十七世）。武英娶郑氏，生二子正纲、正维（二十八世）。

洪正纲（1610—1683），小字灶德，承问政山别业，种竹成林，晚年益广。正纲娶江氏，生二子国士、国人（二十九世），兄弟二人进一步扩充问政山的家业。国士，小字有庆，一名吉士，娶高氏，生三子文德、文寿、文爵（三十世），分别为怀德堂、恒德堂、叙庆堂始祖；国人，小字有福，一名吉人，娶程氏，生二子文星、文灿（三十世），分别为余庆堂、永德堂始祖。五人共同自上路街迁往问政山，此为问政山洪氏之起源。后世子孙大都以种竹为业，至清乾嘉时，始兼莳茉莉、珠兰，窨制花茶。

三、人物小传

洪经纶，新安始祖。祖居丹阳昆陵，唐天宝十二年（753）进士，建中元年（780）因议罢藩镇触上，从河北黜陟使任上左迁宣歙观察使，任满后遂家于歙。洪经纶后隐居于婺源县浙源乡嘉福里，名其地为官源，即今官坑。洪经纶娶金氏，生三子旦、迁、全。其后子孙分迁六邑，此为新安洪氏之始祖也。洪经纶葬于黄荆塘墩心，建有祠。

洪中孚（1049—1131），字思诚，洪文演三子，十二世。十四岁时乡试第一，元丰二年（1079）乙未科进士第二，官至礼部尚书、龙图阁大学士，封爵丹阳，开国子食邑六百户。赠金紫光禄大夫，谥忠武。娶妻程氏，生五子知微、知彰、知柔、知彝、知彙。程氏受封福国夫人。洪中孚与程夫人改葬于黄石泉坑口水宅之畔，建有墓祠。

洪庆士（1154—1215），十五世祖。为歙县县令的幕宾，于宋光宗绍熙元年（1190），携妻子由休宁黄石迁居歙城上路街，入籍东隅，为飞山支始祖。娶隗氏（1156—1216），生三子千三、千五、千百。夫妻卒后合葬于九都云雾塘村口大路之下。

洪栋（1545—1638），字光宇，二十五世。年刚过二十，即跟随某木商往来于四川、江西之间，后在南京的上新河开设店铺，经营木业。交游甚广，推为商业巨擘，大江南北同业中无人不知洪光宇的大名。年近古稀，返回故里休养，始于问政山置别业，以种竹自娱，每天往来于山、城之间，不惮登临，被人唤作矍铄翁，享年九十四岁。洪栋娶妻黄氏，生三子胜保、观保、天保。夫妻卒后合葬于姚家坞。

洪正纲（1610—1683），小字灶德，二十八世。承继洪栋的问政山别业，并加以扩充，种竹成林，一年四季皆有所出，为吾歙特产佳品。洪正纲仍往返于山、城之间，经过多年经营，到晚年问政山产业更为广大，为后世子孙打下了坚实的基础。洪正纲娶妻江氏，生二子国士、国人。

洪正纲享年七十四岁，夫妻卒后合葬于问政山猪形。

洪安柏，字廷楫，号斌彩，三十七世。洪德茂长子，清同治十一年（1872）壬申八月初一日生。清国学生，以五品衔分发江苏即用知县。配黄氏，生子瑞林；继配许氏，生二子瑞祥、瑞隆，生女一。

附　录

祖　训

敦孝悌以重人伦。孝悌为人伦之本，始敦有专务之意。《论语》云："其为人也孝弟，而好犯上者，鲜矣；不好犯上，而好作乱者，未之有也。君子务本，本立而道生，孝弟也者，其为人之本欤！"朱子注云："务专力也，本犹根也。"故本祠命名曰"务本"，即敦孝悌所以重人伦之意也。

笃宗族以昭雍睦。乔木千枝原从一本，江流万派莫非同源，既系共祖流传，自当互相亲爱，以养成雍睦之风。昔范文正微时，断齑划粥后，乃广置义田以周宗族。原思为宰辞禄，孔子止之，教以与邻里乡党。盖邻里乡党有相周之义，而况宗族乎？或以睚眦之怨，而仇视同宗者，皆无以对祖先于地下也。

尊国家以尽忠爱。国家之要素，以土地与人民为基本。人民以团结力而组织政府，乃成为国家。凡属国民，对于国家皆有尊崇忠爱之义务，而后国乃强盛，外侮不得而入也。不然国且无存，民将焉托？其不沦为奴隶者几希矣！盖国家之兴亡，匹夫固有责也。

诚祭祀以报本源。朱柏庐先生治家格言云："祖宗虽远，祭祀不可不诚"。盖追远报本之义，在能致其如在之诚，故孔子曰："吾不与祭，如不祭。"正恐不能致其如在之诚也。呜呼！树欲静而风不宁，子欲养而亲不在。椎牛祭墓不如存日奉以鸡豚，乃或并此而不能致其诚，敬人心天理竟何如哉！

兴学校以教子弟。教化凌夷则风俗颓败。朱子释《论语》云："富而不教，则近于禽兽"。故必立学校，明礼义，以教之。经云十年生聚，而十年教训，此皆言教养之不可或缺也，况乎处今之世，无学识殊不足以自立。教养之责，实在父兄，有子弟者，其可忽诸。

明礼让以厚风俗。昔孔文举四岁而能让梨，上古之民，耕让伴，行让路，何其风之厚也。孔子曰："能以礼让为国乎，何有盖让者，礼之实也。"又曰："君子无所争，必也射乎，揖让而升，下而饮，其争也君子。"则于竞争中犹存礼让矣，吾人观此当自省也。

严继祧以杜乱宗。移花接木者，权也；乏嗣立继本不获已，以族中子侄为之，可也。昭穆务必相当，世次毋容错乱，故曰，严也。若以异姓承祧，各族通例，在所不许。非我族类，其心必异，甚至希图财产，乘隙入继，产尽更复归宗，其嗣仍斩，知者何乐而为此乎。

慎婚嫁以防怨偶。甚矣，婚嫁之不可不慎也。非配偶以相从，实足为终身之大累，造成恶劣家庭，毕生幸福牺牲殆尽。世风日下，竟有不堪闻问者，怨之为祸烈矣。故朱柏庐先生格言曰："嫁女须择佳婿，娶媳必求淑女也。"近来一般学子醉心欧化，自由结婚之习尚已渐萌芽，但少年阅历未深，易为情欲所惑，其于慎之为言，更须三致意焉。

重公德以全人格。所谓公德云者，乃众人之公益，暨自由不可因一己之私而破坏或侵害之也。以广义言，如举办有利于公众之建设，并慈善事业等是也。以狭义言，凡自身之一举一动或于人有不利者，皆不肯为之，如舟车中防人座位，会场扰人视听，以不洁致人丁病，暗地折人书信等之行止不端，殊于人格有亏也。

崇信义以惜名誉。名誉者，人生第二之生命也，名誉一坠，实不啻其心之已死。庄子云："哀莫大于心死，而身死次之。"何其言之沉痛也。孔子云："人而无信，不知其可。"《传》云："多行不义必自毙"。况乎此则，凡自弃其信义者，更不啻自戕其生命。夫信义与人生关系之大也，如此吾辈宜服其膺而勿失。

和乡党以期互助。孟子曰："守望相助，疾病相扶持，则百姓亲睦。"乡党之中自以和为贵也，和则亲睦，亲睦而后能团结而互助。推而大之，自乡而邑，自邑而省，自省而国，全国之民皆具有团结之能力，而其国之不富而且强者未之有也，然则欲求国家之强盛，必自和乡党始矣。

守法律以安本分。能奉公守法者，谓之良民；作奸犯科者，谓之莠民。莠民不守本分，动辄扰乱治安，为人群之蠡贼，社会之公敌，故国家绳之以法律，科罚綦严。以人民之生命财产皆在国家威权保护之下也，凡犯法律者皆足贻家乘之羞，为人当自爱而安本分也。

勤职业以足衣食。《论语》云：“四体不勤，五谷不登。”韩文公《进学解》云：“业精于勤，荒于嬉。”人无职业，固不足以自立，然有职业而好怠惰，则所业无进步，甚至失败，更甚而至于宣告破产。不将入卑田院耶，勤而有恒，则所业日广而衣食自丰矣，愚意勤之根本首重惜阴。

尚俭朴以节财用。俭朴，美德也，其关系与勤为连带。勤而不俭，则支出无度，财用乃有缺乏之虞。财用不足，必至借贷，借贷愈多而担负愈重，无异饮鸩止渴，终有不可收拾之一日。世之以债务而至身败名裂者，皆从不肯俭朴、用财无度始，即或能勤，亦无济于事也。

戒兴讼以弥争端。青莲有言，天地为万物之逆旅，光阴为百代之过客。浮生若梦，人寿几何；处世之道，宜从达观；让人一着，岂为愚哉。况一经兴讼，务求必胜，至于颠倒是非、混乱黑白，此际尚有良心之发现哉，戾气所钟必非佳兆，故朱柏庐先生格言云：“居家戒争讼，讼则终凶也。”

释仇怨以保身命。怨毒之于人甚矣哉，思以一毫挫于人，若挞之于市，朝其言岂足为法夫，冤冤相报有已时哉。身体发肤受之父母，不敢毁伤，为孝之本始。故曾子尝以守身为大，待人当存恕道，不必因小忿以结怨而存报复之念。谚云“冤家宜解不宜结”，正所以保身命之道也。

民国二十年岁次辛未仲秋月

裔孙德明熏沐百拜谨释

祠　规

一、祖训。祖训十六条，合族永远一律遵守。

二、祖茔。本族远近祖茔，凡子孙皆有共同保护之责，更须修理维谨，毋使损坏。如有不肖支丁，私卖寸土以图自利者，除禀官追究外，并削其支。

三、祠宇。祖祠为历代昭穆所凭依，禁止污秽。如有因事损坏之处，责令修复。

四、公匣。本祠特备公匣，专贮合族红谱、一切契据文件，由族长妥为保管，非有必要事项不许私开。

五、锁钥。祠内祖龛平时封锁，由司值者掌管锁钥。凡遇祔主，事前须向司值声明，以便启龛，事毕仍须上锁，无事不得私启。

六、荫木。祖坟荫木以及公产树木，除本族兴修公用外，无论何人不准私斫盗卖，如有故违，除追究外，照例将本人条革，永远不许入祠。

七、祠产。本祠所有产业，每年由司值轮流经理，以充祭祀费用，如有不肖支丁私卖寸土，除追令赔偿外，永远条革，不许入祠。

八、祭扫。每逢元旦，黎明合族支丁随同族长入祠祭拜祖先，领胙；每逢寒食，合族支丁随本年司值同往各地祖茔扫墓，非有特别事项，不得托故规避。

九、喜庆。凡遇族内婚嫁、新妇谒拜祖先、纳庙见礼大洋半元，女赋于归纳宗堂礼大洋壹元，添丁者缴喜庆大洋壹元，交由司值者登账。

十、祔主。祔主办法现分三种于后。

甲，特别红主，凡有大功于族及节烈可风者，由本祠代立神主，概不取费，此等红主永远不并。

乙，红主，凡捐助本祠经费十元，以及捐助十五元之合主，由立主人自认主费，此等红主亦永远不并。

丙，普通主，每主缴大洋五角，向司值领取祠定木主，书写务须明白，以从一律，俾日后修谱有所稽考。如有以非礼之主，私自祔入者，除将该主公毁外，犯者条革。

十一、胙例。每逢元旦祭祖毕，即行颁胙礼。男丁每丁给胙饼四枚，女子给胙饼两枚。凡未出本邑境内而不到者，不给；添丁未缴喜庆者，不给；新妇未缴庙见者，不给。

十二、宗谱。各支所领宗谱，须尽谨慎保守之责，如有失落，分别议处。或有不肖支丁希图肥己，发生弊窦，除追究儆治外，永远条革，不许入祠。

十三、值年。现以五支派，每支值年一次，五年轮转，周而复始，永以为例。值年之责任为辅助族长，经理祠规所定一切事务及出纳。

十四、修正。本祠规系因目下本族情形而定，如有未尽事项，得随时修正之。

绩东黄氏叙伦堂祠祭录

新安黄氏为徽州的名门望族之一，据《黄氏家庙遗据录》卷一“黄氏源流”记载：“黄氏之先，颛帝四世孙吴回。尧命居火正为祝融辅禹治水，焚烈山泽，驱龙蛇鸟兽，疏通九河，奏庶鲜食，以救民饥。与禹平水土已成，锡土姓，其后陆终子昆吾受封于黄。奉黄帝之祀，子孙以国为氏。云仍骈集，隐显不一。至汉尚书令香公以孝行闻世望江夏。”

黄氏统宗世系，一世乃从江夏香公始至九世黄积。黄香，字文强，江夏安陆人，年九龄，孝亲博学，声闻太守刘护，表奏朝廷，肃宗诏诣东观侍读秘书。帝曰：天下无双，江夏黄香。以为尚书令，东观学士，拜魏郡太守。生二子琼、瑶。

新安黄氏世系自一世黄积至二十二世黄珀。黄积，字元集，晋朝历仕考功员外郎，从元帝渡江，拜为新安太守，卒于官，葬歙西姚家墩（今屯溪区篁墩村），新安黄氏自此始散迁诸郡。生一子寻。黄珀，字廷辑，号野湖，系出湖广麻城，宋天圣七年（1029）知歙州，遂家新安，卒葬歙学麓山后，子孙聚居在此，古木成林，今名黄家坞（歙县徽城新路街黄家坞）。

黄佩玉在谱首这样写道：“我族自始祖珀公由湖广麻城发解本省。宋天圣己巳知歙州，泽灌封邑，民怀其惠，当迁泣留，因家歙焉。十传至文四公于元大德甲辰自歙徙居绩东，此绩溪之始祖也。”十一世申公，十二世绍、纲、维、纹四公，纲公无传，绍公、维公、纹公分为三大支派。至十六世，永隆公无传，继配方善伦孀居，念及本族迁绩溪黄氏尚无宗祠，将所居住的厅屋捐给宗族作为祠堂，但是房屋较小，且为西向。至十九世，绍公支下的道志公、汝志公等的老屋失火焚毁，其基地与祠堂毗连，应相公与廷枢公等相议，募道志公等基地入族。于是大家齐心协力，捐资兴建，经过三年的努力，寝室、中堂告竣。明代崇祯辛巳年（1641），金铉公等谋划捐资兴建前堂。金铉公还自清顺治乙未年（1655）至庚子年（1660），以祠务为急，捐资置田产，使春秋二祭的费用有了着落。后宗祠屡次修缮扩充，康熙乙丑年（1685），钺公统众议修；嘉庆年间，登明公倡修，先后于庚申年（1800）、辛酉年（1801）二岁造大门、八字门厅及前余坦；十余年后，中堂横梁枋桁等处生白蚁，嘉庆丁丑年（1817），集众公议修整，停租至道光二年（1822），经费尚不够购买木材。这年冬天，左公、懋谟公、懋焕公、佩玉等集议捐输，于是道光丁亥年（1827）将中堂、下堂、两廊重折，横梁枋桁尽换新料，竖柱、皮门整旧如新，道光九年（1829）八月神主登龛，又加首捐书院，置二十四都田业庄所，及买文昌阁地基屋业等。

从以上可以看出，绩东黄氏对家族祠堂的经营可谓费尽心血，前赴后继。至道光十四年（1834），还清债务。是年春，合族公议收租办祭，三房挨班管理，订立规条。而俊杰、佩玉等恐年久失传，后嗣不知，于是将家庙、仪注、祀产、田图等资料汇刊一册，以垂久远。

《黄氏家庙遗据录》，长23.5厘米，宽37.5厘米，共两册四卷。清道光十四年（1834），黄珀第二十七世孙黄佩玉主纂，黄氏叙伦堂编修。

谱首黄佩玉作序。卷一为祠制，其内容包括：黄氏源流、绩籍乡贯、圣旨真容、户由一宗、祠图号额、世系排行（自二十八世始至五十九世止，分别为：耀开宗绪，望重千英。起家楚省，相宅徽城。清贻世泽，载颂循声。迪光垂裕，锡祚祥呈）、捐输配享、建修能干、阖族派丁、汇捐花名、轮理屋宇、肩任事仪等十二部分。卷二为祠祭。祠祭活动每年在冬至、春分、腊八、元宵各举行一次，其中冬至、春分为大祭，因为“冬至为一阳之始，春分正萌芽之始”，在这个时候举行大祭，为“感时象类之祭也”。大祭之时，无论远近亲疏，凡是黄姓子孙均可参加祭祀活动。腊八、元宵为小祭。谱中对祭祀事仪的内容和秩序，供品的种类、数量和摆置，宗位的排放和陈设，龛位的焚点和斟饤等都作了十分详尽的陈述，并作图加以说明。卷三为墓祭。墓祭分歙、绩两处，对时间顺序、仪式定例、设席、陈仪、祭文的内容、故长的称谓等均作了详细的规定。卷四为产图。财产分祠产和墓产两部分，祠产包括有祠店、祠屋、祠田、祠地以及田地的字号租金等，墓产包括护坟墓地、山场以及地产的字号配享等。以上内容均一一列图并附有说明。

该谱除对黄氏源流、世系、排列等作介绍之外，重点对歙、绩两县黄氏家庙（宗祠）的祠制、祠祭、墓祭、祠产等内容作了详细记述和描绘，因此，该谱名为《黄氏家庙遗据录》。特别是对祠祭的程式作了十分详实的记录，这对研究徽州宗法活动以及徽州民俗具有十分重要的参考价值。

一、冬至、春分的大祭

（一）祠祭的准备工作

既为大祭，事先就要做好充分的准备。祭器、祭品、祭物、祭仪以及人员安排、饭食安排等各项事务一应筹备。从大祭日的前十日就要开始筹备。

1.前期十日——具修（供置众物和打扫）

该日早晨，司值到祠洒扫祠堂内外，通堂洁净，检点祭器，备办祭品：

（1）香烛。长柄香300根，每根1尺2寸；结皮红烛6斤，每根足两。

（2）金银。大号无花云对33 300，内正献、分献、附位共24 000；配享、能干、特祭各3000；灶神、门神、文昌各100。分派完成，每千线穿五串，并用票签注明经手人，交给司值点数收账，悬挂在冥仪所。给做工的大钱3分，倘若发现短少，除不支付工钱外，还要以一罚十。依照登记簿，参加祭祀人数每增加百名，则加金银1000。

（3）楮帛（祭祀时焚化的纸钱）。大号剔破净连94刀，计大祭60刀，每位3刀；各束大红1刀，共33刀，其余分铺在柴上，用来垫焚烧的金银。配享、能干、特祭每祭各10刀，灶神、门神、文昌用束大红3刀，每刀20张。参加祭祀人数每增加百名，则另加楮帛3刀。

（4）清酌。洁净水酒一坛。

（5）刚鬣柔毛。祭祀日的前一日申时，即午后三点至五点宰杀牲畜，第二天送到祠堂。考虑到经费问题，冬至时，买羊、猪宰杀。春分若除纳粮、理屋尚有余钱，则根据钱的多少购买全猪若干宰杀发胙（肉），多者多分，少者少发。冬至祭祀之后，全羊整只腌制，留待春风、清明祭祀时用。如果宗祠产业丰厚，则二祭均可购买全猪、全羊宰杀发胙。

（6）全碗。24品。鸡、鱼、猪、羊肉各2斤，鸡、鸭蛋各16个，猪羊心、肚、肝、肺共4斤，血、肠各2斤，大米粉、小米糕、糯米粿、寿桃包、米粉圆各1斤，金针菇、木耳、香菇、笋衣各2两，时令菜1斤，煎豆腐、豆腐干各8片。

（7）三馔。荤馔20副，每副鱼、猪肉各1斤，鸡蛋8个。其中正祭龛前供2副，设位9副，配享、能干4副，特祭3副，文昌、门神2副。素馔2副，每副面包、米糕、粉圆各1斤，灶神与文学孺人各1副。

（8）米粉。按设席的数量准备。

（9）面包。每斤5只，按照人丁确定数量。

（10）油盐柴炭。按照使用数量做准备。

（11）馔屉。荤馔20屉，每屉大米粉、小米糕、糯米圆、寿桃包各1斤；心、肚2两，肝、肺2两，血2两，肠2两，脂杂2两，煎豆腐2片，姜蒜1两，时令菜4两。素馔2屉，每屉换成金针菇1两、木耳1两、香菇1两、笋衣1两、豆腐干1片，其余相同。

（12）果盒。20屉，每屉果子5种。

（13）羹。大羹一大钵，不和肉汁；铏（古代盛羹的鼎，两耳三足，有盖）羹一大钵，肉汁和以菜。

（14）饭。一大甑（蒸饭用的木桶）。

（15）茗。茶叶4两。

（16）乐。吹手4名。祭日的前一日午后，省牲（祭祀前，主祭及助祭者须审察祭祀用的牲畜，以示虔诚，称为“省牲”）工食4分，祭灶、门神、文昌每祭工食4分。午后，习仪工食2钱8分，正日大祭工食2钱4分。祭能干、配享，每祭工食8分。次日，特祭工食2钱以上，共给工食钱1两，面4碗，折钱1钱2分，大包4对。

（17）爆竹。双响21个。其中省牲3个，习仪、正祭、特祭各6个。

（18）燎草。草柴内选择干净的用于铺底焚烧财帛。

（19）请礼生（司礼者，常以称祭祀时在旁提唱起、跪、叩首之仪者）写祝文。买梅全7封，交礼生写祝文7章，正祭、配享、能干、特祭、门神、灶神、文昌各1章。给胙2斤，包2对。

（20）印胙票。写上某人冬至给包多少，春分给胙多少。

（21）讲演祭礼。礼生与值事演习。

2.前期三日——斋戒

司值到祠洒扫洁净，于中堂台阶下设香案一座，上安斋戒牌。宗子（指身承大宗的嫡长子，宗族中祭祖先、办丧事、宴宾客等，都以宗子为主）率分长与司值致斋于祠，沐浴更衣，不饮酒、吃荤、不吊丧、看病、听乐，凡是凶秽之事皆不为。

3.前期一日——设位陈器

当日早晨，宗子率分长与司值洒扫通堂，擦洗桌椅。

（1）设位陈器。于寝室中间近龛案桌上设总献席二位，两边分别设香几各一张、围桌各一张，上面各陈三事。寝室正中设一世始祖考妣位，左侧设十世迁绩溪始祖考妣位，右侧设十一世宗祖考妣位，每位用二椅一桌。东、西二楹各设昭穆位（二世、四世、六世，位于始祖之左方，称“昭”；三世、五世、七世，位于始祖之右方，称“穆”）。边楹设附席，两席相向，东为学生位，西为姑娘位，每位用一桌一椅。中堂照壁下设长条桌一张，条桌前设总献长桌一张，桌上陈五事，桌旁陈包篓桌、猪羊架。以上每桌均系围，椅系批，桌上陈三事，桌下置茅沙盘、拜垫。台阶上铺棕垫三条，为上香、读祝、读昭穆簿的位置。台阶下近栏杆的位置，东西各设一桌，为鼓乐位。东廊中间设长桌一张，为司樽所。中上间为司进位，中下间设面架巾盘，为盥洗所。西廊中间设方桌一张，为司祝所。中上间为司献位。中下间设竹架、竹篮，为冥仪所。下堂中楹设主祭位，二楹为分献位，边楹为与祭位，每位各铺棕垫。

（2）省牲。执事二人穿公服，宗子到中堂案前。引赞：“上香，揖告，省牲。”引至西阶下省牲所，赞：“揖，省牲。”宗子执爵，执事斟酒，宗子蘸牲，执事取猪羊毛血。赞：“揖，复位。”引宗子到中堂案前，赞：“揖，省牲，礼毕。”

（3）习仪。按朱子家礼，先挑选合适人选，为了举行仪式时，不致出现差错，挑选出来的人先要对仪文进行熟悉，于仪式举行的前一天下午预先演练，主要有通赞、引赞、司樽者、司祝者等参加习仪。

（二）焚点斟饤

1. 涤器具馔。

涤器。宗子率分长与司值洗涤祭器，洁净釜、鼎器具。

具馔。宗子率分长与司值烹总献，全碗二十四只。计有鸡两翼，鱼一尾，各约2斤，猪肉2斤，羊杂2斤，鸡子、鸭蛋各16个，猪心、肚、肝、肺共3斤，脂杂1斤，血2斤，肠2斤，大米粉、小米糕、糯米粿、寿桃包、粉圆各1斤，金针菇、木耳、香菇、笋衣各2两，煎豆腐、豆腐干各8片，时令菜1斤。

每位献馔一席，共荤馔11席。每席桌盒一屉四大格，大米粉、小米糕、粉圆、寿桃包各1斤；八小格，心肚2两，肝肺2两，血2两，肠2两，脂杂2两，煎豆腐2片，姜蒜1两，时令菜4两。大羹、铏羹2钵，祭酒1壶，馔碗3只，鱼1斤，肉1斤，蛋8个，饭、茗正献三位各2碗，其余各1碗，果子1屉。素馔一席，每屉换成金针菇、木耳、香菇、笋衣各1两、豆腐干1片。三馔换成面包1斤，米糕1斤，粉圆1斤，其余相同。未祭之前，人不得先食用，也要防猫、狗偷吃，务必保持清洁。

2. 焚点斟饤。第二天早上起来时焚点斟饤。宗子率分长与司值俱诣寝室，每位焚香点烛、斟饤。龛前案桌上，总献考妣二位：每位斟酒、陈箸一副，又斟三爵饤、三馔羹，饭二钵，饤馔一屉，奠帛三刀，饤果一屉，斟茶一碗。阁几，围桌（香烛同）。祖宗三位：每位斟酒、陈箸二副，其余暂空，等到祭祀时，再饤大羹、铏羹、馔屉。昭穆四位及附席二位：每位斟酒、陈箸一副，其余暂空，等到祭祀时，再饤大羹、铏羹、馔屉。其帛、爵、馔、饭、果、茗，各饤席之左傍以待祭奠。中堂长条桌：两端饤大包，中间饤汤饭二钵，大羹、铏羹二钵。总献席：饤全碗二十四只。席傍：猪羊两架，包篓两席。司樽所：壶斟酒，盒置香，盘奠帛、列樽。盥洗所：注水披巾。司祝所：陈祭文、昭穆簿、嘏辞、谕词、圣谕。冥仪所：陈金银、楮帛、蓝架。下堂香案：焚香点烛。

天刚亮的时候，奉主就位。主祭执事到祠集中，盥洗，诣寝室，执事升龛，迎主，诣香案前，跪，焚香，告辞曰："宗子某某暨阖族人等，兹以春分、冬至合祭祖先，敢请始祖以及附食高、曾祖考妣，学生、姑娘出就正寝，恭伸奠献。"俯伏，平身，以盘盛主，宗子奉始祖，执事奉诸祖，捧至各位随序安座。

祭祀的主要程序有降神、参神、初献、读祝、分献、亚献、终献，侑食、饮福、受胙、祝嘏辞、读谕词、读圣谕、谢胙、辞神、望燎、纳主、撤馔等。

（三）人员就位，行降神礼

祭祀仪式开始，参加祭祀的人员按序就位。通赞自堂下西东揖，由东西阶升寝室中楹立。

1.通赞："序立执事者各司其事。"司樽、司进者自下堂西揖就东廊位立；司祝、司献者自下堂东揖就西廊位立；东西接馔者自下堂西东揖由东西升寝室东西立。

2.通赞："主祭者正位。"引赞："就位。"自下堂西楹揖，引宗子诣下堂中楹立。

3.通赞："分献者各就位。"引赞："就位。"自下堂西楹揖，引东分献者诣下堂东楹立；自下堂东楹揖，引西分献者诣下堂西楹立。

4.通赞："陪祭者各就位"，与祭者各依昭穆随班序立。"瘗毛血"，执事二人捧毛血盘瘗（埋物祭地）阶下。"行降神礼"。

5.引赞："诣盥洗所，盥洗"，宗子净手；"拭巾"，宗子拭手；"诣司樽所，司樽"，司樽者举樽，宗子斟酒；司进者举香随宗子由东阶上，司献者由西阶上；"诣香案前"，引诣中堂香案前；"跪行三炷香"，司进者跪，宗子左进香，宗子受香拱举，司献者跪，宗子右进香；"进酒"，司樽者跪进酒，宗子灌地（洒酒于地，求神降临），覆爵案下；"俯伏，平身，复位”，由西阶引至下堂位，司进者随宗子由西阶下，司献者由东阶下。

(四)行三献礼，读祝

1.通赞：“参神鞠躬，拜，拜，拜，拜，平身，行初献礼。”

引赞：“诣始祖考妣神位前行初献礼”，引宗子升东阶至寝室始祖考妣神位前，司进者随宗子由东阶上，司献者由西阶上。“跪，奠帛”，司进者跪，左进帛，宗子受帛拱举，司献者跪，右献帛，司进者起，立西楹，司献者起，立东楹；“进爵”（仪式同奠帛），“进爵”（仪式同奠帛），“进馔”（仪式同奠帛）；“俯伏，平身”。“诣迁绩始祖考妣神位前”，“跪，奠帛，进爵，进爵，进馔”（如始祖考妣仪）；“俯伏，平身，诣宗祖考妣神位前”，“跪，奠帛，进爵，进爵，进馔”（如始祖考妣仪）；“俯伏，平身，复位”，由西阶引至下堂位，司进者随宗子由西阶下，司献者由东阶下。

2.通赞：“读祝。”

引赞：“诣读祝位”，引宗子由东廊至中堂读祝所，读祝者捧祝文随宗子由东廊上立宗子左，东执事者至司祝所捧昭穆簿，由西廊升中堂立步阶下东楹，西执事者捧昭穆簿，由东廊升中堂立步阶下西楹。“跪”。通赞：“主祭以下皆跪”。引赞：“开读”，读祝者跪宗子左，读。读毕，捧祝文起，呈案上，退立步阶下西楹。东、西执事各捧昭穆簿齐列中堂跪读祖讳，读毕，起，东执事者俟立东楹，西执事者随读祝者俟立西楹。通赞：“俯伏，拜，拜，平身，复位”，引赞：“复位”，引宗子由西阶下，读祝者与西执事随由西下，东执事由东下。

3.通赞：“行分献礼。”

东引：“诣昭考神位前行分献礼”，引东分献者由东廊走东壁门升寝，由东阶诣昭考神位前；司进者由东上，司献者由西上，至中堂壁后，相对而立于寝东阶下。“跪，奠帛，进爵，进馔”（如初献礼），“俯伏，平身”。“诣昭妣神位前，跪，奠帛，进爵，进馔”（如初献礼），“俯伏，平身”。“诣附祭学生神位前，跪，奠帛，进爵，进馔”（如初献仪），“俯伏，平身，复位”。引东分献者降寝东阶走西壁门至下堂东楹位，司进、司献者至壁后分类排序，司进者东下，司献者西下。

西引："诣穆考神位前行分献礼"，引西分献者由东廊走东壁门升寝，由西阶诣穆考神位前；司进者由东上，司献者由西上，至中堂壁后，相对而立于寝西阶下。"跪，奠帛，进爵，进馔"（如初献仪），"俯伏，平身"。"诣穆妣神位前，跪，奠帛，进爵，进馔"（如初献仪），"俯伏，平身"。"诣附祭姑娘神位前，跪，奠帛，进爵，进馔"（如初献仪），"俯伏，平身，复位"。引西分献者降寝西阶走西壁门至下堂西楹位，司进、司献者至壁后分类排序，司进者西下，司献者东下。

4.通赞："行亚献礼。"

引赞："诣始祖考妣神位前行亚献礼"，引宗子升东阶至寝室始祖考妣神位前，司进者随宗子由东阶上，司献者由西阶上。"跪，奠帛，进爵，进爵，进馔"（如初献仪），"俯伏，平身"。"诣迁绩始祖考妣神位前，跪，奠帛，进爵，进爵，进馔"（如初献仪），"俯伏，平身，复位"。引宗子降西阶至下堂位，司进者随宗子降西阶，司献者降东阶壁后分类排序，司进者西下，司献者东下。

东引："诣昭考神位前行亚献礼"，引东分献者随宗子，司进者升寝东阶诣昭考神位前；司进、司献者如初分献仪。"跪，奠帛，进爵，进馔"（如初献仪），"俯伏，平身"。"诣昭妣神位前，跪，奠帛，进爵，进馔"（如初献仪），"俯伏，平身"。"诣附祭学生神位前，跪，奠帛，进爵，进馔"（如初献仪），"俯伏，平身，复位"。引东分献者降寝东阶，俟宗子降寝西阶出西壁门，随由西廊至下堂位，司进、司献者至壁后分类排序，司进者西下，司献者东下。

西引："诣穆考神位前行亚献礼"，引西分献者随东分献者走东壁门，升寝西阶诣穆考神位前；司进、司献者如初分献仪。"跪，奠帛，进爵，进馔"（如初献仪），"俯伏，平身"。"诣穆妣神位前，跪，奠帛，进爵，进馔"（如初献仪），"俯伏，平身"。"诣附祭姑娘神位前，跪，奠帛，进爵，进馔"（如初献仪），"俯伏，平身，复位"。引西分献者俟宗子降西阶出西壁门，随东分献者由西廊至下堂位，司进、司献者至壁后分类排序，司进者西下，司献者东下。

5.通赞："行终献礼。"

引赞（如亚献礼）。东引（如亚献礼）。西引（如亚献礼）。

（五）侑食

通赞：“侑食（侍奉尊长进食）。”引赞：“诣始祖考妣神位前侑食”，引宗子升东阶至寝室始祖考妣神位前，司进者随宗子由东阶上，司献者由西阶上。“跪，提壶侑食”，司进者跪，宗子右进壶，宗子提壶拱举，司献者跪，宗子左受壶，宗子起，斟，始祖考妣每位酒爵俱满，毕，跪。“还壶”，司献者还壶，宗子拱举，司进者受壶，起，立西楹；司献者起，立东楹。“进食”，进上始祖考神位前，司进者起，立西楹，司献者起，立东楹。“进食”，进上始祖妣神位前，如始祖考仪。“进茗，进茗，进果”（如进食仪），“鞠躬，拜，拜，平身”。“诣迁绩始祖考妣神位前侑食”，“跪，提壶侑食，还壶，进食，进食，进茗，进茗，进果”（如始祖仪），“鞠躬，拜，拜，平身”。“诣宗祖考妣神位前侑食”，“跪，提壶侑食，还壶，进食，进食，进茗，进茗，进果”（如始祖仪），“鞠躬，拜，拜，平身”。

东引：“诣昭考神位侑食”，东引分献者随宗子，司进者升东阶至寝室昭考神位前；司进、司献者如亚献仪。“跪，提壶侑食”，司进者跪，东分献右进壶，东分献者提壶拱举，司献者跪，东分献左受壶，东分献者起，斟，昭考神位前酒爵俱满，毕，跪。“还壶”，司献者还壶，东分献拱举，司进者受壶，起，立西楹；司献者起，立东楹。“进食，进茗，进果”（如进馔仪），“鞠躬，拜，拜，平身”。“诣昭妣神位前侑食”，“跪，提壶侑食，还壶，进食，进茗，进果”（如昭考仪），“鞠躬，拜，拜，平身”。“诣附祭学生神位前”，“跪，提壶侑食，还壶，进食，进茗，进果”（如昭考仪），“鞠躬，拜，拜，平身，复位”。

西引：“诣穆考神位侑食”，西引分献者随东分献者入东壁门，升寝西阶诣穆考神位前；司进、司献者如初亚献仪。“跪，提壶侑食”，司进者跪，西分献右进壶，西分献者提壶拱举，司献者跪，西分献左受壶，西分献者起，斟，穆考神位前酒爵俱满，毕，跪。“还壶”，司献者还壶，西分献拱举，司进者受壶，起，立西楹，司献者起，立东楹。“进食，进茗，进果”（如进馔仪），“鞠躬，拜，拜，平身”。“诣穆妣神位前侑食”，“跪，提壶侑食，还壶，进食，进茗，进果”（如穆考仪），“鞠躬，拜，拜，平身”。“诣附祭姑娘神位前”，“跪，提壶侑食，还壶，进食，进茗，进果”（如穆考仪），“鞠躬，拜，拜，平身，复位”。

（六）饮福、祝嘏辞、读谕词、送主

1. 通赞：“主人以下皆出，关门。”（吃点食物，休息片刻）“祝噫歆（发声告神来享用祭品）”，司祝者由西廊至中堂照壁前，向中门北向咳嗽三声，退立东边；执事者由东廊至中堂照壁后，“启门”，退立西边。“主人以下各复位，饮福受胙。”

2. 引赞：“诣饮福位”，引宗子诣寝室案前，祝者随东上，执事由西上，“跪”。通赞：“祝嘏辞（执事人为受祭者致福于主人之辞）”，“祝立案前”，嘏辞曰：祖考命工，祝承志多福无疆，于汝孝孙，来汝孝孙，使汝受禄于天，宜稼于田，眉寿永念，勿替引之。

3. 通赞：“读谕词。”“祝立案前”，读谕词：祀事既成，祖考歆享（享受供物），凡我阖族景福（大福）合之，所尊所敬所爱当推，整尔容仪，肃尔心志，静听圣谕。通赞：“读圣谕。”“祝立案前”，读谕词：孝敬父母，尊敬长上，和睦乡里，教训子孙，各安生理，无作非为。

4. 引赞：“饮福”，祝者取祖前酒跪进，宗子祭酒（倾少许于地），啐酒（略尝少许）。“受胙”，祝者进胙，宗子受胙授执事者。“俯伏，拜，拜，平身”，宗子起，立于东楹西向，执事者随之。

5. 通赞：“告利成”，祝者立于西楹东向，“利成”，在位皆拜，“鞠躬，拜，拜，平身”（宗子不拜）。引赞：“复位”，执事捧酒、胙，随宗子由西廊置于司祝所，宗子复下堂，执事复司进位，祝者由东廊复司献位。

6. 通赞：“辞神，鞠躬，拜，拜，拜，拜，平身，读祝者捧祝，祭帛者捧帛，各诣燎所，望燎。”引赞：“诣燎所，望燎，复位。”通赞：“送主。”引赞：“诣寝室神位送主”，引宗子、分献者皆诣寝室捧主送归龛座。“复位”。

7. 通赞：“撤馔”，司献者由西阶升寝室神位前撤馔，司进者由东阶升寝室神位前接馔，司进者下西廊，置馔于司樽所，复位；司献者下东廊，复位。引赞："礼毕。"通赞、引赞、执事者皆至堂下各四拜。

（七）祭配享祠

1.祭仪。

香9炷，烛3对，杯箸2副，桌盒2屉，全碗24品，帛10刀（内6刀束大红，余4刀垫焚），对金3千，爵樽6只，馔碗2副（每副鸡、鱼、肉），羹4钵（每席2钵大羹、铏羹），礼壶1把，饭2碗，茗2碗，果2屉，猪羊2架，祭文1章，双响6个，鼓乐4名。

2.仪节。

通赞："序立，执事者各司其职，主祭者正位。"引赞："就位。"通赞："陪祭者各就位，行降神礼。"引赞："诣盥洗所，盥洗，拭巾；诣司樽所，司樽；诣香案前，跪，初上香，亚上香，三上香；酹酒；俯伏，平身，复位。"

通赞："参神鞠躬，拜，拜，拜，拜，平身，行初献礼。"引赞："诣列位祖考神位前行初献礼，跪，奠帛，进爵，进馔，俯伏，平身。诣列位祖妣神位前，跪，奠帛，进爵，进馔，俯伏，平身，复位。"

通赞："读祝。"引赞："诣读祝位，跪，开读。"读毕。通赞："俯伏，拜，拜，平身，复位。"通赞："行亚献礼。"引赞："如初献仪。"通赞："行终献礼。"引赞："如初献仪。"

通赞："侑食。"引赞"诣列位祖考神位前侑食，跪，提壶侑食，还壶，进食，进茗，进果，鞠躬，拜，拜，平身。诣列位祖妣神位前侑食，跪，提壶侑食，还壶，进食，进茗，进果，鞠躬，拜，拜，平身，复位。"

通赞："辞神，鞠躬，拜，拜，拜，拜，平身，读祝者捧祝，祭帛者捧帛，各诣燎所，望燎。"引赞："诣燎所，望燎，复位。"通赞："撤馔，礼毕。"引赞："礼毕。"

（八）祭能干祠

1. 祭仪：同配享祠。

2. 仪节：同配享祠。

（九）祭灶神、门神、文昌

冬至、春分二祭前一日祭灶神、门神、文昌。

1. 祭灶神

祭仪：香3炷，烛1对，帛3刀（每刀净连20张），对金100，爵樽3只，馔碗3只，礼壶1把，祭文1章，鼓乐4名。

仪节：就位，降神，跪，初上香，亚上香，三上香，酹酒。俯伏，平身，复位。参神，鞠躬，拜，拜，平身。跪，初献酒，读祝，亚献酒，三献酒，辞神。鞠躬，拜，拜，平身。焚祝文，礼毕。

2. 祭门神

祭仪：同祭灶神。

仪节：同祭灶神。

3. 祭文昌

祭仪：同祭灶神。

仪节：同祭灶神。

（十）特祭

冬至、春分二祭后一日举行特祭，特祭对象为对建祠有特出贡献，捐产捐资的先辈。

1. 设位陈器。中堂合设2位（左考右妣），椅子11把（考位上特祭1把，配享3把；妣位上特祭3把，配享4把），东西相向2位（左考右妣），长凳2条（考妣附食分为两列），西壁下1位，凳子1条（附食素席）。堂前总献席为读祝位，东阶下司樽所、盥洗所，西阶下司祝所、冥仪所、香案前，主祭位，每位陈器桌围7个，3事6架，棕垫5条。

2. 祭仪。香1束，烛6对，杯箸27副，盒馔5屉（荤4屉，素1屉），帛15刀（每刀30张），对金3000，礼壶1把，爵樽15只（每位3只），馔碗5副（鸡、鱼、肉4副，粿包圆1副），食5碗，茶5碗，果5屉，总献全碗24品，羹2钵，饭1围，汤1罐，祭文1章，双响6个，吹手4名。

3.仪节。同祭配享祠，惟读祝后分献，附食各位，其余同。

二、腊八烧年

初七日，值年、司值提前到祠洒扫尘埃，擦桌扫地，洗刷器皿（给工食钱2钱）。于寝龛座前设香几5张，中堂照壁挂始祖容像，于堂中左右设献馔2席，于台阶正中设香案1座。并还要准备相关的祭祀用品，包括长香4把、蜡烛8对、对金2千、直水2千、双响6个、三牲2副（鸡2只，约重4斤；鱼2尾，约重3斤；腌肉2方，约重2斤）、馔盒2屉（猪肉2斤，塘鱼2斤，肚杂2斤，肉丸2斤，面包2斤，米粿2斤，蒸糕2斤，熟粉2斤）、供酒1坛（双料30壶）、年羹2篮（米粉1升）、年饭2甑（熟米6升）、茶碗6只（茶叶1分）、果盒2个（果子4分）、礼壶1把、爵樽6只、杯24只、筷子24副、姜4文、蒜4文、草柴1担、片柴20斤、青菜2斤、萝卜2斤。

腊月初八日午后，宗子、族长、分长、斯文、查刷、司值集中到祠堂开展烧年祭祀活动。下午一点至三点钟，开寝门及照壁的边门，陈仪祭奠，读昭穆簿，望燎，撤馔。礼毕关门饮福酒，吃年饭。

三、上元挂灯

上元节，祠宇中堂悬挂花灯，自正月十五至十七日，值年、司值负责点灯三夜。

前期预办所需物品：花灯4只（正月初托纸扎匠定做，计价4钱8分，逐年新造），照道1对（腊八到灯笼店定做，计价3钱2分，三年更换），柄香100（大号放长的计价4分），楮帛3刀（每刀对方1刀，束红纸2条）、青金1000，红烛2斤（每夜寝室点2支，照道2支；中堂点2支，灯上4支），供酒3壶（每夜1壶），献馔6品（定价6钱）。是日早晨，司值到祠洒扫，要求通堂洁净。寝室，陈三事，焚香；中堂，开照壁门，设席，陈三事，焚香。司值负责焚香、点烛、献馔三夜，礼毕散席。

四、配享制度

（一）与祭燕饮（聚会在一起吃酒饭）

凡属配享、能干之子孙，宗子、族长、老人、礼生、司值并上班司值，本班保人参加祭祀的，均可在祠堂内设的酒席就筵，每5人为1桌，每桌酒16壶。有资格入席的要早到祠堂等候，无资格入席者不得违例入席。

（二）逢考盘缠

为鼓励族中弟子科举应试，光宗耀祖，祠制中配享制度对各科举考试者分等级发给盘缠：文童院试，给制钱140文；生员岁科，给制钱140文；生监入闱，给制钱1400文；副榜入闱，给制钱1400文；拔贡上京，给制钱14千文；举人会试，给制钱14千文。

（三）胙包额例

冬至、春分大祭举行完毕后，要给胙发包：宗子本人参加祭祀的给胙2斤，包4对，派代表参加的减半。对老人分年龄段给胙发包，以示宗族对老人的敬重：六十岁以上的老人参加祭祀的给包1对；七十岁以上的老人参加祭祀的给包2对；八十岁以上的老人参加祭祀的给包4对，胙1斤；九十岁以上的老人参加祭祀的给包6对，胙2斤；一百岁以上的老人参加祭祀的给包10对，胙10斤。

（四）奖励科考

对取得科考功名的也要给胙发包。应考童生给胙0.5斤，包1对；庠生给胙1斤，包2对；廪生给胙1.5斤，包2对；岁贡给胙3斤，包3对；举人给胙6斤，包6对；进士给胙8斤，包8对；中书给胙10斤，包10对；主事给胙12斤，包12对；翰林给胙14斤，包14对；鼎甲给猪、羊胙各14斤，包14对。

另外对祠堂有捐赠的人员按照贡献大小发给一定数额的胙、包，管事、司值等人也要按照规定发给肉和食品。

吴清山汪氏墓祠考

在歙县云岚山汪王祠旧址处尚存两通清代禁碑：一通为“奉部示禁”碑，清同治八年（1869）十二月初五日立，其主要内容为徽州府小吏杨良玉在吴清山汪姓祖墓侧，开设油榨坊，汪氏族人认为油榨震伤地脉，遂上控各宪，旋蒙饬令押迁，给示永禁；一通为“部文”碑，清光绪二十年（1894）十月所立，内容为保护汪氏历代祖坟，即歙县云岚山、绩溪县唐金山、绩溪县登源、歙县向杲、淳安县都督山、邵石山等处免受侵害的告示。两碑除部分地方有所风化外，大部完好。据当地村民介绍，在“文革”期间，此两碑因被砌在厨房中而躲过一劫，而汪王祠及其中的塑像、匾额等则被毁。后来厨房被拆除，才露出了石碑，如今，我们还可以看到石碑周边残存的青砖及砖砌的痕迹。

“云岚山，在县北七里，唐越国公汪华葬此，有祠在焉，俗呼云郎山。宋婺源汪宗臣谒墓诗：‘此生未展云岚墓，郁郁甘棠孙子情。今度忽为寒食客，欣欣乔木岁时荣。’”[①]汪华于贞观二十三年（649）三月卒于长安，死后灵柩于永徽三年（652）由家人运回故里，永徽四年（653）十月，葬于城北七里云岚山下。在云岚山合葬的还有汪华祖父勋明及妻许氏，汪华父僧莹和夫人郑氏，汪华夫人钱氏、继钱氏、次稽氏、张氏、庞氏。

云岚山墓前建有墓祠，歙城乌聊山建忠烈庙，庙中供有高祖授越国公主，皇朝榜文一，铜印一，玉束带二等。庙及镇宝，现已无存。除此之外，徽州各县都建有“忠烈庙”，春秋致祭。民间尊称汪华为“汪公大帝”。

① 明弘治《徽州府志》卷一《地理一·山川》。

清嘉庆三年（1798），汪度在《墓图纪略》中对云岚山周边环境及建筑作了简单介绍：云岚山后倚飞布山，俯瞰布射河，黄山耸峙西北，扬之水行百里而绕其东南，金竺、天马、黄罗、石耳、紫阳、问政诸峰无不环供。山之阳其下为演武场，左为东山营，逾布射河为新洲，南逾扬之河为郡城。云岚山谷口两峰回抱，中建石坊，题有“越国汪公神道”字样。由神道入内三百步为寝庙，上有“忠烈”二字，为明代歙县县令彭好古所题。入门左为斋宫，右为整衣所，各三楹。中间为阶梯三级，迎门上有明代左司马汪道昆题的“烈祖神宫”四字，过此第二进左为僧房，右为斋宿之所。再入为寝庙，“寝庙”二字匾额也为彭好古所题。寝庙为五楹，宽约五丈，长四丈。从中间而入为石坊，上有“唐越国汪公墓”。上一级阶梯后为拜台，左右华表耸峙。再上石阶为祭台，有四个石人拱手而立，文武左右各一。周围以石砌成椭圆形的墓区，周长约六十五丈，高五尺，长约四丈八尺。墓的右边为墓祠，上悬有竖匾“敕建”及横匾“汪王墓祠”。入门为朝堂，宽四丈，长约二丈，旁边为东西房，储存祭器。过朝堂东西廊屋，为各支族的祖先牌位。再入上三级阶梯为殿，共五楹，宽四丈。中间悬挂汪公神像，左右为各位夫人妃子的神位，其次为汪公四弟神位，再次为汪公九子神位。从祠到庙开有旁门。如今，以上建筑都已无存，只有庙前的两口水塘及忠烈庙、墓祠的屋基还依稀可见。

一、云岚山汪王祠碑刻内容

奉部示禁[①]

钦赐蓝翎五品衔代理徽州府歙县事、尽先补用县正堂加六级纪录十二次汪为遵札出示严禁事。奉府宪梅札，奉分巡道宪李札开，奉两江总督部堂马札开，同治八年十一月初二日准，户部咨江南司案呈，据翰林院编修汪鸣銮等呈称：

职等籍隶安徽省徽州府，远祖唐封越国公讳华，生当隋末，保障六州，归土唐室，历朝以捍患御灾，迭膺褒封八字王爵，赐庙额“忠烈”，

① “奉部示禁”碑，长168厘米，宽82厘米，青石。

歙县地方祠墓五处，税亩免征，我朝悉仍其旧，崇报尤隆，岁命有司三祭，登诸祀典。乾隆五年、道光二十七年，叠经工部题奉谕旨咨行安抚，取具地方官防护祠墓无误，结册报部存案。咸丰七年，安抚以神威显应，奏请加封，钦奉恩旨，加封“襄安”封号，钦此。国恩昭垂，至优至渥。伏查康熙五十九年，职姓官京师，支裔环吁户部咨行安抚，饬禁强豪侵占在案，乃因兵燹以来，碑碣不无残阙，豪猾渐生觊觎，本年三月间，至有府胥杨良玉在于吴清山墓侧，创设油榨，震伤地脉，职族等历控各宪，旋蒙饬令押迁，给示永禁。惟后患宜防其复萌，而旧章当思乎恪守，为此援案公吁俯准查照成案，行文两江督宪、安徽抚宪，转饬本地方官再行加禁。毋许军民人等在祠墓五处违例侵扰，庶几封茔巩固，神宇奠安，并将祠墓免征税钞单，康熙、乾隆、嘉庆、道光年间旧案刊本取具，同乡官印结黏列呈递前来，相应行文两江总督、安徽巡抚，转饬地方官遵照历届部中成案，严禁军民人等，毋许侵扰云岚山等五处汪姓祠墓免征基地，如敢恃强故违，即行按例究治，以妥神灵而惩豪猾可也等因。到本部堂准此查此案，前据编修汪鸣銮等来辕具禀请禁，即经批令该道饬县押令杨良玉将榨坊即日迁徙，并由道再行出示严禁。旋据该道申覆，杨良玉榨物业已遵饬迁移，并将原禀呈缴。嗣据杨良玉来辕具呈，又经批道饬县押令即速迁移，不准延宕，如敢故违，即提案从严究惩，各在案准咨前因，合再札行该道，即便转饬遵照办理，仍报明抚部院查考等因。奉此，当查此案，前据汪姓支丁汪绅等呈请示禁，当经给示禁止，旋据该姓支丁禀呈督宪批饬，押令杨良玉将榨坊迁徙，并奉加示严禁，均经申覆督宪，亦在案。嗣据署歙县宗令申复，饬差押令杨良玉将榨物迁移去后，又据杨良玉禀以榨物遵饬迁移尽净，现剩空房，具呈切结申报前来，又经申覆督宪，亦在案。兹奉前因，除报明抚宪查考外，合亟札饬札到该府，立即转饬歙县遵照历届大部成案，严禁军民人等毋许侵占云岚山等五处汪姓祠墓免征基地，如敢故违，即行按例究治。仍饬将府胥杨良玉榨坊物件是否迁移尽净，据实禀复，毋任再延等因，又奉署按察使司王札，奉署抚部院英札，开准户部咨同前由各到府奉此合并札饬，札到该县立即遵照部行宪札示禁办理，毋违，切切，特札等因。下县奉此查此案，前据编修汪绅等控，奉督宪、抚宪批发，臬宪、道宪钞示札府饬县，严禁军民人等不准再在云岚山等处侵扰等因，前县未及遵办卸事，兹奉前因，合并遵札出示严禁，为此示仰该处军民人等知悉，自示之后，毋许再在云岚山、灵山院、乌聊山、吴清山、崇福寺五处地方汪姓祠墓一带免征基地侵占扰害，以妥神灵。倘有不法之徒恃强违抗，许汪姓支丁及捕保人等立即指名禀县，以凭提案究治，决不稍宽。其各凛遵毋违，特示！

同治八年十二月初五日　示　右仰知悉

禁示　仰勒石云岚山王墓祠

部　文[①]

户部为咨行事

江南司案呈，据内阁中书汪声玲、五品衔吏部主事汪述祖、礼部主事汪嘉棠、刑部主事汪时琛、光禄寺署正汪宝恕、国子监学正学录汪馨、花翎三品衔候选道汪廷佐、拣选知县汪奎呈称：

窃职等籍隶安徽省徽州府，缘四十四祖讳华，唐封越国公，历朝均加封号，免征祠墓，乾隆五年、道光二十七年两经工部题奉谕旨咨行安抚，取具地方官防护祠墓，结册报部。康熙五十九年、同治八年，职姓官京师支裔叠吁户部申禁，均蒙允准施行在案。惟尚有职姓四十世祖讳叔举，刘宋授军司马，四十三世祖讳僧莹，陈封戴国公，两墓葬绩溪县唐金山，墓前有明敕建越国公庙，赐额"忠烈"；四十四世祖讳铁佛，唐封开国公，四十五世祖讳爽，唐封崇和衍烈公，讳俊，唐封崇福衍庆公，三墓葬绩溪县登源；三十八世祖讳统，晋授宁远将军，三十七世祖讳恭，晋授除寇将军，两墓葬歙县向杲；三十二世祖讳轸，汉授弭寇将军，三十一世祖讳文和，汉授龙骧将军，两墓葬浙江省淳安县都督山、邵石山，自经兵燹，职姓守墓族裔凋零，豪猾觊觎，落其肘腋。光绪十八年二月，遂有绩溪县人程王杰、王邦海、王观根等在于唐金山职祖墓左侵占盗葬，职族控蒙各宪押令起棺归业，窃恐谋占之贪心未已，图维于后患方殷，为此联名援案环吁俯准查照成案，咨行两江闽浙督宪、安徽浙江抚宪，转饬各地方官剀切申明示禁，毋许军民人等，在于职祖各处墓庙基地之

① "部文"碑，长168厘米，宽81厘米，青石。

内侵扰，庶几封茔，由兹保护神宇，得以奠安等情。取具同乡官印结黏联呈递前来，相因行文两江总督、安徽巡抚，转饬该地方官查照本部历届成案，出示办理，并咨行闽浙总督、浙江巡抚转饬该县，查明汪姓墓庙，一体遵办可也。相因咨会，为此合咨贵部堂、贵部院，请烦查照施行，须至咨者。

光绪二十年十月　日

右　咨

两江总督部堂　安徽巡抚部院

闽浙总督部堂　浙江巡抚部院

两碑的内容都是为了保护汪氏祖墓不受侵害，而“奉部示禁”碑主要是饬杨良玉迁移油榨坊，以护佑吴清山汪氏祖墓一案。由于吴清山汪氏祖墓破坏比云岚山汪王祠更为彻底，而汪氏后裔对吴清山汪氏祖墓情况一无所知，笔者根据所掌握的材料，结合实地调查，重点对吴清山汪氏祖墓作一个简要考证，以供方家参考。

二、吴清山墓祠概述

吴清山位于歙东七里一都二图吴山铺地方，汪氏祖墓建在吴山铺村边。清道光七年追远族裔孙汪燡在一篇《序》中这样描述：“吴清山祖墓，乃我迁徽始祖三十三世祖汉吴新都侯澈公，暨三十六世祖晋黟县令道献公之墓也。是山发源于大障山，由绩至歙迤逦百余里，迭起迭落，而结是山。距歙城东约七里许，乙山辛向，前临大河，收数百里旺方之水，远案则以黄山，近案则以飞布，气脉团结，形势巍峨，勋烈延绵以迄于今。”[①]上海图书馆藏的乾隆五十二年（1787）《汪氏通宗世谱》中“子”上部的“吴清山澈公墓庙图”中有这样的按语：“吴清山即今吴山是也，歙治，离城东八里，一都二图九甲，计地税九分七厘九毫，乃三十二世祖[②]新都侯澈公、夫人方氏，并三十六世祖道献公、夫人胡氏，共

① 民国《重建吴清山墓祠征信录》卷一。

② 此处有误，应为三十三世祖。

五丧合葬之茔墓。前建有墓祠，世奉免征。”

第三十三世彻公，字子明，官吴湘东太守，封新都侯，娶始新芳信公之女，同葬歙东吴清山，生三子授、守、谦，守迁浙东，谦迁豫章（今江西）。第三十六世道献公，字君奉，官晋黟县令，娶胡氏，因家于歙，卒与夫人共三人合葬于歙东吴清山，胡氏生二子恭、威，威迁灵屯。

吴清山汪氏祖墓前建有忠烈祖祠，祭祀汪澈、汪道献及四十四世祖汪华，汪澈仕吴有功，食邑黎阳；汪道献仕晋，为黟县令，皆能造福乡里。汪华在隋末天下大乱之际，为保境安民，起兵统领了歙州、宣州、杭州、饶州、睦州、婺州等六州，使百姓免于战火荼毒。武德四年（621），吴王汪华为了促进华夏一统，他审时度势，率土归唐，被大唐皇帝李渊授予上柱国、越国公、歙州刺史，总管六州军政。贞观二年（628），因忠君爱国，被唐太宗李世民授予执掌长安禁军大权。十七年，改忠武将军，行右卫积福府折冲都尉。太宗远征辽东，诏为九宫留守，辅佐朝政，位极人臣。逝后，唐太宗赐其谥号“忠烈”。因汪华功勋卓越，历代皆有封赐，并追赠远祖，祠墓免征，有司岁祭，载诸祀典。

为进一步了解吴清山汪氏祖墓的情况，笔者于2014年9月8日前往吴山铺作实地调查，在村民的指引下，笔者找到了吴清山汪氏祖墓的原址，墓前为扬之河，背靠吴清山，周围翠竹摇曳，古木参天，如不遭破坏，确为一处风景绝佳的处所。据仍居住在吴山铺的汪氏后裔六十八岁的汪汉章介绍，小时候吃过祠堂（墓祠）发的麻饼（胙饼）。据汪汉章及其他村民介绍，中华人民共和国成立后，汪墓祠就被当作小学校舍使用，墓祠中的牌位及三公雕像则在“文革”时期被毁于一炬。直到20世纪80年代初，因要改建校舍，墓祠及附属设施遭到彻底的拆毁，木料及石材被贩卖到各处，不知所踪。笔者在今已被改作幼儿园的校舍周边察看，发现墙脚用的仍然是老石料，周边还散存着一些石构件，而左右皆是新建的楼房。

三、吴清山汪氏祖墓历代侵扰案件

(一)康熙四十四年殷德弢等侵占免征基地案

康熙四十四年（1705），有乡里保管地籍清册的殷德弢、殷胡衍、殷锦瀛、殷之凤串通地棍殷怀光、殷棣友等擅改印册，强占吴清山汪氏免征基地，支裔汪吉士等向县衙控告，经县令验明，舞弊属实。殷姓以宗祠名义纠合百余人上诉到徽州府，而汪姓以汪振祖为首，同样聚合160人到府控告，鉴于双方势力相当，再加上殷姓家族殷正茂[①]的余威，知府大人就开始和稀泥，双方调停。但汪姓不肯罢休，经汪瑞反复控告无效后，支裔汪瑞麟又上控宪台，藩、臬二司转饬徽州府查审。

康熙四十五年（1706）十一月，徽州府传讯人犯，研究口供，调阅了万历年间的鱼鳞册及一都二图九甲的清册，上面载明免征吴山庙字样，系“地”字十五号，计税九分七厘九毫。而殷德弢所持的一甲清册上见业一栏，则只注“神基”二字，且更换了新纸五页，与其他登记册不一。殷德弢、殷胡衍相互推诿，说庙为殷家村的水口，明末倒塌，后由殷姓捐资修葺，当代又经重修，以奉祀土地神。由于汪姓守墓支裔衰微，庙前之屋为殷棣友租赁，开设纸马杂货店面，堆积杂物。县衙虽然当堂吊验了鱼鳞册，并用朱笔批明，但未及时更正。因“免征”为历朝特典，而“神基”则可公可私，因此，汪姓反复申诉。徽州府经过调查，在一系列证据面前，做出了如下的判词：“其地字十五号，计地税九分七厘九毫，仍请照旧签注免征，庶使汪姓永得保守祠墓。至于庙神向为村人奉祀，凡岁时伏腊，不独殷姓听其瞻拜，即此地众户均得一体祀祷，汪氏支裔亦不必拘乃祖之祠墓，以阻仰向往之诚可也。”宪台在接到府台的呈报后，安徽承宣布政使司李，作出批示：“据详，殷德弢、殷胡衍私改印

---

① 殷正茂（1513—1592），字养实，号石汀，上里（今殷家村）人。明嘉靖二十六年（1547）进士，授行人，后累迁兵科给事中、广西提学副使、云南兵备、湖南驿传、浙江粮储参政、江西按察使。隆庆三年（1569），擢右佥都御史，巡抚广西。五年，总督两广军务。因平倭有功，先后任兵部、户部、刑部尚书。

册，殊属舞弊，仰各责三十板，革去册书。余如详行，仍取具发落，遵依报察缴。”[①]一桩闹纷纷的案件总算是尘埃落定。

乾隆五十九年（1794），汪氏京官支裔又请求户部下文严禁豪强侵占，嘉庆、道光年间府县亦屡次出告示严禁。

（二）同治八年饬杨良玉迁移油榨坊案

同治八年（1869）二月间，汪庆高、汪正大将近墓之地租与徽州府小吏杨良玉，在吴清山汪氏祖墓边上开设油榨坊，守墓支丁劝阻无效。吴清山汪氏支裔遂于二月发出《会启》，邀六县汪氏支裔于三月初十日到云岚山墓祠公议，时值徽州府开科考试，到会者达一百余支族。经过实地踏看，汪氏支裔认为油榨“朝夕撞击，震伤地脉”，且“徽郡居处万山，最重地脉。乡村栉比，聚族而居。其于祖墓所在，丁口攸关，尤杜为人侵害”；“徽俗极重地脉，即如村镇有榨之区，靡不离村绝远。”[②]经过公议，先将不肖支丁汪庆高、汪正大革出，毋许入祠。三月十三日汪鸣銮等向县署提交呈词，请求查究。

此案先后经府、道、都、督宪及两江总督部堂的批示，要求杨良玉另选坊址，将油榨坊迁出，将房屋交还原主。杨良玉提出将油榨坊迁移至梨树塘，而梨树塘离汪氏祖墓仅两里地，因此亦遭到六县汪姓的反对。歙县县署县丞章步云、代理县令汪，召集双方人员，带着“弓手”（古时持步弓丈量地亩的人），前往吴山铺实地勘测。吴山铺即吴清山，村中有大路一条，东边是汪姓祖祠，祠后为汪姓祖坟，立有墓碑，坟墓的左边山脚有数间空民屋基地，中隔大路，路旁西首有空屋一间，即杨良玉开设油榨之屋，自汪姓地基距此不足一里，村外大路东首梨树塘距此不足二里，即与汪氏祖墓五里之内不准开设油榨的要求不符。因此府县饬令杨良玉将油榨坊迁出，另选他址，不得再胡搅蛮缠。为防止以后发生类似案件，于清同治八年（1869）十二月初五日立“奉部示禁”碑于云岚山等处。复于同治九年（1870）二月二十二日立碑于吴清山忠烈祖祠，其主要内容为：“自示之后，毋许再在云岚山、灵山院、吴清山、乌聊山、崇

① 民国《重建吴清山墓祠征信录》卷一。

②《钦加王祖封号全案、吴清山祖墓禁开油榨全案合刊》，清同治八年刊。

福寺五处地方，汪姓免征祠墓地附近五里以内一切侵占扰害，以妥神灵。倘有不法之徒敢恃强豪，不遵禁示，肆意违抗，许汪姓支丁及捕保人等，随时禀县，以凭提案，照例究治，决不姑宽！”[①]

四、吴清山汪氏祠墓历代修葺概况

吴清山墓祠创自唐昭宗天祐三年（906），因隋末天下大乱之际，汪华为保境安民，起兵统领了歙、饶等六州，唐初率土归唐，上命嘉其勋绩，授六州都总管，特封越国公，寻晋王爵，追及远祖而祭奠。吴清山墓祠历经宋元明清，历代皆有修葺，现墓祠已遭破坏，被改建为吴山铺小学。

（一）道光初年的修葺

清道光六年（1826）汪氏在重修祖祠《公启》中说：“吴清山墓祠，乃我汪姓三十三世祖子明公，三十六世祖君奉公之墓庙也，在歙一都二图吴山铺地方，以王祖崇勋蒙类朝特典，免征建庙，祀三祖神像。我子孙崇奉墓祭庙祀者，每岁无异于云岚山。庙建先朝，历年已久，虫蚀霉烂，渐就倾颓，今岁淫雨为灾，大门、门亭俱已倒塌。通衢大道，见者伤心。”[②]因此，八十八世汪燡、汪之遴、汪文翥倡议修葺墓祠，各支族积极捐输，共收到银895.5元；此外还有世赍、德曦捐旧木披屋一所，约值洋150两；片川族锦南捐石门岩全副；歇村族捐柱4根。修复工程始于道光六年二月，次年九月竣工。双溪师潭族耕诚堂捐祭器全副，计52件。

其详细施工日期如下：道光六年二月十四日寅时兴工；二月十九日卯时下石墙脚；三月十九日辰时上石门岩；三月十九日申时拆毁旧料；四月十三日未时平水定磉；四月念五日寅时竖柱；四月念五日申时上梁。道光七年九月初七日迎龙和土；九月初八日工竣致祭；九月初九日各主登位配享；九月初十日夜设莲台诵经。

道光十九年（1839），烟村族汪敬增见墓道破败，又捐资千金修建墓道，由汪之遴具体负责施工，垒石为台，共三层，阶梯八级，周遭以石

① 民国《重建吴清山墓祠征信录》卷一。

② 民国《重建吴清山墓祠征信录》卷一。

墙护之，一如云岚山越国公墓制。

道光初年，祠宇落成，殿前悬横额二方：“水源木本”“清芬骏烈”，落款分别为安徽学政族裔守和公款，池州府教授族裔熙公款。旁屋额：“思诚”，为倡修族裔之遴、文翥两公所立。神座及楹柱上都悬挂有楹联，为各支裔分别撰写、制作、悬挂。

神座联：“崇勋奕代谟遒远；典祀千秋俎豆长”。

上柱联：“颍水溯初基阅千年伟烈丰功史册昭垂光炳焕；吴山瞻旧宇合群族秋尝春禴馨香竞进思缠联”，原任上元县教谕汪燡书。

中柱联：“硕望着新安肇于周隆于汉丕显于唐堂构崇闳永享万年禋祀；宏勋垂保障忠以昭仁以广神英以庇猷为焕烂用型千祀云礽”，师潭双溪族八十八世孙之遴书。

前柱联：“侯锡新都显圣威灵开越国；敕封王爵免征庙祀仰吴山”，八十八世孙文翥书。

脊柱联：“缵龙骧之令绪泽流湘水化被黟山继继绳绳肇启六州保障；颁凤诏于列朝德美神仁功扬圣武巍巍赫赫允宜百代馨香”，雷冈族八十八世孙澍题。

旁屋中柱联：“瞻华表以钦崇祖德宗功北穆南昭神永奠；合云礽而敬孝孙承子继秋霜春露思无穷”，裔孙之遴、文翥题。

旁屋前柱联：“崇寝庙以设裳衣先灵如在；聚云礽而虔俎豆后嗣克昌”，钟楼族裔孙维藩、学前族裔徽和题。

道光七年修葺完成后，汪姓行文请求县署立碑示禁：“如有棍徒在该处免征界内纵放猪羊牛只，荫木之上悬挂稻草柴薪，祠前栏杆等处并坟墓左右堆积秽污各物，故意残害，许该捕保支丁人等，指明赴县呈禀，以凭拿究。”①道光十九年重修墓道后也同样立有禁碑。道光二十一年十一月二十二日，汪氏支裔在上坟致祭时，发现墓顶古木被偷砍三根、屏门被盗后，向歙县县署要求查办盗贼，并立碑示禁：“如有不法之徒，在于免征业内戕伐荫木，窃盗柴薪，纵放牛只，践踏坟茔，以及肆窃祠内对象，许指明禀县，以凭严拿究惩。”②

① 民国《重建吴清山墓祠征信录》卷一。

② 民国《重建吴清山墓祠征信录》卷一。

（二）民国初年的修葺

道光七年（1827）修葺后，吴清山祠宇毁于咸丰年间太平天国起义的战火中，而基地临河，复遭洪水冲刷，杂草丛生。附近居民堆置薪柴、杂物，牛马践踏，粪便遍地，路人皆掩鼻而过。“百年以来，祠宇凋残，渐就倾圮，各族每当春秋祭扫，见夫一片瓦砾堆积茔前，莫不尽焉心伤。”①

民国六年（1917），片川族汪宣晟、棉潭族汪志清、堨田族汪家炳、富堨族汪允礼、师潭族汪国颖等发起重建，始建于民国六年二月，告竣于民国十年（1921）九月，恢复旧制，焕然一新。除塑三公像外，两龛附主由129座增至435座，合各族祖考以共祭。

民国六年春，汪宣晟等发起重建之议，向各族征求意见，大家都表示赞同，于是该年二月发出《募捐公启》，次年建立办事机构，选定人员，确定西山族学诗（厚生）为总理；章岐族敬舆（植中）为副总理，另选协理4人，审查3人，募捐4人，书记2人，司账1人，司钱1人，庶务2人，监工2人，招待2人，襄理71人。

其选取的施工吉期如下：民国六年闰二月初三日卯时、未时动土平基；十二月初七日卯时、未时起工架马；民国七年二月十七日未时平水定磉；四月十四日寅时、卯时排列竖柱；四月二十一日寅时、午时上梁落砖；民国十年九月初十日丑时、寅时各主登座，未时序班致祭。祖墓乙山辛向，选民国七年二月二十二日午时破土，三月初九日未时、申时安碑；三月十六日午时、申时安山。

经费筹集，先在云岚山祭祀公款内暂借500元为开办费。经过商议确定筹款办法：各族普通捐每丁缴洋1角；特别捐自1元至数百元不限；进主牌一座定洋40元，外加祭祀费4元，早缴适当优惠。经过多方筹措，共收到捐款等12 491.096元，其中收各族捐款2120.6元，收进主后余款生息114.496元，收壬戌（1922）、癸亥（1923）两年边屋租作茶栈租金160元，其余主要为进主牌费。支出各项费用总计12 440.928元，主要包括砖瓦、石灰、石料等材料费，砖匠、木匠、铁匠、粗工等工费，及油漆主

① 民国《重建吴清山墓祠征信录》卷一。

牌、进主颁胙及戏金、笔墨纸砚、邮费、职员在祠伙食等各项杂项支出，另支洋300元，购置田产5亩5分2厘。

为加强管理，还制定了《善后条规》，其主要内容有：祠内司年按章遴举四乡公正族人轮管，县城周边各族协助并监察；设立总簿一册，凡章程、契据以及每年收支款项均详细登载，存公匣内，交司年保存；雇用祠使一名，负责日常香火供奉；夏历九月十三日秋祭，由司年会同祠使承办，县城周边各族协助，饮胙受福，清明各族从二月初一日开始至三月二十九日，分期祭祀，由祠使照料，各族祭祀日期与云岚山相同，以方便族人顺道便利；祠庙不得容留外人居住，不准堆积柴草、蓄养家畜；祠内物品，不得外借；如有修葺，无论费用多少，均于秋祭日合族议定后，方许动工。

关于墓祠争讼事件，许承尧《歙事闲谭》中收录的《歙风俗礼教考》中指出：“俗多负气，讼起微杪，而蔓延不休。然单户下民，畏权忍气，亦复不少。顾其讼也，非若武断者流，大都坟墓之争，十居其七。比年此风亦稍息矣。”①同样在其总纂的民国《歙县志》中亦有类似的叙述：“邑中各姓以程、汪为最古，族亦最繁，忠壮、越国公之遗泽长矣。其余各大族，半皆由北迁南，略举其时，则晋、宋两南渡及唐末避黄巢之乱，此三朝为最盛。又半皆官于此土，爱其山水清淑，遂久居之，以长子孙焉。俗重墓祭，往往始迁祖墓自唐宋迄今，犹守护祭扫惟谨。因之坟地迷信受病亦深，祖坟荫木之争，辄成大狱，亦其一蔽矣。”从吴清山汪氏祖墓历代修葺及讼案可以略窥一斑，也是徽州宗法社会的一个缩影。

① 许承尧撰，李明回、彭超、张爱琴校点：《歙事闲谭》，黄山书社2001年版，第605页。

第三辑

徽州民俗

从徽州民间的陪嫁礼单看徽州人的婚嫁观

男大当婚，女大当嫁。在古徽州，除了招上门女婿（入赘，俗称“倒插门”）外，女儿当然是要嫁出门的，而在女儿出嫁时，女方父母以其所能，为女儿备上一份或厚或薄的嫁资，是绵延数百年的风俗，笔者最近读到的两份徽州民间的陪嫁礼单，就是一个很好的注解。细细品味，其中所包含的民俗风情耐人咀嚼。

一、两份陪嫁礼单

第一份为歙县溪头蓝田叶国安家藏的一份陪嫁礼单[①]（嫁资报单），具体内容如下：

百子彩毯成全，大红西毡成全，鸳鸯绣枕成对，荷花絮被成床，翠绿絮褥成床，翠蓝夏帐成床，大红床围成全，苏织细席成床，满床围席成副，云铜帐钩成对，大红帐须成对，绣花八挂成全，五彩鳌鱼成对，五彩花篮成对，花竹帐竿成副，朱漆饰匣成具，翠珠冠髻成品，镀金爪腿成顶，翠珠花竿成吉，镀金扁方成对，镀金手镯成对，银镶藤镯成对，镀金押发成吉，镀金挖耳三根，镀金耳钏三对，镀金蝙蝠镶玉钏成对，镀金蝴蝶押三套梅钱成对，镀金双套万字飞钱成对，玄纹银针成吉，镀金荷花瓢成吉，发绿茉莉竿成吉，镀金条龙戒指成吉，镀金戒指成套，玄纹挂匙成吉，朱青大褂成件，醉红大褂成件，毛玄大褂成件，扣月大褂成件，熟蓝大褂成对，蓝洋漂大褂成对，本色洋漂大褂成件，熟蓝小

① 柯灵权:《徽州民间风俗礼教钩沉》,中国文史出版社2003年版,第181页。

袖褂成对，漂青棉袄成件，醉红小袖夹袄成件，漂青棉背心成件，漂青夹背心成件，漂青布裙成对，青夏布裙成对，蓝洋漂裤成对，蓝熟布裤成对，绿布手袖两对，绿布袜腿成双，包袱成对；苏式镜箱成件，红木手镜成件，朱漆灯盏成吉，广锡烛台成对，广锡手照成件，广锡茶壶成件，广锡酒壶成件，广锡粉盆成对，广锡漱碗成吉，真紫铜壶成件，真紫铜罐成件，朱漆面盆成圆，彩瓷茶碗成对，广锡茶托成对，硃漆托盘成件，朱漆蒲篮成对，金漆发篮成吉，则百斯男成件，青钱万选成全，金漆线桶成件，期颐偕老成双，绵绵瓜瓞三多，百子喜桶成福。

经统计，计有陪嫁物品73样，虽说不是豪宅大户人家，也足以见得父母的一片呵护之心。

第二份礼单是在宝牧斋主晨欣先生的博文中读到的，为1931年徽州鲍家嫁女儿的陪嫁礼单，现由民俗收藏家“方圆阁主”所收藏。

这份“陪嫁礼单”书写在高26厘米，长330厘米的红纸上，首面印有“鸾凤和鸣”四字，开头用毛笔写有“荆钗裙布、妆开见喜”八个大字。尾部写有“麟趾呈祥”四个大字，中间写着琳琅满目的陪嫁物品，具体如下：

红中山葛絮被满床，时花色丁絮被满床，厂布格子絮褥满床，五彩织花线毯满床，大红细毛毡条满床，红缎鸳鸯绣枕成对，厂布格子枕套成对，万载印花夏帐满堂，云铜时花帐钩成对，五彩花篮帐须成对，红缎绣花帐檐成福，红缎绣花床帏成福，绒花龙门五子全福，细草满床苏席成福，细草满床靠席成套，朱漆铜装饰匣成品，珠翠时式圆花成品，珠翠时式边花成对，珠翠时式前批成件，珠翠时式后批成件，翡翠圆圈珠钏成对，翠子挂珠时钏成对，赤金凿花便簪成支，赤金藕节耳挖成支，赤金时花印戒成对，赤金鸡心耳钏成对，镀金凿花扁镯成对，镀金凿花圆镯成对，镀金印花便簪成支，镀金绞丝耳挖成支，镀金万字印戒成对，镀金连环耳钏成对，镀金镶翠印戒成对，镀金镶宝印戒成对，镀金纹银发叉双对，纹银凿花篦刮成柄，纹银扦发圆针成支，纹银挑蝠粉匙成柄，花缎绒边女帽成福，真漆铜装衣箱成对，中山葛棉旗袍成件，红冲大绸棉袄成件，中山格呢棉袄成件，华丝葛夹旗袍成件，水绿大绸夹袄成件，绿自由布夹袄成件，淡湖纺绸单褂成件，蓝灰线呢单褂成件，冲毕叽蓝单褂成件，元斜纹缎单褂成件，湖色格子纱褂成件，中山条呢单褂成件，花毯子布单褂成对，蓝条竹布单褂成件，印花色丁单褂成件，士令竹布单褂成对，粉红时式汗衫成对，中山呢棉背心成件，中山绨棉背心成件，冲绸夹旗背心成件，元直贡夹背心成件，花色丁单背心成件，朱青布单背心成件，格子厂布单褂成对，湖色格子纱褂成件，中山条呢单褂成件，花毯子布单褂成对，蓝条竹布单褂成件，印花色丁单褂成件，士令竹布单褂成对，粉红时式汗衫成对，中山呢棉背心成件，中山绨棉背心成件，冲绸夹旗背心成件，元直贡夹背心成件，花色丁单背心成件，朱青布单背心成件，格子厂布单褂成对，真漆四喜妆台成张，真漆时式重橱成张，真漆双屉低橱成张，真漆四仙方桌成张，真漆齐眉交椅成对，真漆长方高杌成对，真漆时式濯台成张，真漆长方鞋箱成对，真漆四方茶盒成品，真漆有盖面桶成吉，真漆清洁小桶成吉，真漆圆柱衣架成座，真漆双料便箱成吉，朱漆描金托盘成品，朱漆太婆喜盏成吉，广锡圆盘烛台成对，广锡圆式茶罐成对，广锡漆甩汤壶成把，广锡瓜瓞粉盒成对，广锡圆筒粉妆成对，广锡茶食圆盘四喜，广锡六角茶船成对，云铜上贺灯台成吉，云铜广东芹锁四喜，云铜三元裁尺成柄，云铜时花茶匙成富，云铜镀镍茶船四喜，云铜镀镍小锁四喜，巴黎软缎单裙成条，桃花青布围裙成条，时灰丝葛棉裤成条，元冲大绸夹裤成条，元冲大绸单裙成条，雪青印度绸裤成条，中山格呢单裤成条，红条花呢单裤成条，绿条花呢单裤成条，印花麻纱单裤成条，格子厂布单裤成对，条子厂布单裤成对，士令蓝竹单裤成对，印花色丁单裤成对，灰自由布单裤成条，印花标布门帘成福，五彩细瓷茶碗成对，五彩细瓷蜜缸成对，五彩细瓷炖碗成对，五彩细瓷客碗四喜，五彩细瓷茶壶成吉，五彩细瓷漱碗成吉，五彩细瓷小壶成吉，五彩细瓷抱缸成吉，五彩细瓷皂盒成吉，五彩细瓷油盒成吉，细瓷描金饭盐成对，细瓷荷叶茶船成对，豆绿细瓷漱碗成吉，霁蓝细瓷油罐成对，镀镍新式杭剪五子，镀镍凿花洋灯成对，玻砖方式照镜成座，红木玻砖镜箱成吉，铜面玻璃时钟成吉，红木玻璃钟架成座，彩花搪瓷面盘成圆，三蓝搪瓷面盘成圆，细丝嵌花熏笼成品，朱漆细丝发篮成吉，朱漆八角蒲篮成圆，黑角爱国名梳五子，常州细丝名篦成对，鸡心麦秆小扇成柄，百子真漆喜桶全富，富贵荣华代代双全。

中华民国二十年夏历仲冬月谷旦

鲍永德堂具

经统计，陪嫁物品计有151样。民国时期，由于内忧外患，徽商经营陷于困境，徽州人家的经济实力已失去了往日的风采，能出这样一份陪嫁礼单，可见也非寻常人家。

二、嫁资的筹集

尽管嫁资有厚薄，但徽州人家对嫁资的筹集却是不遗余力。淳熙《新安志》卷一《风俗》中有这样的记载："女子始生，则为植杉，比嫁斩卖以供百用，女以其故或预自蓄藏。"女儿出生时，父母就种下杉树，杉木是良材，至女儿长到二八芳龄之时，杉树也已成材，正好出卖杉树作为女儿出嫁的费用。康熙《徽州府志》卷二《风俗》载："女人犹称能俭，居乡者数月不占鱼肉，日挫针治缝纫绽，黟祁之俗织木棉，同巷夜从相纺织，女工一月得四十五日。徽俗能蓄积，不至卮漏者，盖亦由内德矣。"徽州女人的勤劳与节俭由此可见一斑。稍长，徽州女人就要学习女红，穿针引线，不辞辛苦。月明之夜，左邻右舍的女人们相聚在一起，哼着民歌小调，谈论着家长里短，一起纺纱织布，纳鞋刺绣，除了满足家用，还要代人加工或出售，换取零星的银两，日积月累，勤劳的女人还是可以为自己攒下一笔嫁资。

家底不够好的，嫁资中也有一部分是来自男方的彩礼钱，如《歙南白杨礼单》开列的项目中除实物外，还写明吉洋的具体数额，具体如下：

福履：喜担四肩，吉双肩，吉洋□元；送双肩，履仪吉洋三十二元。

贽定：喜担八肩，吉六肩，吉洋六十元；送二肩，鲜亥一百斤，兴隆一百四十斤。

大翁姑：喜担两肩，吉洋念圆。

纳彩：吉洋六四圆。

引聘：礼书念肩；喜担八肩，吉六肩，吉洋六十圆；送二肩，鲜鱼一百斤；麻饼一百四十斤，聘金坐办妆整，收奁吉洋一百元；时序吉洋念四圆，花红吉洋四圆。

请期：启书念肩，书仪吉洋三十二元；喜担双肩，吉一肩，吉洋十元；果担双肩，吉一肩，吉洋十元；送一肩，鲜亥五十斤，兴隆七十斤。

冠笄：果仪喜洋十元；果仪双肩，书喜肩吉洋十元，送一肩。

迎娶：福担全肩，猪首念四斤，兴隆念四斤，余物照例；下食，酒期酌议；宗堂礼吉洋八元；支祠礼吉洋六元；大门礼，如意；小门礼，吉洋四元；门闩礼，吉洋二元；三把酒广吉洋二元；花红，吉洋四元；梳妆包，一百念斤；满堂红四十斤；团圆担，吉洋十元；花冠百子；旺相十全。

当然，嫁资的多少，归根结底取决于父母的经济实力。康熙《徽州府志》卷二《风俗》载："徽之山大抵居十之五，民鲜田畴，以货殖为恒产。春月持余资出贸什一之利，为一岁计，冬月怀归，有数岁一归者。上贾之所入，当上家之产；中贾之所入，当中家之产；小贾之所入，当下家之产。"徽州以商贾为经济的主要来源，生意的大小、利润的高低决定着家产的厚薄，出嫁资的实力。如生活在元末明初的休宁人程维宗经商获得巨富后，购置田产，设立五所庄园，其中一所庄园名为"嘉礼庄"，所收的租费专门用于婚嫁的费用。男婚女嫁，历来是家庭中的一件大事，只要条件许可，绝大多数人家都会倾尽全力筹办。

三、徽州婚嫁的特点

在历朝历代的典籍资料中，关于徽州婚嫁的落墨不多，只是只言片语，如明嘉靖《徽州府志》中有这样的叙述："婚配论门第，治袱裳装具，量家以为厚薄。其主仆名分尤极严肃而分别之。藏获辈即盛资厚富，终不得齿于宗族乡里。"清代康熙年间的赵吉士在《寄园寄所寄》中也有类似的记述："徽俗重门族，凡仆隶之裔，虽显贵，故家皆不与缔姻。"

徽州婚嫁作为一种民俗，活生生地存在于民间，并不断的延续和流变。随着近年民俗调查的深入，关于徽州婚嫁的资料陆续发现，为我们还原真实的徽州民间婚俗提供了宝贵的资料。从笔者所阅读的资料来看，徽州婚俗主要表现在重门第、重礼节、嫁资聘礼注重量力而行等方面。

门第，旧指家族或家庭在社会上的地位等级和家庭成员的文化程度等。门第观念涉及社会各个阶层，例如士、农、工、商“四民”。古代门第观念的影响深远广泛，无处不在，其中最为普遍、最具代表者，当数择偶婚配时的“门当户对”了。“门族”即宗族、家族。“家多故旧，自六朝、唐、宋以来，千百年世系，比比皆是。”①所以，徽州人特别热衷于修族谱、建宗祠，追根溯源，以显示本族是名门望族，诸侯贵族之后。在现实中，徽州的各个大姓之间往往互相通婚，大家闺秀以嫁名门望族为荣。如著名的清代经济学家歙县人王茂荫的两个女儿分别嫁与歙县三阳的洪家、郑村西溪的汪家，皆为大户人家。民间有歌谣云：“花配花，柳配柳，破粪箕配破笤帚。”

在徽州婚俗中，有着十分繁复的礼仪，程序繁琐，礼节甚多。一个女孩子要完成婚姻大事，要履行十余道的礼节，尽管徽州各地有所差异，但大体程序基本是相似的。主要包括说媒、合八字、开礼单、及笄、打招呼、搬行嫁、迎娶、开面、哭嫁、发轿、拜堂、闹洞房、三朝、望朝、回门等。而且在每一个礼节中，还有许多具体的规定，事先要作周密的安排，不得有差错，否则会引起争端和纠结。如行聘，俗称“下定”“定亲”，双方确定联姻后，选定吉日，由男方备下红帖，称为“鸳鸯礼书”，在内页写上男子的生辰八字，装入一个红封套，附写一篇请求联姻的格式文章，备下一支新毛笔和一块新墨，放入一个红皮“批书匣”中，请一名本房男性亲属带上批书匣，随媒人去女家，俗称“下定书”。同时还要根据女方要求送去“头节礼”，如衣料、首饰、礼银等，民国期间黟县的礼银规矩是108块银元。不过这也要依男方家庭的财力而定，但尾数都是八，寓意“若要发，不离八”之意，而且每枚银元上都要用朱红写上双喜字。女方收到后要由家长（父兄）用其新笔、墨在鸳鸯礼书中内页左边写下女方生辰八字，然后在封面上写上“亲允大吉”，送回男方，此

① 许承尧撰，李明回、彭超、张爱琴校点：《歙事闲谭》，黄山书社2001年版，第605页。

为“批书”。这样就算是正式定亲了，鸳鸯礼书就是订婚凭证。定亲后，男方在端午、中秋、春节三节均得向女家送礼。

嫁资的厚寡，取决于女方的家庭经济状况，富则多与，贫者少给。有民谣这样唱道：“皮带花满山红，英英花搭茅棚。大姐嫁，十八担；小姐嫁，一头萝卜一头担。”有时，可能并不在于陪嫁物品价值的高低，而在于父母对女儿的一片疼爱之心，从本文所引的两份礼单来看，对于女儿床上盖的、身上穿的、头上戴的、手头用的，逐一配齐，甚至连皂盒、小锁、剪刀、梳子、扇子这些小东西也一件都不落下。在歙县漳潭有一座“红妆馆”，专门陈列了徽州过去女儿陪嫁的物品，可谓琳琅满目。展厅分为“婚房”“女红用具”“新娘服装”“客房”等，分别陈设着子孙桶、洗澡盆、杯盘灯盏等日常生活用品，此外，还有婚床、衣橱、蜡烛台、衣帽架、女红针织、梳妆台（盒）以及孩子出生后的座椅、站桶等。几乎汇集了徽州女人一生中的所有用品。

四、陪嫁的目的与作用

一是娘家财富与实力的展示。嫁女儿对于女方家庭是件大事，也是展示家庭财富与实力的一次机会。旧时，徽州大户人家的小姐出嫁时，陪嫁物品中衣食住行无所不有，大至棺材，小若珠饰，应有尽有。吉期选定后，女方要提前几天张罗着扎“嫁资担”，将陪嫁物品根据物件的大小、贵贱，用红丝线、红绸带细细捆扎，利于搬运，大件便抬，小件则用红篓肩挑。迎娶的当天或前一天，男方根据女方嫁妆的多寡，派专人前往女方家搬行嫁。搬行嫁期间，男女双方宅院均要张灯结彩，鸣炮奏乐，竭力营造喜庆的气氛。搬行嫁的扁担、抬杠、篓、绳索均贴红纸。花瓶、烛台、梳妆台等要用红绳索扎于桌上，使之显眼。嫁资由女方家派人抬出家门，再由男方家遣来的人接担，谓之交担。嫁妆搬出女方宅院的大门后，要按照一定的顺序，一般是小件在前，大件在后，绕村镇的主街出村，引得村人的注目与评议。大户人家的陪嫁自然是丰厚的，搬行嫁、迎亲的队伍浩浩荡荡，前有喜灯引导，后为红妆压阵，绵延数里，谓之“炫嫁资”。

二是有助于提高女儿在夫家的地位。旧时，徽州早婚现象比较严重，女性地位较低，女儿需要来自父母的支持，父母强势，公婆、丈夫就不敢虐待她。小时候，听隔壁的小夫妻拌嘴，妻子说：我是明媒正娶，八担八篓接进家，八抬大轿抬进门，想赶我走，没有那么容易。妻子一生气回娘家，丈夫还得带上礼物，到老丈人家赔礼道歉呢！

三是体现了父母对女儿的关爱。旧时，虽说在徽州人的观念里，儿子是传宗接代、光宗耀祖的资本，是家庭的重点保护和培养对象。但女儿也是父母的血脉延续，虽有偏向，也不至于亏待自己的女儿。父母也是尽其所能为女儿置办一份嫁妆，嫁妆虽有厚薄，但同样凝聚着父母对女儿深深的爱！

四是为女儿以后的家庭生活做一定的物资储备。在许多典籍中有着这样的记载，妻子为了替夫筹得经商的资本毅然变卖自己随嫁的金银首饰等，鼓励丈夫出外经商致富。如明代成化年间，歙县人江才娶妻郑氏，江才见其他人经商发财，“居常叹曰：‘吾欲力农，吾乡田少，比岁凶，农安可为也；吾欲力贾，吾家薄，无以具资斧，贾安可为也’。安人从容请曰：‘乡人贾者什九，君宁以家薄废贾邪？’乃脱装奉驾部公，佐公贾。”[①]明朝歙县西溪南的吴野牧“挟妻奁以服贾，累金巨万，拓产数顷”[②]；歙县潭渡黄惟文妻子宋氏在其夫家道中落时，“尽出簪珥衣饰为资斧”，助夫前往江苏扬州一带经商。这样依靠妻子的嫁资为资本，行商取得成功的事例还有很多。

① 张海鹏，王廷元：《明清徽商资料选编》，黄山书社1985年版，第61—62页。

②《丰南志》第五册《存节公状》。

歙县承狮麒麟舞民俗调查

一、承狮古村

承狮村位于歙县县城北郊，距县城8公里，属富堨镇。承狮村由丰瑞里、承狮、刘家那、东清流、西清流、鲍家那等6个自然村组成，村域面积4.8平方千米。全村总户数为780余户，总人口近2200人。承狮村系丘陵平原区，农业耕地2551亩，其中水田1714亩，旱地837亩，水域260亩，林地2070亩。承狮村是传统的农业大村，种植业以蔬菜、瓜果为主，养殖业以养猪、牛、鸡为主。境内有白沙河、布射河两条水系，塘库众多。

承狮村有程、郑、范三大主姓，三大姓先后落居后，各姓按所居分布地段各定村名。因村庄状如狮形，程姓居狮头，取“程”半边，名“呈狮”；郑姓居狮肚，取名“承狮”，承字中为“王”，合狮为百兽之王之意；范姓居狮尾，因“乘”字下为“小”字，形似狮尾，取名“乘狮”。民国时期，郑杞园参加歙县地图测绘时，他在写地名时填写了“承狮”。从此，该村落对外统一用“承狮”之名，并成为村落建置名。但在日常生活中，年长者对原有的地名仍有沿用，如在农具、器物上仍书写原有村名。

据歙县档案馆藏《歙州乘狮范氏宗谱》载，范氏望出高平（今山西高平，为炎帝故里），其上世为黄帝之苗裔。始祖士会，号武子，食采于范，以邑为氏。后历代相传至唐范履冰，履冰曾任唐凤阁鸾台平章，又称“平章公”。平章公传十一世而有文正公①，文正公生四子纯祐、纯仁、纯礼、纯粹，北宋时俱为官。纯礼曾孙大富，聪颖勤奋，不辞辛苦，经商徽州。因方腊军兴，烽火遍吴中，家资被掠，兵革不通，遂避乱新安。见歙北乘狮，状如狮形，有飞布山耸朝，山清水秀，遂居家于此。因此，范氏迁居乘狮约在北宋宣和二年（1120）至宣和三年（1121）。后十六世孙太荣迁居后川，“乘川”乃乘狮与后川之合称。建有宗祠善乐堂，排辈字为“德世启昌祚，永钟俊秀方。常行仁义事，诵读圣贤章。为学滋寰宇，英华如汉唐。传家遵典训，善积自余庆”。

程姓为徽州大姓，东晋大兴二年（319），程元谭自东阿南渡任新安太守，有善政，得民望，任满百姓遮道请留，晋明帝获悉，让他继续留任并赐田宅于篁墩，程元谭遂留，子孙世居，奉元谭为新安程氏一世祖。之后子孙繁衍迁徙各处。据《新安程氏统宗补正图纂》载，承狮程氏系由歙县槐塘分迁。新安程氏二十八世程汾，始居休宁方源（今休宁临溪），天祐四年（907），为郡助防驱使，遂举家迁居郡城（歙县）之河西，埋石造屋。程汾之孙延坚（三十世）因河西地势狭小，前临练江，常遭水患，于五代后周广顺二年（952）携家定居槐塘。程氏四十六世程玄保，字得通，始迁“程师”（该谱所载村名）。由于该谱残缺，在世系后附有数言，只有“丙寅正月二十，程师……上府元德之……迁程师”数字尚存，结合其他信息分析，程玄保迁居承狮约在明代中叶。建有宗祠敦本堂。

西晋永嘉元年（307），郑庠自荥阳（今河南荥阳）渡江居丹阳秣陵（今南京），郑庠五世孙郑思约于刘宋孝武帝时期自丹阳徙歙县双桥（今郑村），郑思为新安郑氏始祖。思生二子洪、渌。洪移居茅（茆）田，生四子汝厉、汝舟、汝贤、汝霖。汝厉居琶村，汝舟居黄云岭（今祁门祁岭），汝贤居跳石，汝霖居长陵，汝舟生三子州、乡、里。州约于唐初自黄云岭迁郡北律村。州传十二世造，一度隐陆州，后居跳石，再归律村。郑氏在歙县定居的村落主要有律村田、敦仁里、项村、社屋里、丰口、跳石、郑村、宋村等。据承狮郑氏老者相传，承狮郑氏系由歙北跳石迁

① 范仲淹（989—1052），字希文，谥文正。北宋著名的政治家、思想家、军事家和文学家，世称“范文正公”。

居，时间约在清初。建有宗祠叙伦堂，排辈字为“继德上学鸿，文明光邦国，愿汝友纯良，世守思宗阻”。

就目前所掌握的资料来看，承狮村已有上千年的历史。由开始的范、程、郑三主姓先后入迁后定名，后有毕、沈、江、叶等众多姓氏形成规模较大的村落。曾有关帝庙、五福亭、三官殿、汪公祠、上门厅、观音亭（明建筑，保存至今）、七管文会等古建筑。清代名人辈出，有进士郑鸿撰（字晴湖，乾隆十七年进士，选庶吉士，曾任常山东道监察御史）、程开运（字蓉第，清同治十三年进士，浙江知县）等，举人程惠泉、程肇萃，武举范老应等。民间戏曲及民俗活动有徽戏、麒麟舞、亮龙、嬉菩萨等，每逢节庆，专业戏班都会演出大型传统历史剧及民间舞蹈，场面壮观，延续至今，大大丰富了百姓的文化生活。

二、麒麟舞的起源与演变

麒麟，是民间理想化的一种图腾崇拜，集龙头、鹿角、狮眼、虎背、熊腰、蛇鳞、马蹄、牛尾于一身，是我国传说中的仁兽，与“龙、凤、龟”并称“四灵”。与其它三灵不同的是，麒麟具有较浓厚的平民色彩，与百姓生活密切相关，民间有“麒麟送子”“麒麟衔玉书”“麒麟镇宅”等传说，因此，舞麒麟，祈愿平安吉祥就成为各地的民俗之一。麒麟温文尔雅，惹人喜爱，民间有“武狮子文麒麟”的说法。

有关麒麟的记载，我国古代典籍《诗经》《左传》《礼记》等中都有相关记载，《公羊传》：“麟者，仁兽也。有王者则至，无王者则不至。”有学者认为，我国最早的拟兽类舞蹈，产生于春秋战国之前远古的汉民族图腾舞，如“龙舞”“狮舞”“麒麟舞”“竹马舞”等。唐代是我国古代舞蹈艺术发展的巅峰，相传承狮麒麟舞即源自唐代。据歙县文化局退休干部范劲松介绍，麒麟舞起源于盛唐，后流传于歙县承狮村一带。20世纪80年代末期，范劲松听说承狮村在中华人民共和国成立初期演过麒麟舞，他和汪宏恒一起积极开展抢救挖掘工作，时“凤舞台”戏班班主之子程来发还健在。文化局向县财政争取了五千块钱，从剧本编写到音乐舞台、服装设计等，大家做了大量工作，把节目恢复起来了。后在玉屏山庄演出，获得成功，参加市民俗文化节表演，并获得一等奖。范劲松先生还说，他在南京一个中日友好交流会上看到几个日本青年也演麒麟舞，感到很奇怪，事后了解，说是从唐朝流传到日本的。

2015年12月27日和2016年1月17日，笔者先后采访了程桂生、程树辉、江维生等人，据他们介绍，民国时期，承狮有一个徽戏班子，名“凤舞台”，班主郑杏花，艺名凤莲，自演花旦，系承狮人，嫁到了仁里（敦门岭）。她先在仁里组班，由于演员之间产生矛盾而回到承狮，另组戏班，仍叫“凤舞台”（后仁里戏班改称“大舞台”）。郑杏花以高薪聘请演员，先后吸收了本地的一些名角，如有“徽州梅兰芳”之称的吕子仙、名牌武生汪仙球以及老生刘发云、花脸林天赐等人，“凤舞台”鼎盛时，演职员近70人，演出的剧目有《水淹七军》《九件衣》《狸猫换太子》《盗御马》等60余个，演出范围为徽州本地及江浙地带，具有一定的影响。为吸引民众，还编排了麒麟舞，在春节时演出。有时也应主家之请，在结婚、生子、做寿或店面开张时演出，以活跃气氛，图个吉利。表演以在室外为主，从村中祠堂坦开始，舞遍全村。根据需要给户主送灯（喜灯、寿灯、紫气东来灯、招财进宝灯等）。春节时的演出费用靠大家凑，主家则给一些红包、香烟、糖果之类的礼品，应主家之请的费用由主家承担。凤舞台戏班一直维持到1934年，该年，应旅外徽商之邀，赴浙江金华、兰溪演出，适逢江南大旱，演出业务减少，无法维持戏班的运行，于是将行头（服装、道具等）拿到兰溪当铺中典当了，将钱分给大家以作回徽的盘缠。1958年，由于当时戏班中的大部分老人还在，又组织了一次演出，并参加了歙县、芜湖市、安徽省三级文艺汇演，获得安徽省民间舞蹈二等奖。此后，又于1962年、1990年、2005年先后组织演出。

承狮村中原兴狮子舞，但却不太平。有形家言，村子形若狮子，舞狮惊动了狮神，因此改为舞麒麟。因为麒麟属文，而狮子属武，承狮舞麒麟就意味着有文有武，取文武双全的寓意。舞麒麟时由两人扮饰，一人负责舞动头部，另一人负责身段和尾部的配合。身披麒麟帔，通体庄青色，背部、颈部及身腹部遍缀着镶金边或红边的鳞甲，头内悬有小灯笼，口内装有喷火装置，在鼓乐的伴奏下，载歌载舞，舞步轻盈、优雅，富有江南特色。

承狮麒麟舞，经过历代艺人不断加工、丰富和发展，在简单的舞蹈动作基础上，增加了人物表演、故事情节、布景音乐、唱白逗笑、灯彩字舞等内容，观赏性、娱乐性更强，成为独具特色的民间演艺活动。在目前所保存的演出情节中，我们注意到有“字舞”的片段，8名云雾仙姑以手中云雾牌灯拼组成“天下太平”4字造型，而唐代舞蹈的一个重要特色是出现了字舞。据《诗林广记》载：“字舞者，以舞人亚身于地，布成字也。”据《旧唐书》载，武则天曾亲自排演了“舞之行列必成字”的“圣寿乐”。唐代诗人王建在《宫词》中有过形象的描述：“罗衫叶叶绣重重，金凤银鹅各一丛。每遍舞时分两向，太平万岁字当中。”字舞一般是在祭祀大典或嘉宾盛宴等比较隆重的集会场合演出。因此，有一种说法是麒麟舞本是皇宫中的一种表演艺术，被称作“麒麟圣舞”，为皇家各类庆典中必有的演出，并用于泰山封禅、祈求太平盛世等。因此，承狮麒麟舞源自唐代的宫廷舞是不无道理的。

但麒麟舞在徽州民间流传的过程中，也结合了当地的民俗风情加以改编与演绎，如魁星点斗、张仙送子、麒麟衔玉书、拜财神等迎合了世俗的需要。徽州乃东南邹鲁，文风昌盛，“十户之村，不废诵读”，历来重视文教，传说“麟吐玉书于阙里”，孔子因麟而诞生。这样的故事自然为徽州人所喜闻乐见，融入麒麟舞中自然而贴切。魁星，是我国古代神话中主文运、文章的神，在儒士学子心目中具有至高无上的地位，过去，徽州各地建有魁星楼，以体现对文化与科举的重视。魁星的唱白也很有徽州特色，如“魁星舞一舞，文耀牌坊竖”“方斗举一举，五子同科举”这样的唱词，有点类似“撒帐歌”，通俗易懂，具有较强的舞台效果，常能赢得满堂喝彩。徽州是宗族社会，人丁兴旺是家庭、家族的期盼。多子多福，为徽州传统的生育观。民间普遍认为，求拜麒麟可以生育得子。唐代诗人杜甫所作的《徐卿二子歌》：“君不见徐卿二子生绝奇，感应吉梦相追随。孔子释氏亲抱送，并是天上麒麟儿。”只是，承狮麒麟舞中增加了送子张仙这个人物角色，体现了徽州以男性为主体的传统社会。正月初五拜财神是徽州传统民俗，徽人行商于外，辗转四方，苦心经营，求的就是“财”。财神崇拜，寄托着徽州百姓安居乐业，大吉大利的美好心愿。众神齐聚，不无热闹，烘托了节日期间热闹的气氛，又有着祥瑞太平、风调雨顺、国泰民安的象征意义，因此受到群众的普遍欢迎，有着较强的生命力。

三、麒麟舞的演出与程式

(一)演员与道具

财神1人，武净打扮；回纥5人，1位手托元宝，4位提灯笼；云雾仙姑8人，执云雾灯牌（原是蓝底碎花的采茶女服装，现改用七仙女服饰）；云童2人，抱插有方天戟的花瓶；魁星1人，丑扮，左手提斗形灯，右手执笔；张仙1人，执童孩形灯及拂尘；执拂尘云童1人；麟奴1人，执玉书；舞麒麟2人，着麒麟帔。伴奏8人，其中演奏打击乐器4人，主要乐器为大鼓、大锣、小锣、大钹、小钹、笛子、唢呐、二胡等。

麒麟的传统扎制主要分为两部分，一是头部，先用杂木做成骨架后，用彩色丝绸及纸糊裱好，再用油彩画出鲜艳的纹饰。二是身体部位，即麒麟帔，采用厚实的蓝底布料，画上白色的鳞甲弧线，中间以金属片点缀为亮闪闪的鳞甲。背部鬃毛以红、黄两色丝线编制而成，腹部遍缀五彩挂落。这样扎制而成的麒麟头似龙，独角、虎背、熊腰、牛尾，全身鳞甲，通体庄青色。麒麟头大如箩筐，额上写有“王”字，头内悬有小灯笼，以耀其双眼（过去采用蜡烛，现用小灯泡）；口内设喷火装置，以增强舞台效果。麒麟扎制完成后，身长约2.1米，高约2米。由两名身强力壮的男青年表演，套上麒麟帔，着绘有麒麟甲的连袜裤，一人舞动头部，一人舞尾部，随着打击乐轻、重、缓、急的各种节奏，表现麒麟的活动以及喜怒哀乐的情绪。

(二)演出与主要程式

承狮村有句民谚：“百姓愁，麒麟走。天下和，麒麟舞。”麒麟舞的演出，一般出现在太平盛世、国泰民安、百姓安居乐业之时。因此，表演背景营造的是天地祥和，琼楼玉宇，宛若仙境，到处鸟语花香，男耕女织，鸡犬相闻，一派桃源世界。

首先是财神打扮的武净，手执“招财进宝”红条幅，随后跟上的是5名回纥，第1位手捧大元宝，其余4位提着灯笼，每个灯笼上分别画着两件八仙兵器（即以扇子代表汉钟离，以宝剑代表吕洞宾，以葫芦代表李铁拐，以阴阳板代表曹国舅，以花篮代表蓝采和，以渔鼓代表张果老，以箫代表韩湘子，以荷花代表何仙姑），边舞边唱：“疆土妖娆，明君治道祥光耀！雨调风顺，好一派盛世景兆。”各自献艺以后，分两侧站立。8位云雾仙姑手执形状各异的云雾灯鱼贯而上，2位云童各抱着插有方天戟的花瓶（寓意“平安吉庆”）紧随而上，在舞台上翩翩起舞后，分立两侧。

忽然，烟雾四起，魁星（主管文运兴衰的神）边唱边上：“麟诞鲁岗，孔圣之祥。玉书瑞降，华夏辉煌，诲尔蒙童识经章。百花齐放，灯彩满堂。颂太平，和声悠扬！”魁星打扮丑怪，戴金色面具，赤发、赤膊，上穿黑色短打衣，下着红裤，袒胸露背，全无斯文做派。左手端着书有“独占鳌头”的墨斗形灯，右手执朱笔，并有唱白：“魁星跳一跳，村村传喜报；魁星舞一舞，文耀牌坊竖；方斗举一举，五子同登科；朱笔点一点，状元金牌匾！”魁星舞蹈，登上三层高台。念诵曲牌，并用笔在空中虚画字形，8位云雾仙姑随魁星的笔形以手中云雾灯，先后排成“天下太平”四字。此时，舞台灯光转暗，只见台上灯光流转，裙裾飘飘，甚是赏心悦目，往往赢得一片喝彩声。魁星挥动斗笔，一点解元，二点会元，三点状元，连中三元，独占鳌头。

接下来，张仙（送子神仙）边唱边上。张仙形象俊美，飘逸洒脱，“头戴绒绢一字飘，身穿锦绣紫罗袍”，一副美男子的形象，身后跟随着一执拂尘的小童子。“手执弯弓灵弹子，送上人间龙凤骄”，张仙一手执金弓灵弹，一手执一男童形灯。弹子谐音“诞子”，张仙跨麟送子，民间称“送子神仙”。一时众仙唱和，歌舞升平。

“麒麟舞太平”。随着张仙与财神的一声召唤，引麟童子翻着筋斗上场，只见他头戴娃娃发，身穿白竹布衫裤，外套红缎背心，脚穿“百凑鞋”（黑鞋面，镶白布条），手执玉书，一副机灵敏捷的可爱模样。一阵鞭炮锣鼓后，引麟童子导引着麒麟亮相登场。在悠扬的江南丝竹声中，麒麟踏着锣鼓点，欢跃嬉舞，先是“舞四门”，再是“嬉八宝”，时而昂首望月，时而屈腿踞坐，时而碎步前行，时而追逐八宝，一副玩心十足、娇憨可爱的样子。但当他发现麟童手中的玉书时，兴奋异常，连翻数滚，追逐舞蹈，麟童前躲后闪，麒麟紧追不舍，玉书终被夺得。麒麟夺得玉书后，如获至宝，摇头摆尾，欢跳不已。一会儿衔向众仙，一会儿衔向台前，并用颠步、踏步、旋步等夸张的动作表达得意之情。麟童见玉书被夺，怕玉书损坏，很是着急，追逐着麒麟，软硬兼施，意在夺回。麒麟被逼无奈，衔着玉书到民间去了。

最后推出群舞造型，亮出对联“大地一片欢腾声，喜逢盛世舞麒麟”。鼓乐声起，众仙退场。

承狮麒麟舞，具有较浓厚的徽州特色，表达了普通百姓对读书、生子、求财的美好愿望，祈愿天下太平、百姓安居乐业的美好期盼，容易引起观众的共鸣，因而具有顽强的生命力。承狮麒麟舞曾于1958年参加过安徽省文艺汇演，并获得安徽省民间舞蹈二等奖，在歙县举行的历届民俗文化节上，也是必演节目之一。

四、结语

承狮麒麟舞起源于唐代的宫廷舞，后流传于民间。中原大族南迁江南时，将这种麒麟文化带到了徽州，并与当地的民俗风情相融合，形成了具有江南特色的民间舞蹈。乾隆年间，承狮人继承了麒麟舞的表演程式，并在民间艺人中流传下来。特别是民国年间的“凤舞台”戏班对麒麟舞作了较大的改编，丰富了人物、剧目、唱词等，以适合舞台表演。整个舞蹈洋溢着欢乐祥和的气氛，表达了百姓安居乐业的美好愿望。作为以舞蹈形式流传的徽州非物质文化遗产，具有旺盛的生命力。

歙县丰瑞里“抬汪公”民俗调查

一、古村丰瑞里

丰瑞里，原名枫树岭，因南面村口原有一棵大枫树而得名。据清康熙《歙县志》载，十都枫树岭改丰瑞里。此后，丰瑞里与枫树岭两地名交互使用，民国后习惯使用丰瑞里，从字义上看，为村名的雅化。丰瑞里自然村隶属承狮行政村，东隔着练江支流布射河，与桂林镇的岑山村相望，西靠承狮村，北面为小路山，南面为红砂山。布射河自北向南从村旁流过，为农田灌溉与人畜饮用提供了丰沛的水源。南北均有水口林，村落布局南北走向，房屋大都背西面东。丰瑞里属于丘陵缓坡地带，土地以水田、旱地为主，是传统的农耕经济模式。

据歙县档案馆馆藏的1965年人口登记资料显示，当时丰瑞里有人口103人，30户，其中江姓12户，汪姓6户，张姓3户，吕姓1户，凌姓1户（女户主程爱凤，子女凌姓），王姓5户（其中4户均从浙江淳安迁入），孙姓1户，严姓1户。从姓氏人口来看，这是一个以江姓为主，众姓聚居的村落。1987年出版的《歙县地名录》上记载有人口277人，66户（1981年的调查数据），人口与户数均比1965年翻了一番。现人口约300人。

歙县江姓有济阳江、萧江两派，济阳江姓奉齐国江革为一世祖。革传二世寄周、寄东、寄唐。寄唐传七世统、绍。统生六子，长子俨。丰瑞里江氏系出济阳江统长子俨派旌德金鳌韶支。俨官兖州节度使，迁升县，其子固里迁河南考城。固里传四世淹，官宣城太守，其第三子荃赘萧文约内史家，居宣城东门，荃传三世韶，“以市居繁杂，游览至旌西金鳌，见山水秀拔……八景呈祥”遂迁居，以姓名其地江村。韶传七世莹，莹生二子若海、若虚，子孙繁衍。若虚子从政，从政生六子彦潮、彦珪、彦波、彦荣、彦璋、彦华。五子彦璋传十世必宁，必宁“来歙过丰瑞里，观其地飞山列秀，练水流清，带砺于前，又有紫阳、问政诸峰环矗于右”，约于明成化初年举家自太平文野迁居于此。后人尊必宁为丰瑞里江氏始祖。

必宁生子彦三，彦三生二子大一、大瑚。大一生二子廷俊、廷德，廷俊迁安庆八卦门，廷德在丰瑞里延脉。廷德生四子文南、文端、文朋、文贵，后人尊为四大房派，为歙北望族。各派共建宗祠锡光堂，清康熙二十八年（1689）修成宗谱，轮祚排行字“必彦大廷文，元景一有之，日起逢懋顺，立志允可成，维学以上进，良法思继守，国士其光振”，自五世始用，2005年衍至“良”字，计二十六世。

丰瑞里虽是一个小村落，但却人才代出。清康乾年间，有名画家江云锦，默道人，善画山水，多用乾笔，圆劲苍润，师法吴镇、沈周，笔颇老健。诗人江炳炎，字砚南，号冷红，旅居浙江，诗、书、画称三绝，著有《琢春词》《冷红词》等，其《淮甸春·自题纸帐梅花》诗云：“闲门客里，叹年年辜负，西溪游屐。约与冰魂同小住。”《忆旧游·送杨耘谷游江楚诸胜》词：“别后凄清意，问隔窗梅影，谁伴黄昏？”意境凄冷美艳，不愧为“冷红”。乾隆年间的江衡，字岳南，歙丰瑞里人，侨居杭州。其博词强识，能诗，善属文。当乾隆初年，杭郡人文极盛之时，推崇岳南，以为非凡所及也。

“抬汪公”是丰瑞里的传统习俗，一年两次，一是春节后的正月十三“抬汪公”，嬉菩萨，将汪王及其夫人、五谷神（主宰五谷生长的女神）从庙中请出，然后在村里巡游，全村百姓焚香燃烛，拜汪王祈福。一是农历六月初六，作“汪王祭”，抬“汪公菩萨”巡游稻田，隆重举行“安苗节”，又称“汪公看稻”，祈祷国泰民安，五谷丰登。

“抬汪公”民俗在丰瑞里延续了千年的历史，与村落相消长。“文革”时随着祠堂庙宇的拆毁，匾额、菩萨像被焚之一炬之后，“抬汪公”作为封建流毒而被禁止了。直至2006年，时年六十五岁的江汝楠老人认为人们不该遗忘这位在历史上曾造福徽州的“太阳菩萨”，于是要求其子张文华出资重立了“汪公像”。其后“抬汪公”、祭祀汪王菩萨的活动得到广大村民的支持，使得这一传统民俗得以复活与延续。如今，每年正月十三与农历六月初六都要举行活动，吸引了周边及各地的观光客，引起了徽学界的关注。

二、“抬汪公”民俗的起源与演变

汪华（586—649），原名世华，字国辅、英发，登源汪村（今属绩溪）人。幼年父母双亡，寄居在歙西郑村舅父家。稍长，拜睦州（今属淳安）演公为师，练习武艺，以勇敢、讲侠义而闻于郡县。隋大业年间，应募参与平定休宁县回玉乡（今属婺源）的农民暴动。郡将张某嫉贤妒能，阴谋加害，汪华率众起义，被推举为代理刺史，以镇一方。汪华率众一举占据新安郡，并相继攻占宣城郡、余杭郡、遂安郡、东阳郡、鄱阳郡，拥兵十万，建号吴王。由于亲民、爱民，且军纪严明，赏罚分明，深孚众望。隋义宁间迁郡治于歙之乌聊山（今称长青山），并筑城池。此后十余年间，虽四方战乱纷扰，而六州百姓安居乐业。

唐武德四年（621）九月，汪华感召于唐朝的德政与强盛，审时度势，为使六州生灵免于涂炭，遂遣宣城长史汪铁佛奉表归顺。同月二十二日，唐高祖下诏表彰，授方牧，持节总管六州军事，兼任歙州刺史，封上柱国越国公，食邑3000户。同时封汪铁佛为宣城郡公、汪天瑶为淮南郡公。贞观二十三年（649），汪华卒于长安，永徽三年（652），诸子护丧归里，四年十月，葬于歙县城北云岚（郎）山之阳。

徽州人由衷崇爱这位从徽州走出去的乡土英雄，“永徽中，归葬歙县北七里云郎山，郡人思慕，立祠于刺史宅西偏，大历中迁于乌聊山，号越国公汪王神。自唐刺史薛邕、范传正相继增葺，他县亦处处有祠”①。这段简短的文字提供了一些重要的信息：永徽四年（653），汪华归葬云岚山时，郡人立祠祭祀，祠在刺史宅西偏（应为府衙偏西的位置），此时，汪华是作为一个地方英雄而受到祭拜的。至大历十年（775），刺史薛邕将祠迁于乌聊山之东侧时，短短的二十余年，汪华已是作为一个地

① 罗愿撰，萧建新、杨国宣校著：《〈新安志〉整理与研究》，黄山书社2008年版，第72页。

方神灵而受到祭祀了。元和三年（808），刺史范传正再将祠迁于乌聊山之南麓时，汪王祠已遍布徽州各地，说明汪王崇拜已广为流播。

那么，汪华从乡土英雄到地方神灵的演变过程中，与民众的爱戴、地方官的推崇、皇帝的敕封是分不开的，三者相互作用，推动了汪华信仰的深入发展。据史书记载，唐宋及历代皆有敕封：大中祥符二年（1009）三月，宋真宗赵恒追封汪华为“灵惠公”；政和四年（1114）三月二十六日，宋徽宗敕赐乌聊山汪公庙额为“忠显”；政和七年（1117）十二月五日，赐封“英济”；宣和四年（1122）元月二十八日，加封“灵显”；隆兴二年（1164）闰十一月二十一日，南宋孝宗赵慎加封“信顺”等。2015年清明前后，在歙县云岚山附近的东山营村，发现了一块汪华的“诰敕碑”（该碑原立于云岚山汪王祠），上面刊载了自唐朝武德四年（621）九月至南宋淳祐八年（1248）十二月，历代朝廷颁发给汪华的九道诰敕文书。据明弘治《徽州府志》卷五《祀典》载，明朝初年就颁发有圣旨：“皇帝圣旨。江南等处行中书省，诏得徽州土主汪王福佑一方，载诸祀典。本省大军克复城池，神兵助顺，累著威灵，厥功显赫，理宜崇敬！”并对相关的庙产予以保护。

而同时，地方又将一些灵异事件附会在汪华身上，如元代郑弘祖汇编的《新安忠烈庙神纪实》中就记录了42件灵异故事；《弘村汪氏家谱》中也记载了许多相关故事，内容涉及求雨祈晴、驱蝗逐疫、禳火捕虎、平寇捕盗等，如《弘村汪氏家谱》载：“政和四年春，郡守许颂以久旱不雨，斋戒以告。梦王克日许以雨，至期大淫，远近沾洽。”诚如清乾隆年间歙县知县张佩芳[①]所作的《重修汪王庙碑记》中说的：“自王之没千百年来，此州之人所以荷王御灾疠而庆丰年者固其常；而每有兵警辄赖王神威攘却，即暴者至境，咸震慑不敢逞，民获以安，若王之生镇于州也。”

由此，汪华逐渐演变为徽州人民的保护神、太阳神，在水旱灾害、盗寇战乱等天灾人祸发生时，人们就希望汪华这样的神灵出现，为人们攘

① 张佩芳（1732—1793），初名汝芳，字荪圃，亦字公路，号卜山。山西平定人。乾隆二十一年进士。历任安徽歙县、合肥县令，寿州、泗州知州。任歙县县令期间，兴学宫，建书院，修邑志，筑社仓，析疑狱，恤穷民，惩豪奸，毁淫祠，深得人民的拥护和爱戴，当地士绅作“入政颂”予以颂扬。

灾祛祸。最近的记载见于黄崇惺所著的《凤山笔记》：“咸丰年，贼犯徽城，官军几败。及晚，居人皆见城上灯火四起，鼓角齐鸣。火光中红皂旗往来闪急，盖程忠壮、汪越国神兵也。”咸同年间，徽州深受太平天国起义的影响，人们再次借助徽州历史人物汪华、程灵洗，编造神异故事，以表达对和平安宁生活的向往。

中国历史上，历来战乱频仍，再加上自然灾害以及生存环境的恶劣，人们需要一个保护神来表达祈愿与诉求，而汪华正是这样的一个地方保护神的形象。因此，自唐代开始，经过宋元明清，汪华信仰得到不断的强化，最后演变为各地的汪王崇拜，成为徽州地方文化的一个组成部分，如徽州各地的“抬汪公”活动、祁门金字牌和黟县渔亭等地的“游太阳”、绩溪扬溪的“香火会”、屯溪的“黎阳庙会”、绩溪登源正月十八的“花朝会”，还有接菩萨、游汪公、太子会等，诸如此类的民俗活动层出不穷。

三、丰瑞里“抬汪公”的主要程序

据民国《歙县志》载：“元夕并前后两日为灯节，乡落游烛龙于社，为汪越国公寿。”虽然徽州的“抬汪公”汪工祭民俗活动，大多是由汪姓聚居的村落组织的祭祀活动，但实际上在长期的历史演变过程中，“汪王祭”民俗活动，已经成为徽州社会共有的祭祀活动，而丰瑞里紧邻云岚山，自然在参与汪王祭祀活动中一马当先。如丰瑞里村在建造位于布射河中段的歙东杨村岭汪公庙时，曾积极出资出力。

丰瑞里的汪公庙坐落在离村约一里地，东北方向的凤凰山上，该山地势平坦，因形似一只展翅欲飞的凤凰而得名。该庙始建于何时尚有待考证，至中华人民共和国成立之初已年久失修而坍塌。该庙原有三间，100余平方。2006年村民张文华（在屯溪开设汽车修理行）出资一万元重建了中间的一间，并筹资五千元，前往淳安请来了三尊塑像。

（一）正月十三“抬汪公”

历史上，歙北承狮丰瑞里一直有“抬汪公”的汪王祭祀活动，一直延续到20世纪60年代“文革”时中断。近年，村民自发修复了“汪王庙”，重塑了汪公大帝、汪华夫人、五谷神的神像，又恢复了农历正月十三、六月六的“抬汪公”民俗。

为了解该民俗的相关情况，笔者数次前往调查，采访当地群众。2016年2月20日再次专程前往丰瑞里，目睹了村民“抬汪公”民俗活动的全过程。一大早，管事人等就来到了村北凤凰山上的汪公庙，开始点燃蜡烛、上香叩拜，把五谷神、汪公大帝及汪公夫人“吵醒”后，先将五谷神请入停在门口的轿子里，再请汪公大帝及夫人一一拂尘、穿衣、用红绸带固定。汪公大帝左手握元宝屈于胸前，右手执铁鞭举过头顶，形象威武而慈祥。汪公大帝所坐的轿子无顶，汪公夫人及五谷神所坐的轿子有顶。在准备的过程中，村民陆续抵达，在场的人按秩序跪拜进香，边上的锣鼓队（一人敲鼓，一人敲锣，一人打镲）敲击着乐器。时鞭炮作响，锣鼓震天。

管事人见时辰差不多了（八点半左右），便吩咐做好起程的准备。孩子们及妇女扛着龙旗、各色彩旗以及“政通人和”“五谷丰登”“国泰民安”的旗幡排在巡游队伍的最前面，随后为锣鼓队，接着12名年轻力壮的汉子（还有若干人轮流换肩）抬着三顶大轿依次而行，汪公大帝在前，汪公夫人居中，五谷神殿后，其他人则依序跟在后面。在主事人的指挥下，巡游队伍浩浩荡荡地沿着山间小路缓缓而下，经过田间水泥路向村里进发。一路上锣鼓喧天，鞭炮齐鸣，煞是热闹。

早就迎候在村口的男女老幼，手拈檀香，向徐徐近前的汪公祷拜祈福，鞭炮轰响、礼花绽放。抬汪公菩萨队伍进村以后，先沿后街行进，约50米后折向西行至观音亭（明代建筑，清同治年间重建）折回，然后依次沿街巡游，每到一户人家门前，各家在门口置放一张茶几，上有果子盘、茶叶蛋、清茶以及点燃的蜡烛等（各家摆放不一，一般是在门口放两把“太师椅”，中间摆一碗茶叶蛋，两边有水果、糖果、瓜子，前面摆三个杯子，地上是上香的香炉，两边是蜡烛台或可以固定蜡烛的瓶子），汪公菩萨轿子停下后，接受祭拜，烧纸燃香、叩首，同时燃放礼花、焰火、鞭炮，等祭拜结束后才继续前行。由于几乎每家都到，而且要作停留，因此持续时间长，巡游一直要到中午十二点多才结束。之后，三顶轿子来到村中的小广场上（原江氏宗祠门口），一字排开，供村民集体祭拜，一时锣鼓咚呛，鞭炮齐鸣，香烟弥漫。除村里各姓村民外，也有徐村、江村等附近各村带着纸香、爆竹、礼花赶来祭拜的村民。沿路燃放的爆竹由每户出两筒，统一使用，各家燃放的自备。

过了午时，在锣鼓鞭炮声中，村民将三尊菩萨送回汪公庙。菩萨归位的程序与礼仪，与接菩萨一样。村民们在完成进香、跪拜等礼仪后，与菩萨道别。

据村民介绍，过去丰瑞里的“抬汪公”活动要比现在隆重、热闹得多，前有各色龙旗仪仗队开道，后有舞狮、地戏等队伍跟随。三尊菩萨在正月十三之前就要接到村中祠堂安放，接受大家的祭拜（不巡街）。当年新娶媳妇及添丁（生儿育女）之家必请汪公，大家敲锣打鼓上门贺喜（不抬汪公），主人则给“果子包”（瓜子、糖果之类）及红包答谢。一些许愿、还愿之家，也要请汪公菩萨，祭拜祈福。收取的红包用于庙宇的维护及道路维修。正月十三前后，还要请戏班子演出，十分热闹。在外做生意的人，春节回不回家在其次，但正月十三是一定要赶回来祭汪公的。江村、富堨、宋村等附近村落的村民也要赶来祈福，“抬汪公”祭祀活动不但要在丰瑞里巡游，还要到邻近的承狮、温塘等村里巡游，热闹非凡。

（二）六月初六“安苗节”

安苗节约起源于南宋后期。安苗，顾名思义就是祈盼禾苗平安成长，秋收满仓。作为徽州传统的农耕经济，水稻的种植尤为重要，而丰瑞里的农业就是以水稻为主，由于古代科技不发达，对于病虫灾害，农民往往束手无策，所以祈求神灵的庇护，求得风调雨顺，五谷丰登。而汪王是徽州的太阳，因而“汪公看稻”也就顺理成章了。

“芒种端午前，点火夜种田；种田种得苦，图过安苗福。”芒种时节，五谷下种，农忙告一段落，此时乡民需要放松，更期待有一个好的收成。“安苗节”的“抬汪公、嬉菩萨”活动，主要是祈求汪公大帝保佑风调雨顺、五谷丰登、国泰民安、政通人和。所以要请汪公大帝到田间地头去实地巡视一遍，其他程序与正月十三的祭祀活动基本相同。

早晨天刚亮，村民们聚集在汪公庙前，准备请汪公大帝出庙，同时请出的还有汪公夫人和五谷神。村民们按规矩，先在庙前敲锣打鼓，叫醒汪公，而后抬出五谷神、汪公大帝及汪公夫人神像。抬菩萨的队伍由村中各家各户的代表组成。

三尊菩萨被抬下山进村后，经过每家每户的门前，家家户户都会在三尊菩萨经过时出来祭拜。绕村一圈后，三尊菩萨会在村中的空旷场地被放置一会，进行祭祀（过去不巡街）。祭祀完成后，三尊菩萨被抬到田间走一圈，而后放在田埂上再次进行祭拜。祭拜完成后，三尊菩萨经另一路送回村里，然后送到庙里安放。

农历六月初六这一天，丰瑞里家家户户都会做包粿，并在田畈地头供着包粿，祭祀祈祷，愿田禾苗壮生长，期盼五谷丰登。同时还要烧许多菜，备许多酒，招待从本村走出去的后生或嫁出去的姑娘，还有周围十里八乡的亲戚朋友。因天气炎热，过去还有一座茶亭，当天雇请外村人烧茶招待。

四、"抬汪公"民俗的价值分析

徽州"抬汪公"民俗活动的主要动机是保安，后来许多村落多称为保安会。歙县丰瑞里正月十三"抬汪公"和六月六"汪公看稻"，其出发点都在于祈求风调雨顺，五谷丰登，希望汪王保一方平安，表达了农耕文明时代普通民众的基本诉求。

（一）是徽州非物质文化遗产的一个组成部分

徽文化涵盖方方面面，丰瑞里的"抬汪公"作为徽州祭祀文化的一个组成部分，撇除迷信的成分，表达了人们对大自然的敬畏，对美好生活的向往，引导人们崇仁向善，这是中华民族生生不息的根本，也是现在倡导和谐社会、生态文明的需要。2014年7月16日，国务院文化部办公厅公示了第四批国家级非物质文化遗产代表性项目名录推荐名单，贵州省安顺市西秀区的"抬阁（屯堡抬亭子）"入选，"抬阁"即"抬汪公"，源自古徽州。显然，"抬汪公"民俗活动作为非物质文化遗产已经得到国家层面的认可，徽州各县应该整理相关资料积极申报。

（二）是徽州民俗研究的活标本

“抬汪公”民俗活动缘于对隋末唐初的乡土英雄汪华的纪念，徽州各地的汪公祭祀活动，形式多样、源远流长、特色鲜明，富有徽州地方特色，是徽州祭祀民俗的活标本。活动开始当日，村民将平日供奉在汪公庙的汪华像置于小轿内，抬上在村内游行，俗称“嬉汪公菩萨”。彩旗飘扬，锣鼓喧天，鞭炮齐鸣，参与人数众多，队伍浩浩荡荡。各家各户将香烛、果碟摆设于门口以表恭敬感谢之意，并燃放鞭炮礼花。

与汪公同时供祭的还有“一二三太子，七八九相公”，各村供奉不一。拜祭后抬汪公菩萨轿、太子菩萨亮轿出游，有颠轿之风，谓之“嬉”。汪公轿行进平和，谓“文而不武”，太子轿颠得厉害，谓“武而不文”。过去还有龙灯、竹马、地戏、舞狮等配套活动。敬神的同时也是娱神，旨在娱神，意在娱人，特别是与庙会相结合，这一特征表现得更为明显。祭祀活动参加人数之多，场面之热闹，完全没有纯粹祭奠神灵的庄严肃穆。

（三）是徽州旅游开发的一个重要项目

徽州有着优美的自然山水，灿烂的徽州文化，旅游资源十分丰富，但除了传统的徽墨、歙砚之外，徽州文化旅游开发的空间还很大，特别是反映地方民俗文化的部分，更能够得到中外游客的青睐。“抬汪公”活动具有良好的参与性、广泛性、娱乐性、地域性，徽州各地的“汪王祭”活动丰富多彩，几乎一年四季都有活动，如“十八朝”“六月六”“八月十三”等，再加上各地的庙会活动、演艺活动等，可以说是一场民俗旅游的盛筵。

五、结语

歙县丰瑞里“抬汪公”民俗活动，内涵丰富，历史悠久，是一项既古老而又经久不衰的非物质文化遗产，是群众性自发的社会教化行为。敬畏历史，敬畏自然，对当今乡村建设仍具有现实意义。政府要积极引导，寓教于乐，不仅可以丰富乡村文化活动，而且可以促进地方经济旅游的发展，也是徽文化生态保护的一种新业态。

歙县渔梁“跳钟馗”民俗调查

一、渔梁古镇

渔梁山川秀丽，文化底蕴深厚，于2005年9月入选第二批中国历史文化名村（镇）。它位于歙县县城南门外，练江之畔，北枕问政山为来龙，南岸龙井山、西干山横断，相对一圆形小山，形家称为“二龙戏珠”。有渔梁钓隐、望仙望古、紫阳烟雨、白水晴岚、龙井花香、乌聊翠拥、披云峰影、碎月滩声八景之胜。

关于渔梁村名的由来主要有以下几种说法：一说，唐代于练江筑石梁蓄水，故名村曰渔梁；二说，渔梁村形如鲤鱼，东西向主街为“鱼脊”，南北向巷弄为“鱼鳍”，鹅卵石街面为“鱼鳞”，故名渔梁；三说，以先居之余姓名村，据《余氏宗谱》记载，约熙宁、元丰年间，余靖自遂安迁城南，以姓名村曰“余梁”，后余姓式微，改为渔梁。继余姓有施、杨、胡、李、巴诸姓迁入，元至元末年间，姚茂实自深渡迁居渔梁上街。后又有朱、江、高、阮、毛、汪诸姓陆续迁入，姚姓为村族主干。据1931年《渔梁上门姚氏支谱》的《里居记略》载：“城南二里许，有村曰渔梁。人肩摩，车毂击，帆樯如林立，为歙之一镇也。居民以姚氏为多。”

渔梁历史上是徽州主要的水陆码头之一，歙县、绩溪商人及其货物皆由此启航、登岸。民国时仍有店铺106家，其中涉及交通运输有轿行2家、过载转运行8家、船行2家、拉船用纤绳店1家，店铺多为前店后坊或前店后库。临江有渡船头埠、盐埠、姚江巷埠、上埠头埠、乌龟石埠、百步阶级埠、马家坞口埠（专装卸木头，马家坞有堆木场）等船埠。居民多以撑船、搬运、打鱼为业，有“世世代代草鞋兵”之谚。船有坝上船、坝下船之分。坝下船为大驳船，有四舱、六舱、八舱三种型号，载重分别为2吨、8吨、11吨，计160余艘。六舱、八舱船用水手2名，纤夫6名，可附载客16人，渔梁至杭州一个月一个来回，运酬每人最高1.8石米，最低8斗米，有“撑一船，吃一年”之谚。上水载货六舱、八舱船停泊朱家村，须分装四舱船续运至渔梁，或搬货入库，或分装坝上木筏运往府城等地。清道光、咸丰年间，村人姚宏魁改坝上筏运为小船运，始有“坝上船”，运输线路东至绩溪临溪，西至岩寺，北至丰口。

渔梁古迹甚多，渔梁坝是新安江上游最古老、规模最大的古代拦河坝，有“江南都江堰”之誉。明嘉靖时期，渔梁坝两端铸铁犀牛以镇水患，有坝祠尚存。渔梁坝东有李王阁，坝西有禹王宫。村中狮子桥因建于狮形石崖之上，故名。望仙桥因纪念李白而取名。崇报祠供历代修渔梁坝有功官绅牌位，并立有碑记。村南岩石嶙峋，筑有关隘，人称新安第一关，故名“新安关”。关上有亭，亭后有周王庙，附供钟馗、关羽；有水渌寺，以寺后水渌渌而下而得名。新安关外为水口，建有土地庙、立有如来佛柱。村北有忠护庙，供奉汪华及其第九子，祔祀财神、痘神；有禁渔亭、太白问津亭；有白云禅院，俗称观音阁，内供观音、雷祖；有“一带云根”摩崖石刻等。

歙县渔梁主要历史人物有元代的姚琏，历任池州路儒学正，当涂、昌化县令，元末朱元璋来徽召问，提出“不嗜杀人、休民养国”等策，今存有龙兴召对匾额。清代巴华、姚成楷中武举，巴鉴任河南荥泽知县。清嘉庆元年（1796），巴慰祖被举贤良方正，为篆刻“歙派四子”之一，著有《四香堂摹印》等，子巴树谷承其学，兼通音律，著《蟫藻阁金石文字记》《上字当宫管说》《具四声律管说》等。姚宏源擅金石雕刻，能以核桃雕八仙、寿星。

据歙县档案馆所藏的1950年歙县“地籍清册”登记资料，南宫街（渔梁）的胡氏宗祠有族田1.3亩；巴氏咏德堂有族田4.6亩；姚氏敦厚堂有地0.8亩；江氏宗祠有地0.8亩，用于出租。

丰富的人文历史沉淀及一定的经济支撑为渔梁民俗活动的发展和繁荣

创造了条件。大年三十夜，居民备鸡、鱼、面三色供品到渔梁坝祭河神、土地；六月十九兴观音会；六月二十四祭雷祖。逢闰年九月做保安会，旱游菩萨、水游灯船同时举行，时练江两岸人流如潮，街巷为之一塞，名噪徽州。旱年与他处求雨做法不同，是将周王庙前泉水宕勺干，说是断了关公磨刀水，祈其上天行云布雨。1945年有紫阳戏班，表演戏曲。

有一首《题渔梁里居图·满江红》读来颇有趣味："偶步城南，见村居一片，此间都临溪筑舍，流泉拖练。上已芳辰花径软，半荫天气，游人密听，石梁春涨澎湃声，大而远。十寺塔，峙西面，龙井山，起东殿，看几处云林几回月夜。渡口樵歌自婉转，沙头渔唱尤清越。向贤关，絮语问居民，风俗美。"

二、"跳钟馗"的起源与发展

钟馗是民间传说中驱鬼逐邪之神。传说他系唐初终南山人，生得豹头环眼，铁面虬鬓，相貌奇丑，但很有才华，满腹经纶，且为人刚直，不惧邪祟，擅长驱妖捉鬼。据说唐玄宗李隆基即位那年，钟馗赴长安应试，作《瀛州待宴》五首，被主考官誉称"奇才"，取为贡士之首。可是殿试时，奸相卢杞以貌取人，迭进谗言，从而使钟馗落选状元。钟馗抗辩无果，激愤难当，怒撞殿柱而亡。唐玄宗命用状元官职殡葬于终南福寿岭，发配卢杞至岭外。一年春天，唐玄宗到武骊山后久病不愈，一日睡梦中见一小鬼偷了杨贵妃的紫香囊和自己的玉笛，上蹿下跳，绕殿而奔。这时，一位相貌奇异，头戴纱帽，身穿蓝袍、足踏朝靴的壮士将小鬼撕扯一番，囫囵吞食。他对唐玄宗说："吾乃终南山下阿福泉进士钟馗也，貌异，状元落选愤亡，因念皇恩，今誓与陛下除尽天下之妖邪。"唐玄宗梦醒后很快病愈，遂下诏画师吴道子按照梦境绘成《钟馗赐福镇宅图》，封钟馗为"赐福镇宅圣君"，批告天下，遍悬钟馗像，以祛邪魅佑平安。民间盛传：赐福镇宅，唯真钟馗；拜请钟馗，中榜得馗！

古时跳钟馗常用在送孤、除煞的道场法事中，所谓"送孤"，即普度之后送走孤魂野鬼，以免邪魅驻留不去。"除煞"，则用于开庙（庙宇新建落成或修竣）、开台（戏台开台首演）、开地（拓垦新开发之地）、谢土

（新居完工）、结婚、做寿、祭拜天公之前，要先跳钟馗除煞以表慎重。北宋以后，钟馗作为神话广为流传，跳钟馗多在五月端午节演出，寓意为消除五毒，祈求平安。

徽州跳钟馗系由中原传入，并融入了地方戏曲、傩舞、嬉菩萨等民俗文化元素，形成了具有徽州地方特色的钟馗舞。跳钟馗在徽州歙县民间兴盛的时间在明代万历年间，流行于城关及岩寺、堨田、朱家村一带。歙县有关跳钟馗较早的文字记载见于歙县江村人江登云于清乾隆年间编撰的《橙阳散志》，其载："四月，城中奉诸神像，遍巡街衢巷，钲铙震天，各厢隅村落以次而及，逾月乃罢，曰游神，用驱疠疫也。"[①]乾隆《歙县志》卷一《舆地志·风土》中亦有相同的记载："四月，郡邑奉各神像，遍巡坊市，钲铙震天，各乡落厢隅以次，至逾月而罢，曰善会。"说明乾隆年间，"嬉钟馗"在徽州是一种较为普遍的民俗现象。

民国《歙县志》卷一《舆地志·风土》则有了较为详细的记载："端午门插蒲艾，户粘桃符，并制角黍酵饼为食，且以雄黄和酒，分饮人家，谓可辟邪。而茧虎香囊竞奇炫巧，尤属闺门韵事。城关一带好事者，更以钟馗偶像架诸肩，团团旋转于市衢，金鼓随之，旁人亦燃放爆竹、掷五色小纸块纷飞空中以助兴。"从这段记述可以明确两点：一是嬉钟馗的时间为端午节，地点为城关一带；二是"以钟馗偶像架诸肩"，是一种与嬉菩萨相类似的游街活动。

黄宾虹与乡人程镛、许玉田等于1935年6月在上海创办了《沪黄报》，在6月6日的创刊号[②]上登载了一篇署名"诠"的文章——"童时的端阳节"，文中记述了端午跳钟馗的生动场面：端午这天早晨，人们穿新衣，吃端午粽，街道两边店铺都关了门，妇女也来到街道上凑热闹，大家都在等着观看"跳钟馗"。"不一会，远远的鼓乐声传来，钟馗到了，人们好似潮涌般的卷来，更有无数的儿童，围绕在钟馗的左右，还有那提蝙蝠的和扮五毒的也都在人们的围绕下。每到一家，总要玩着一套，有时，还要到人家屋里去兜一圈儿，据说，那就会赶去一切恶魔了。"虽然这里没有点明地点，但从叙述的细节来看，大致可以确定为渔梁或城关某处

① 江登云辑，江绍莲续编，康健校注：《橙阳散志》，安徽师范大学出版社2018年版，第333页。

② 现为歙县收藏家程振邦先生收藏。

繁荣市镇。

中华人民共和国成立之初，各地“跳钟馗”仍然流行，“文革”期间停止。改革开放以后，“跳钟馗”作为民俗活动被逐渐挖掘出来，在歙县历届民俗文化节上演出，渔梁等一些景点把“跳钟馗”作为一种定时演出的民俗表演，受到游客的欢迎。现在流行的“跳钟馗”，由人装扮钟馗，浓眉环眼，戴乌纱帽、红满，着紫或蓝袍，系玉带，穿草鞋，身背宝剑，手执朝笏，大肚凸臀。配角有蝙蝠使者，打伞侍者，丑婆，挑酒坛，捧酒杯酒保，五毒鬼卒及钟馗妹妹等。歙县各地配角人物及表演套路稍有不同。歙东溪头一带，没有引钟馗的蝙蝠使者，出嫁的钟馗小妹不骑毛驴，而是袭用戏剧道具——画轮车，由一车夫“推”着走，旁随二梅香使女，行进中与梅香合唱《十二月花名》《采莲》《赏荷》等时曲，且演出时间在晚上，有鬼卒而不饰五毒，钟馗在跳跃舞蹈中做虚拟斩鬼动作。雄村、义成一带“跳钟馗”只有鬼卒而没有五毒。义成“跳钟馗”无驱鬼之舞，也没有嫁妹情节，而有喷火鬼和钟馗酒后醉舞。堨田、上朱一带“跳钟馗”有蝙蝠、五毒和嫁妹情节，其妹骑毛驴（上朱骑纸扎毛驴，堨田骑真毛驴），钟馗有高台表演。据健在的渔梁街居民介绍，民国及中华人民共和国成立之初的钟馗扮相凶，怒目圆睁，个子高大；有驱除五毒，而无嫁妹情节；有高台表演，而无醉酒情节；有渔梁木地班子表演，也有来自朱家村的班子演出。

三、渔梁的“跳钟馗”

农历五月初五端阳节，人们饮雄黄酒，吃端午粽、茶叶蛋、腌鸭子、绿豆糕和鲜猪肉烧大蒜等。是日，家家大扫除，大门、房门插艾蒿、水菖蒲，贴端午符。符有多种，大门、耳门和后门贴钟馗像符，大门又并贴财神送宝符，屋角落贴五毒符，水缸脚、锅台脚和屋柱脚贴蜈蚣符，房门贴麒麟送子符。孩子胸前佩戴樟脑香囊和蒜头囊、菱角彩，谓端午锦。正午时，各家以艾叶蘸雄黄酒洒于屋内各处，边洒边赞：端午时，端午节，蜈蚣百脚远处歇，石榴开花送尔去，石柱开花再来接；端午时，午时辰，牛蚣八脚远处行，今朝端午送尔去，天寒地冻再来迎。

端午之后，气温上升，毒蛇、蜈蚣、蜘蛛、壁虎、蟾蜍等五毒开始活跃，民谣有“端午节，天气热。五毒醒，不安宁”的说法，人们除了饮雄黄酒、插艾蒿、佩香囊、除尘洒石灰等措施外，还需要在精神上对“五毒”予以铲除，因此借用钟馗捉鬼、斩鬼的传说，举行跳钟馗、除五毒的仪式，以达到趋利避害、逢凶化吉、人寿年丰、岁岁平安的目的。渔梁街的嬉钟馗活动，正是在这种文化背景下得到追捧。清吴梅颠《徽城竹枝词》云：“儿童谁不喜端午，要带花花红包肚。雄黄涂脸跳钟馗，髻扎红绳摇玺虎。”嬉钟馗者，将钟馗偶像架在肩上，团团旋转于街市，金鼓奏鸣，随之而行，凡钟馗所到之处，人们燃放爆竹，抛洒五色小纸块纷飞空中以助兴，人流潮动，甚为热闹。

（一）演出角色

1. 钟馗一人：紫酱色脸，画两道浓眉，一双环眼，额间画一个蜘蛛。头戴软翅乌纱帽，两端红绸飘飘，口戴长长的胡须，身穿昆罗袍，腰系玉带，脚套白粉高底乌靴，大肚凸臀，手捧朝笏，威武庄严。

2. 蝙蝠使者一人：武生俊扮，头扎英雄巾，腰间扎紫色腰带，身着绿色箭衣、绸裤，脚穿软底靴。手执一根四五节长的细竹竿，上面挂着蝙蝠灯，不时摇晃抖动，前引钟馗，寓“福到”（蝠到）、“迎福”（迎蝠）、祝福（逐蝠）之意。

3. 打伞差役一人：丑扮，戴头巾、扎草辫，紫衣绿裤，扎蓝色腰带。斜背一麻布袋，装菖蒲艾草。双手持一破纸伞，紧随钟馗左右，并不停转动纸伞，为钟馗遮盖。

4. 酒保二人：一黑脸，一白脸。似店小二打扮，头戴绸布帽，身着湖蓝斜褂、浅红绸裤，腰间扎紫红色腰带，脚穿软底鞋。一挑一担纸扎酒坛，一执洒酒杯，紧随钟馗左右。

5. 丑婆一人：彩旦装扮，头扎莲瓣包袱，脸面画两团胭脂，两鬓插花，脸上点有媒婆痣，身着彩衣绸裤，左手持长杆旱烟筒，右手持蒲扇，忸怩作态。扭动腰肢，插科打诨，逗人发笑，不离钟馗左右。

6. 五毒鬼卒五人：画鬼脸，头上分别戴有装饰有毒蛇、蜈蚣、蜘蛛、壁虎、蟾蜍的布帽，腰系蓝色腰带，身着皂衣皂裤，脚穿单鞋。手持刀枪剑戟、钢叉、铁链等兵器，在钟馗前后左右，做跳跃翻滚、躲避逃遁等动作。

（二）服饰道具

乌纱、皂靴、簸箕、蓝袍、宝剑、黄罗伞盖、酒坛、红褂子、灯笼裤、毡帽、大襟褂、旱烟筒等。

（三）基本程序

每年农历五月初一至初五日连续举行。当日清晨，首先两通锣鼓响起，几声爆竹凌空，即告知众人今天要举行“跳钟馗”的活动。演员开始化妆，先五毒，再蝙蝠、丑婆，最后才是钟馗。钟馗戴上口面后，就不能开口说话，否则就不吉利。化妆完毕后，由钟馗扮演者执香火向东方行三拜之礼，旁人焚化纸钱，谓之“拜老郎[1]”。拜毕，锣鼓喧天，鞭炮齐鸣，跳钟馗活动正式开始。

各角色排列队伍后准备巡村赶鬼、捉鬼。队伍前面是两块“肃静”“回避”牌开道，出场顺序依次为蝙蝠使者、五毒鬼卒、丑婆、酒保、钟馗、打伞差役以及锣鼓队等。队伍先至村头，稍事休息，即开始上高台表演，高台由八仙桌、高椅组成，先是蝙蝠跳上高台，作竖蜻蜓表演，然后，钟馗上高台，在椅子上表演“金鸡独立”“破四门”“海底捞月”等动作。

高台表演完毕后，在众人的簇拥下，开始巡村。行进时，各按角色身份，跳跃向前。由执蝙蝠灯使者开路，后随行仪牌，钟馗捧朝笏迈方步，打伞、摇扇者，挑酒坛、捧酒杯者紧紧跟随，打伞者走十字步，亦步亦趋，打扇者扭腰舞蹈行进，时不时为钟馗打几扇。五毒鬼卒把钢叉、铁链要得“嚓嚓”响，行到各户门前多放爆竹迎接。在空阔地带或热闹场所，则要进行一番丰富多彩的表演，蝙蝠灯在使者的引导下，时而高飞，时而低翔，盘旋往复，忽左忽右，钟馗随着蝙蝠灯的跃动，上下左右跳跃旋身舞蹈，有时还辅以耸肩，踮步动作，并以朝笏指向蝙蝠灯，或直指，或斜指，或顺指，或逆指。挑酒坛、捧酒杯者又时时引逗，钟馗馋

① 老狼，旧时戏曲艺人所奉祀的祖师。其神像大都白面无须，头戴王帽，身穿黄袍。

状百出，左手撩须，右手作招引状。捧酒杯者故意躲避，一会儿杯子高举，一会儿杯子低落，左挡右闪，钟馗随之进退，左抢右抢方才喝到杯中酒。喝得兴致高时，又见挑酒坛者，于是又想抢酒坛，挑坛者以各种滚坛舞蹈避之，或扛于肩，或捧于胸，或夹于腋下，或滚于背，几番抢夺，最后才抢到酒坛，钟馗抱起酒坛，仰头痛饮，因过量而醉步踉跄。五毒鬼卒左闪右躲，跳挪腾跃，环绕钟馗而舞，钟馗踏着锣鼓点的节奏，以跳跃的舞步，举朝笏怒向五毒鬼卒，五毒鬼卒四处逃避。丑婆执破扇，扭腰舞蹈跟随，时而插科打诨，为钟馗打几扇，诙谐逗趣，惹得观众哄笑连连，掀起阵阵高潮。

在巡村的过程中，有进户表演程序。大户人家，早早准备，钟馗一到家门口就燃放鞭炮助威，放得越多越好。谓之“迎神”。钟馗改用青锋剑从该户左侧门进户表演，表演的内容主要是登高台，一般为一桌一椅，蝙蝠、钟馗依次而行。然后，钟馗持剑舞到堂屋四周，并进入厨房等地，不留死角，驱鬼出门。最后在鞭炮声中从右侧门冲出，表示已将该户的邪气驱除干净，事后户主奉上礼金酬谢。

入夜，巡游完村子每一个角落，钟馗与五毒鬼卒在村口作最后一番追逐舞蹈表演后，将五毒一一驱除。演员就地卸装，钟馗扮演者焚香化纸，向东方三拜，谓之“送老郎”，至此，跳钟馗活动结束。

歙县堨田村钟馗扮演者程必荣保存有一册1927年1月20日的手抄本，记载了“跳钟馗十六招”①程式：

1.“请愿神君，清吉平安”，即拜请老郎。

2.“妹妹出嫁，艰辛险阻”，即钟馗嫁妹。

3.“蝙蝠五毒，疯狂作乱”，即五毒作祟。

4.“出场亮相，貌丑雄伟”，即钟馗出场。

5.“手持青锋，气壮山河”，即体现了钟馗的气势，有“剑出屠龙”“金花盖顶”等动作。

6.“仙人指路，镇定自若”，即抬双手，一前一后，食指中指并拢，指向前方。

7.“撩袍提腿，气冲霄汉”，即一手撩袍，同时提腿，表现钟馗对妖

① 柯灵权：《歙县民间艺术》，安徽人民出版社2006年版，第202—204页。

魔的愤怒。

8.“平地旋风，四角对冲”，即立以丁字步走斜线，轻盈、快捷，旋舞如风。

9.“装醉带疯，嬉要蝙蝠”，即钟馗夺酒痛饮，与蝙蝠嬉戏。

10.“怒发冲冠、誓斩鬼妖”，即双手扯胡子，怒目圆睁，展示不除妖魔不罢休的气势。

11.“金鸡独立，智破四门”，即在高台上分别做“金鸡独立”“童子拜观音”“智破四门”等动作。

12.“海底捞月，针锋相对”，即在高台进行倒挂、空翻等动作。

13.“步入青龙，四季如意”，即入户家须左进右出。

14.“剑如龙蛇，斩尽妖魔”，即在户家表演时，要在室内四周及厨房各处各舞剑三招，以示除妖降魔。

15.“穿出白虎，人寿年丰”，即户家表演结束后，从右侧门出，并燃放鞭炮、抛撒彩纸块。

16.“焚送神君，人间太平”，即驱除五毒后，焚送老郎，天下太平。

虽然，渔梁的“跳钟馗”与堨田村的“跳钟馗”在表演上不完全相同，但基本程式上是类似的，其可作为渔梁“跳钟馗”的对比与参照。

四、结语

“跳钟馗”，源自唐代的钟馗舞，后传入徽州，约在明万历年间流行于歙县城关渔梁、岩寺、堨田、雄村、朱家村一带，有戴钟馗面具游街和人扮演钟馗两种方式。其最初与当地的傩舞相结合，具有驱鬼逐疫、祭祀的功能，可以称之为“嬉钟馗”阶段。清末民国时期，由于徽州戏曲的融入，出现了人扮演钟馗的形式，兼具驱鬼逐疫和文化娱乐的双重功能，可以称之为“跳钟馗”阶段。

由于演员的加入，为了吸引观众，娱乐成分逐渐多了起来，且由于活动地域不同，演员的特长各异，出现了不同版本的“跳钟馗”。如堨田村的“跳钟馗”融入了许多高难度的武生动作；郑村的“跳钟馗”，则融入了目连戏《钟馗嫁妹》的情节；岩寺的“跳钟馗”，则融入了吞火、吐火、飞叉、探海等魔术、杂耍动作。雄村“跳钟馗”只有鬼卒而没有五毒，其“钟馗出巡”以壮观、威武的气势取胜，侧重于“跳”；渔梁的“跳钟馗”无嫁妹情节，侧重于驱除五毒，表现了钟馗大义凛然、除暴安良的气势。

渔梁“跳钟馗”是世代传承下来的民俗表演之一，既有徽州浓厚的乡土气息，又有一定的文化内涵。跳钟馗作为古代祈福文化的一个组成部分，反映了普通百姓对于安定生活的美好向往。“钟馗”是民间避邪扶正的象征，歙县的“跳钟馗”多在五月端午节演出，寓意为消除五毒，四季平安，人寿年丰。

“跳钟馗”作为徽州非物质文化遗产的一部分，首先是保护与传承，其次是创新与发展，可以在保留传统文化精髓的基础上，增强娱乐性与观众的参与性，寓乐于游，推动地方文化旅游的发展。

徽州土贡研究

“土贡”一语出自《尚书·禹贡》：“禹别九州，随山浚川，任土作贡。”相传夏禹根据各地所出物产的不同，规定了不同的贡纳项目。上古时期，贡赋一体。春秋时贡、赋开始出现分化。至秦汉时，土贡已独立于赋税之外。各地的百姓除了缴纳赋税之外，还要将一定数量的地方土产、珍宝、异物上贡给皇室，以满足其奢靡的生活。土贡制度是我国古代重要的政治、经济制度，对社会发展及人民生活产生了一定的影响，徽州的土贡自唐代开始，一直延续到清末，笔者根据徽州府、县志①等古籍的记载，对徽州土贡进行一定的梳理与研究。

一、徽州历代土贡的品类及数量

徽州自秦代始设黟、歙二县，但由于史书无载，唐代之前的土贡已无从查考。

(一)唐代

据史书记载，唐代新安郡上贡的土产主要有白苎、竹簟、纸、黄连。《唐六典》载：歙州贡白苎布，大府卿以布方土、精粗为九等，而歙苎在第七。《通典》载：贡苎布十五端，竹簟一合。《新唐书·地理志》载：歙州贡白苎、簟、纸、黄连。《元和郡县志》载：歙州开元贡麻布，元和贡细苎布、竹簟。

① 主要参考的徽州志、县志有南宋《新安志》、弘治《徽州府志》、嘉靖《徽州府志》、康熙《徽州府志》、道光《徽州府志》、民国《歙县志》、嘉庆《绩溪县志》等。

（二）宋代

宋代所贡物品较多，有表纸、麦光纸、白滑冰翼纸、药腊、芽茶、细布以及上贡纸、上贡帛、上贡折帛钱等。景德四年（1007）闰五月宋真宗下诏，特减放各郡66种贡物，而歙州所贡的7物在其数中，且命令各级官吏，以后不得以上贡的名义，任意追加土贡的数量与品类以扰民。熙宁贡白滑纸千张，大龙凤墨千片。元丰中，贡白苎布十匹，纸如熙宁而无墨。天申节（即农历五月二十一日，南宋以高宗的生辰为“天申节”）进奉有银五百两，绢五百匹。南宋淳熙后有牛尾狸，又有玉面狸。

1.上贡七色纸

上贡的七色纸每年有四十万八千六百三十二张。七色主要包括常样、降样、大抄、京运、三抄、京连、小抄。“自三抄以下折买奏纸，是为七。外有年额，折钱纸用以折买大抄。皆以上下限起发，赴左藏库。又有学士院纸、右漕纸、盐钞茶引纸之属，不在其数中。始大中祥符四年六月，上以歙州岁供大纸数多颇劳民，思有以宽之。”[①]知枢密院王钦若[②]奏：“本院诸房所请歙州表纸，自元年后置历拘管，今支使外剩十一万八千三百张，望下三司住支一年及于本州减造。”[③]王钦若上奏的建议被采纳。

2.上贡帛

每年上贡的丝织品有“绸岁四千五百九十八匹一丈六尺八寸，绢八万三千三百七十七匹九尺九寸，绵十万二千二百二十六两七钱，丝二百两，分四纲起发。又有淮衣纲，绸四十八匹八尺四寸，绢万三千一十匹一丈二尺六寸，旧至扬州，中兴并送行在所。其非上供，应副本路及他路者，建康府绢五千匹即前所奏免，今复起发者也；又有两浙转运司绸千四百匹，绢万六千四十九匹有奇，绵六万五千两；又别应副衢州、严州绸各一百五十七匹半，绢各千三百三十匹，绵各二千二百七十五两，处州绸百七十五匹，绢九百八十匹，绵三千五百两，婺州绸七十匹，绢千九百

① 罗愿撰，萧建新、杨国宜校著：《〈新安志〉整理与研究》，黄山书社2008年版，第72页。

② 王钦若（962—1025），字定国，今江西新余市人，北宋初期的政治家，宋真宗时期宰相。

③ 罗愿撰，萧建新、杨国宜校著：《〈新安志〉整理与研究》，黄山书社2008年版，第73页。

六十匹，绵千五百两。四州岁各遣吏来请，盖自绍兴十四年四月江东转运司始报两浙运司以应副四州之数，不知始于何年。”①

3.上贡折帛钱

“上贡折帛钱，凡绸一万六千一百九匹三丈，绢二万四千七百九十六匹，每匹各折省钱六千，绵万七千二百二十七两，每两折省钱三百，凡为钱二十五万六百一贯六百文。先是，州税绢每匹为税钱七百三十一，而预买以元丰二年敕，每匹作九百五十文。逮折帛初行，以两浙上色绸绢为估，每匹八千，而徽则减二千为六千。至绍兴十八年，江东西路例作六千，其后两浙路亦然，而徽遂不复请。乾道五年议臣奏曰：折帛之起，以浙绢定价，故每匹估价钱六千，而银则每两为价三千三百。徽州系五季重税去处，咸平著令他州绢以十二两为则，而歙州但责十两而已，从来名为下色绸绢，所以补除重税也。折帛之行，以两浙上色所估，而责徽州下色，亦同其直，失先朝补恤之意。然议者方主言郡吏折银亏直，圣上令部使者约束，而折帛之价未有申论者。”②上贡折帛折麦折斛钱、上贡茶租折帛移用买绢钱、上贡茶租折帛折斛钱，各项所起年分俱无可考。

（三）元代

元代上贡的物品主要有狸、貉皮，上贡纸、上贡帛，金、铁。

1.狸、貉皮

上贡玉面狸十头，貉皮四百六十一张。其中歙县貉皮五十七张；休宁县玉面狸三头，貉皮一百九十八张半；婺源州玉面狸五头，貉皮八十五张；祁门县貉皮五十九张；黟县玉面狸二头，貉皮六十一张；绩溪县无。

2.上贡纸

“常岁供官有赴北纸、行台纸、本道廉访司纸。其纸有三色，曰夹纸、线纸、检纸。其赴北夹纸岁三百万张。皇庆二年省札坐下金玉府料，例赴北夹纸每千张重五十斤，用白净楮一百五十斤；线纸每千张重三十二斤八两，用白净楮九十斤三两四钱八分；检纸每千张重二十斤，用净楮

① 罗愿撰，萧建新、杨国宜校著：《〈新安志〉整理与研究》，黄山书社2008年版，第71—72页。

② 罗愿撰，萧建新、杨国宜校著：《〈新安志〉整理与研究》，黄山书社2008年版，第70—71页。

五十五斤四两一钱。续降式样，夹纸每张长二尺四寸，阔二尺；线纸每张长二尺二寸，阔一尺八寸；检纸每张长二尺，阔一尺六寸半。行台纸、廉访司纸，通计岁额无虑二十万张。色样不齐，轻重不等，又有诸衙门和买纸，常课日纸或和买经文纸，动以百万计，不在常数造纸之法。”①

3. 上贡帛

至元二十一年（1284）分拨到宁国路织染局生帛机五十张，签拨人匠八百六十二户，自该年正月为始立局，岁造生帛三色，共一千六百一段。至元二十四年（1287），改造熟帛丝绸如生帛之数，共六色，四季起纳。至元二十八年（1291），添造宁国路丝绸一百五十段。

4. 金、铁

据《元史·食货志》载，徽州亦有金、铁之产。“《大清一统志》云，唐志银铅出绩溪县，府志大鄣山出，邑志云，银铅唐天宝中曾采之，其后遂绝。元之金课，实民间采办，非土产也。嘉靖府志云，金课歙县岁额一十六锭二十七两五钱四分八厘；休宁县一十一锭三十七两九钱五分；祁门县四锭三十五两九钱五分；黟县二十七两五钱；绩溪县三锭三十二两八钱二厘；婺源州一十二锭二十两五钱。至元十八年，本路有宣课提举司募人淘金，有金户。……铁课、铁炉五座在婺源州四十六七都，曰朱村、蟠坑、双桥、鱼坑、大塘。”②

（四）明代

明代上贡品主要有皮张、翎毛，上贡纸，上贡帛。

1. 皮张、翎毛

每岁捕兽户九十四户，每户办虎皮一张，杂皮九张，共皮九百四十张；捕禽户九户，每户办翎毛四千根，共三万六千根。其中歙县捕兽户四十七户，共办杂皮四百二十三张，虎皮四十七张；捕禽户五户，共办翎毛二万根。休宁县捕兽户十九户，每户办杂皮九张，虎皮一张，共皮一百九十张；捕禽户四户，每户办六梢翎毛四千根，共翎毛一万六千根。祁门县捕兽户十一户，每户办虎皮一张，杂皮九张，共皮一百一十张。

① 弘治《徽州府志》卷二。

② 道光《徽州府志》卷五之二。

黟县捕兽户十七户，每户办杂皮九张，虎皮一张，共皮一百七十张。另外，婺源县捕户岁办带毛、退毛杂软皮二百九十张。绩溪县捕户办带毛、退毛杂软皮一百七十张。以上为洪武九年（1376）郡志所载。

按正统年间续志又载，国初土贡歙县活麂五只，活兔七只，活鹁鸠一百只，带毛、退毛杂软皮一千一百九十二张，翎毛二万九千六百三十枝；休宁县活玉面狸八只，活九节狸十二只，活土獾狸一只，活鹁鸠三十只，带毛、退毛杂软皮七百三十四张，翎毛二万三百七十枝；婺源县带毛、退毛杂软皮二百九十张；祁门县活兔十三只，活玉面狸一只，活九节狸三只，香狸一只，带毛、退毛杂软皮三百三十三张；黟县活兔十一只，活玉面狸三只，九节狸二只，香狸四只，带毛、退毛杂软皮二百八十四张；绩溪县带毛退毛杂软皮一百九十张。又按《黟县志》载，正统年间，捕户耗除奉工部勘合准令野味变易价钞，送府库缴纳，皮张减数止贡带毛、退毛杂软等皮，其余五县志虽不载，要之事同一体。又查得即令各县捕户每年只各供应祭祀鹿、兔，再无野味。价钞及皮张等贡品，不知道于何年减免。

2. 上贡纸

明初歙县每月解纳榜纸四千八百张，休宁县每月解纳榜纸三千八百张，绩溪县每月解纳榜纸一千张。其余各色纸每年有用则以时估给价和买（即采办），无定额，无定色。

3. 上贡帛

自国初己亥年始，每月织造纻丝四十二匹，至洪武六年（1373）改造绸绢，每月织造绢二百九十二匹，绸二十五匹，共三百一十七匹。洪武二十二年（1389）住罢，人匠起取赴京住坐机张，房屋倒塌无存。永乐元年（1403）奉工部基字四百三十六号勘合札付，复设织染局，置立官堂作匠，官买荒丝、颜料，岁造青、红、绿三色光素串四，纻丝七百二十一匹，吐丝四十五斤一两，炼熟三十四斤八两，打成絮胎二十二条，纇丝六十七斤九两五钱。闰月加造纻丝五十九匹，絮胎二条，纇丝五斤八两五钱，以后每年额造深青、黑绿、丹矾红三色光素纻丝共七百二十四匹，深青二百四十匹，黑绿二百四十匹，丹矾红二百四十一匹，通共该荒丝颜料价银二千二百六十六两九钱七分。每闰月年加造五十九匹，三色均加，惟红多一匹，合用荒丝颜料价银坐派六县里甲办纳。歙县该丝料八百五十三斤五两九钱三分六厘七毫，休宁县该丝料一百三十三斤一十三两七钱一分六厘八毫，婺源县该丝料五百二十三斤一十三两六钱二分四厘五毫，祁门县该丝料一百九十四斤五两三钱一分二厘三毫，黟县该丝料九十七斤二两六钱五分八厘二毫，绩溪县该丝料九十五斤八钱五分九厘三毫。①

另据明《会典》载，织造所用物料槐花、栀子、乌梅，于所产令民采取，按岁进纳。衢州、金华、严州、徽州、宁国、广德六府州，槐花共五千斤，栀子共二千四百斤，乌梅共八千四百斤。

（五）清代

清代物料常额大概承明旧制，而明末所规定的不是当地出产的物品悉数删除。根据《大清会典》的规定："凡器用所需，百物之良，各有土产，直省有司岁支正赋，市自民间。"也就是说，其内府、宫中所需物料采用从民间购买的形式筹集，其每年所需要的物料俱归入丁田项下，如户部甲丁二库之银朱、腻朱、乌梅、靛花、桐油、锡六款，江南库之苎布、芽茶、黄蜡、银朱、白蜡，俱查本色物料，并铺垫银两，照旧书内刊定额征之数。但现今办解与否，并无一定，总将价垫银两照数支解布政司，如奉文采办，即动银办料解库；如奉文停办，即将价垫银两汇解户部，统于每年奏销，册内分晰登报，此符乎书序任土作贡之义，而正赋之外无所谓贡物矣。

另据民国《歙县志》载，清康熙三十八年（1699），"知县郑元绶始奉皖抚谕，办樱桃脯、橄榄脯，岁以为常，然皆非歙产，必转购于苏、扬各郡，物微而费不赀。乾隆年间，知县萨彬阿申禀罢免"。以后，各级官吏按照惯例，根据所产物产的优劣、多寡积极进贡皇室、宫廷，没有一定的定额，亦无常品，"大要惟砚与墨为最，其他则北源茶、紫霞茶、挂面、青螺、笋干、珍珠菜、黄精及螺蛳各器，且亦未能预定云。"

砚与墨，原额每年三贡：春贡、万寿贡、年贡。每贡徽墨五分，作十提；砚二分，六方者四匣，二方者二匣，共二十八方；歙县墨海二方；

① 此上材料出自弘治《徽州府志》卷二。

朱锭一匣，计六斤，作为一提；问政笋二桶，每桶二十斤。

道光元年（1821）九月，安徽抚院张为饬知事，每年部院衙门应进贡品向是歙县办理，今三节贡品现奉上谕圈改物件呈进：春贡徽墨五分改三分；万寿贡徽墨五分改三分，歙砚二分改一分；年贡徽墨五分改三分。

道光二年（1822）七月，安徽抚院孙札知，道光二年复奉朱笔再加核减：是年易春贡为端阳贡，万寿贡免，年贡照办。计减徽墨三分改一分；歙砚二分改一分；问政笋二桶改一桶。

二、徽州土贡所产生的经济与社会的影响

（一）繁杂的土贡加重了人民的负担

徽州处万山之中，除了有少量的山间小盆地之外，主要是高山、丘陵，可耕地很少。罗愿的《新安志》有很形象的描述：“新安为郡在万山间，其地险陕而不夷，其土骍刚而不化，水湍悍少潴蓄，自其郡邑固已践山为城，至于四郊都鄙则又可知也。大山之所落，深谷之所穷，民之田其间者，层累而上，指十数级不能为一亩，快牛剡耜不得旋其间，刀耕而火种之，十日不雨，则仰天而呼，一遇雨泽，山水暴出，则粪坏与禾荡然一空，盖地之勤民力者如此。”[1]地块狭小，土层瘠薄，不耐旱，亦不耐涝，虽然农人顶烈日、沐风雨，忍受蚊蝇的叮咬，虫蛭的攻毒，然而一年下来，收获甚为有限，“耕获三不赡一”，“而租挈又重，盖特起于唐末伪刺史陶雅之所增。”[2]这也是明清徽商兴起的原因之一。

据罗愿在《新安志》中所考证，歙、休宁、祁门、绩溪、黟五县，以上等田为例，“每亩税钱二百，为夏税绸四寸，绢一尺三寸，布一尺，绵三钱；见钱五十五，盐钱十二，脚钱十二，此三色杂钱者又折变为绢四尺三寸，绵四钱五分，麦一升二合；秋苗则米二斗二升，耗米四升四合，盐钱十二，义仓二升二合。”[3]婺源县税赋较低，上等田税钱每亩四十二，

① 罗愿撰，萧建新、杨国宜校著：《〈新安志〉整理与研究》，黄山书社2008年版，第62页。
② 罗愿撰，萧建新、杨国宜校著：《〈新安志〉整理与研究》，黄山书社2008年版，第62页。
③ 罗愿撰，萧建新、杨国宜校著：《〈新安志〉整理与研究》，黄山书社2008年版，第63页。

苗米四升二合。而临近的县税赋大大低于徽州六县，如浮梁县税钱自二十四至十四，苗米自五升五合至三升三合；旌德税钱自六十至四十，米自一斗八升八合至一斗四升；开化税钱自七文至四文八分，米自四升四合至三升；石埭税钱自十二至八文，米自一斗一升七合至六升五合。由上而知，徽州除婺源之外的五县所承担的税赋是临近县的数倍乃至数十倍。六县田产约为二百九十一万九千五百五十三亩，税钱十一万一千七百八贯二百三十九文。除正税之外，还有各种名目苛捐杂税，如杂钱、夏税物帛、小麦、秋税糙米、折帛钱、酒课、税课、茶课、盐课、公用。在此基础上，还要上贡各种实物，或无出产，还得到他处转买上贡，就是折算成银两，同样还是一样要缴纳，这大大增加了徽州人民的负担。

《文献通考·自叙》:"汉唐以来，任土所贡，无代无之，著之令甲，犹曰当其租入。然叔季之世，务为苛横，往往租自租，而贡自贡矣。至于珍禽奇兽，袤服异味，或荒淫之君，降旨取索，或奸谄之臣，希意创贡，往往有出于经常之外者。甚至指留宫赋，阴增民输，而命之曰羡余，以供贡奉。上下相蒙，苟悦其名，而于百姓，则重困矣。"各级承办的官吏又趁火打劫，以上贡为名，行掠夺之实。《续文献通考》载:"明初令天下贡土所有以为常额，珍奇不与焉。自中官竞尚贡献，以采办为名，而诛求发运，其弊且不可胜言矣。如银杏、核桃、绿笋、茴香、菱米、蜂蜜、铜锡、肥猪、肥鹅、肥鸡、大尾北羊、干漆之类。"

南宋高宗皇帝以自己的生辰（农历五月二十一日）作为"天申节"，要求各地进贡。徽州进奉银五百两，绢五百匹。宋代叶适在《崇国赵公行状》一文中写道:"州以天申节银绢抑配于民，民甚苦之。公始用库钱除其配。"像这种特贡历史上亦属不少。明代弘治《徽州府志·食货一》中有一段概括性的文字:"本府万山中，不可舟车，田地少，户口多，土产微，贡赋薄，以取足于目前日用观之则富郡，一遇小灾及大役则大窘，故自唐以前，贡赋率轻。下至唐末吴杨氏及南唐偏据一隅，征敛无节，甚至取砚亦有专务。宋兴未能尽革。南渡后，仰给江南诸郡，至于酒醋之榷，亦有专官专库。元赋虽不增，而额外又有金铁诸课，民不聊生。"

（二）土贡给人民的生命财产带来了威胁

为了满足土贡的需要以及各级官吏的盘剥，徽州人在采石、采金、猎虎等生产活动中，一不小心就会失去生命。如起源于唐代的歙砚，由于其良好的石质与工艺，受到喜欢舞文弄墨的皇帝的青睐而作为贡品不断进贡。宋代唐积《歙州砚谱》记载：“婺源砚，在唐开元中，猎人叶氏逐兽长城里，见叠石如城垒状，莹洁可爱，因携之归，刊粗成砚，温润大过端溪。后数世叶氏孙持以与令，令爱之，访得匠手斫为砚，由是天下始传。至南唐，元宗精意翰墨，歙守又献砚，并荐砚工李少微，国主嘉之，擢为砚官，令石工周全师之，尔后匠者增益颇多。”南唐时，元宗李璟见到龙尾歙砚大加赞赏，并专设李少微为“砚官”，命令石工周全拜其为师。从此，龙尾石的开采由官方组织，被用来专门为皇室造砚，歙砚成为御用之品。南唐后主李煜更是将龙尾旧坑砚与李廷珪墨、澄心堂纸三者并称为“天下冠”。上有好之，下必效之。宋代歙砚由于经济发展，文化繁荣，需求更为旺盛，大规模的原石开采带来的是石尽山空，且崩塌等事故接连不断。元人江光启在《送侄济州售砚序》中曰：“至元十四年辛巳，达官属婺源县令汪月山求砚，发数都夫力，石尽山颓，压死数人乃已。今之所得皆昔时椎凿之余，随湍流出数里之外者。残珪断璧，能满五寸者寡。”“旧坑在双溪时已湮，不知何年再辟。至元辛巳再湮，而石尽。时独紧坑颇有大石，今至元五年十月二十八日夜湮。六十年间，两见此事，亦可一慨！”[①]这里，江光启记载的两次事故分别发生于至元十四年（1277）和至元五年（1339）。元代之后，歙砚衰微。

罗愿在《新安志》中记载：《辨歙砚说》云“凡取石，先具牲醪祝版，择日斋戒，至山下设神位十余于坛，祝讫发之，稍亵慢，必有蜂虿虫蟒毒物伤人。盖神所惜，不欲广传人间，所得不过百十枚即竭矣。又当再祝之。前后啮死者十余人，今皆预祀享也。”[②]这段文字虽然是从祭祀的角度说的，但也反映了当时取石之不易，蜂叮虫咬，毒蛇盘踞，稍微不慎，就会命殒黄泉。

① 许承尧撰，李明回、彭超、张爱琴校点：《歙事闲谭》，黄山出版社2001年版，第461页。

② 罗愿撰，萧建新、杨国宜校著：《〈新安志〉整理与研究》，黄山书社2008年版，第332页。

同样，在江河中淘金，亦非易事。明弘治《徽州府志》载："淘金之苦，凿井取沙，箕运山积，斢以金斗，漾以金床。赤体沾濡，手足皲裂，罢其日力，幸而有得，不过星粟之微。……或闭气从潭底求之，腰石而入，畚沙以出，往往脑鼻流血，得不偿劳，盖其难且险如此。"另外，在围捕老虎等大型猛兽时，也时刻面临危险，明代徽州有捕兽户九十四户，每户须办虎皮一张，虽然见诸文字记载的猎户被虎所伤毙的较少，但现实中，这种情况一定是存在的。

(三)客观上促进了徽州工艺的发展

徽州可耕地少，特别是南宋以后，人地矛盾更为突出，除了外出经商外，如何利用有限的资源获得较大的效益是徽州先民一直思考的问题，徽州工艺就是徽州先民的智慧与勤劳的结晶，大大提高了徽州资源的附加值。徽州工艺中的歙砚、徽墨、澄心堂纸、螺蛔漆器、制茶工艺等负有盛名。

早在唐代，澄心堂纸就闻名宇内，"而纸亦有麦光、白滑、冰翼、凝霜之目，今歙县、绩溪界中有地名龙须者，纸出其间，故世号龙须纸。大抵新安之水清澈见底，利以沤楮，故纸之成，振之似玉雪者，水色所为也。其岁晏敲冰为之者，益坚韧而佳。"[①]"黟、歙间多良纸，有凝霜、澄心之号，复有长者可五十尺为一幅，盖歙民数日理其楮，然后于长船中浸之，数十夫举抄以抄之，傍一夫以鼓节之，续于大熏笼上周而焙之，不上于墙壁也，于是自首至尾匀薄如一。"[②]这两段文字不仅介绍了澄心堂纸生产的地点、品种、环境，还介绍了高超的生产工艺。但由于上贡的数量大，要求高，纸户不堪其扰，纷纷迁移，澄心堂纸遂告消亡。

宋代，徽州上贡的表纸、麦光纸、白滑冰翼纸、七色纸等每年达百万张以上。元代，常年上贡的有赴北纸、行台纸、本道廉访司纸。其中赴北夹纸每年三百万张，行台纸、廉访司纸大概要二十万张，另外还有常课日纸、经文纸等，也都以百万计。

龙尾石自唐开元年间被猎户叶氏发现后，雕琢成砚，好事者广为传

① 罗愿撰，萧建新、杨国宜校著：《〈新安志〉整理与研究》，黄山书社2008年版，第61页。

② 罗愿撰，萧建新、杨国宜校著：《〈新安志〉整理与研究》，黄山书社2008年版，第334页。

播，南唐李璟精于翰墨，歙州郡守献砚并获得嘉奖，李璟擢李少微为砚官，令石工周全拜李少微为师，潜心研究歙砚雕琢技艺。宋代是歙砚生产的黄金时期，数量大，精品多，据史书记载，歙砚品种很多，主要有眉子7种、外山罗纹13种、里山罗纹1种、金星3种、驴坑1种，此外，还有刷丝石、枣心石、小斑纹、粗罗纹、细罗纹、瓜子纹等。歙石石质优良，莹润细密，有“坚、润、柔、健、细、腻、洁、美”八德。歙砚的制作，分为选料、制坯、设计、雕刻、磨光、上光、包装等工序。歙砚雕刻浑厚朴实，美观大方，图案均匀饱满，刀法刚健。主要有浮雕、浅浮雕、半圆雕等工艺，花鸟鱼虫、山水楼台皆能刀下成趣。歙砚的造形大致可分五类：仿古式、自然式、大冠式、玉堂式、平板式。代表性的歙砚有唐代的其形砚、宋代的抄手砚、明代的蝉形歙砚、清代的乾隆御制金星歙石砚等。如明代的蝉形歙砚，构思精巧，刀法洗练，线条婉转流畅，墨池处巧作蝉首，栩栩如生，砚背处作两足，整方砚台充满意趣，雅致可爱，实为案头清玩之上品。

“墨出于歙之黄山，肇于唐末李超、廷珪父子，自南唐以来贵之。”[①]李超与廷珪父子本姓奚，奚超为河北易州著名墨工，唐末北方战乱，奚超带着儿子廷珪避乱辗转来到徽州，他们见到黄山诸峰长满高大茂密的古松，便定居下来，经营墨业。奚氏父子刻苦钻研，不断改进捣烟、和胶、配料等技法，终于制出“丰肌腻理、光泽如漆”的松烟墨，得到南唐后主李煜的赏识，封廷珪为墨务官，而且赐他们全家以“国姓”，改为姓李。自此，李墨风靡一时，誉满天下，至宋宣和年间，出现了“黄金易得，李墨难求”的盛况。墨业在徽州各地兴盛起来。“墨工惟歙最著，以流传有自也。南唐李超及其子廷珪始作，宋时潘谷继之。嘉靖后，若罗小华、程君房、方于鲁、吴去尘，皆名重一时。半螺寸铤，珍同拱璧。而国朝之贡上方，邀宸鉴，则有曹素功。此外擅名墨薮者，尤不下百数十家，胥能行世传远。”[②]康熙五十四年（1715），曹素功的孙子曹定远亦制作贡品墨，名之“天平清玩”。乾隆六年（1741），内廷造办处下文到徽州招聘墨工，当时的歙县县令赵本推荐绩溪人汪近圣应诏，上方给物

① 罗愿撰，萧建新、杨国宜校著：《〈新安志〉整理与研究》，黄山书社2008年版，第61页。

② 许承尧撰，李明回、彭超、张爱琴校点：《歙事闲谭》，黄山书社2001年版，第605页。

料，令制十匣。三年，墨乃成。自此之后，歙墨的名声更为时人所追捧。清末胡开文声名鹊起，胡开文墨业也承担了贡墨的制作，故宫中尚存一定数量的胡开文款的徽墨。

制墨的主要原料是炭黑，附料有胶、桂皮、丹参、黄连、麝香等数十味中药，金箔、银箔、珍珠粉等添加剂。古代制墨分造窑、发火、取煤、活剂、成型、入灰、出灰、试磨八道工序。历代制墨名家对于徽墨的原料、制作工艺、装潢形式等不断进行了探索，不断涌现出许多徽墨名品及制墨大家，推动了徽墨的深入发展。

“漆则诸邑皆有之，山民夜刺漆，插竹笕其中，凌晓涓滴取之，用匕刮筒中，磔磔有声，其勤至矣。”①罗愿在《新安志》中记载了山民采集生漆的过程，徽州的生漆虽然产量并不高，但质量好，徽州漆业一直到民国时期还非常兴盛，徽人在上海、苏州、杭州、宁波等地开设漆店。使用徽州土漆制作而成的徽州漆器则起源于唐代，在宋代时徽州漆器中的螺甸漆被誉为“宋嵌”，而菠萝漆在南宋曾作为贡器。明清两代漆器工艺空前发展，这时期雕漆、漆画、金漆、雕填、戗金、螺甸、百宝镶嵌等形式争奇斗艳，蔚为大观。明代徽州漆工黄成所著《髹饰录》是中国古代唯一流传至今的漆工专著。

万历《歙县志》中有一段专门的记载：“髹器，则余氏、汪氏俱精。有退光罩漆、胎锡雕红、泥金螺钿诸种，其上者欲追果园厂，而旁之窜入日本国，盖亦无所不有也。”这里不但介绍了漆器的品种，还介绍了徽州漆器的质量可追上皇城内设置的御用漆器作坊，而其产品亦远渡日本。

漆器的装饰方法，除了彩绘，还有雕、嵌、描、刻、填、堆、戗等百余种，主要有“脱胎漆”“螺甸漆”“彩漆雕填”等。脱胎漆又叫“夹纻脱胎”，是最早发展的漆器之一。它精致光滑，在漆器上画有花草，写有诗句，同时可以制作古庙中大型的脱胎佛像。螺甸漆亦称“嵌螺甸”，是指用螺壳与海贝磨制的薄片，根据画面需要而镶嵌在器物表面，形成山水、人物、花鸟、几何图形等图案。由于螺钿是一种天然之物，外观天生丽质，具有十分强烈的视觉效果。彩漆雕填即刻漆，它是在制作成功的漆器上填上彩色花纹，然后再进行极细致的雕刻，代表这类产品的有

① 罗愿撰，萧建新、杨国宜校著：《〈新安志〉整理与研究》，黄山书社2008年版，第61页。

屏风，其雕刻的景物细腻动人，具有独特的艺术风格。

漆器的主色是外墨内朱，高艳度，强对比，朴素中显现华美，典雅卓绝。漆胎主要有木胎、竹胎、皮胎等。漆器品种繁多，不但应用于装饰家具、容器、日用品、文具和艺术品，而且还应用于髹饰乐器、丧葬用具、兵器等。在国家、省、市各级博物馆中都有一定数量的徽州漆器遗存，如中国徽州文化博物馆中有一件清代“剔红山水纹”插屏，该藏品高69厘米，宽73厘米，屏心、屏框、屏座的底胎为木质，底座主要饰以卷草等花纹，整器采用浮雕技法的剔红工艺。屏心正反双面图案，山水人家、渔樵耕读、迎来送往，一派悠然安适的徽州田园生活景象。此件漆器髹漆多达200道，最厚部分达1.5厘米，完成此件精细的雕漆佳作，至少需要三年以上的时间。该藏品造型美观、高贵典雅；颜色明亮、温润自然；技法娴熟、精细入微，是徽州漆器中具有代表性的作品之一。

土贡是中国封建王朝一项较为突出的以实物形式上交朝廷或直接交给皇室的制度，虽然明代的土贡制度已较为成熟，且贡物折银也随一条鞭法的施行而得以推广，清代实行“和买”政策，朝廷的内务府也下设有“造办处”，专门召集全国的能工巧匠制作皇宫所需要的器皿及日常用品。但民间与宫廷之间艺术上的交流与互动一直没有间断。如乾隆年间，朝廷征调汪近圣进京，汪近圣派他儿子江惟高进京制墨三年，汪惟高回徽之后，名声大震。大致说来，土贡经历了一个由上贡、大臣督办、采办、造办这样一个过程。因此，历史记载中，徽州宋、元、明三代上贡的记载较为详细，而清代的记载反而减少了。即便如此，徽州土贡数量之多，品种之丰富，质量之高，传承之久远也确实让我们惊叹！如何保留、恢复与传承徽州的传统技艺是新时代的一项艰巨任务！

徽州酒文化探微

酒，是人类农耕文明发展到一定阶段的产物，有了丰余的谷物，才能酿酒。我国关于酒的起源记载中就有黄山猿猴造酒的故事，明人李日华[①]在《紫桃轩杂缀·蓬栊夜话》中记载:“黄山多猿猱，春夏采杂花果于石洼中，酝酿成酒，香气溢发，闻数百步。”徽州虽然属于山区，缺少丰足的粮食，但丝毫不影响徽州酿酒业的发展，酒文化融入社会生活的方方面面，成为徽文化的重要组成部分。

一、酒在社会经济生活中发挥着重要的作用

在农耕社会，由于粮食产量低，用于酿酒的原料短缺，因此，酒是奢侈品，一般平民平时难以享用。国家专门设立酒税，征收相关费用，它是盐税、茶税之外的一个重要的税种，为国家提供了税收来源。

关于徽州制酒及售酒的情况少有专门的著述，但在府、县志及各种杂记中还是有所涉及。如宋代罗愿撰写的《新安志》在卷二《物产》中记载:“糯有青秆、羊脂、白矮之名。白矮，酿之多得酒。……有糯粟，山中人以为酒则味涩而不清，令人善酲。”从这里可以知道，徽州可以出产用于酿酒的糯米和高粱，且原料不同，酒质也不同。

在《新安志》卷二《贡赋》一章中列有“酒课”，在各县介绍中列有“酒税”章节。“酒课，按《国朝会要》旧在城及休宁、祁门、婺源、绩溪、黟六务，酒曲岁二万九千八百七贯。熙宁十年祖额二万一千六百十

① 李日华(1565—1635),字君实,号九疑,别号竹懒,浙江嘉兴人。万历二十年(1592)进士。同年选授九江府推官职,历任海州佐贰副官、西华知县、南京礼部主事。

四贯五百五十四文，买扑一千八百六十三贯二百八十三文，而不别每务所入之数。今在城一务酒课，用绍兴二十年所收为额，计三万八百二十八贯一百八十七文。岩寺镇酒课并六县坊场五十三所，其三年各课官钱、净利钱三万六千七百六十九贯二百七文，增添三分钱七千二百三十九贯五百五十一文，课利钱五千一百八十七贯二百三十文，随界二分钱一百七十贯七十二文。”①

明代弘治《徽州府志》中载徽州府各县的酒课额度：宋朝“歙县岩寺镇酒税以绍兴十七年所收为额，酒六千六百三十六贯二百六十一文，税四千九百三十五贯三十八文，坊场二十六处。休宁县绍兴九年所收为额，一万八千二百七十四贯五百六十文。婺源县绍兴九年所收为额，一万七千五十五贯七百四文。祁门县绍兴九年所收为额，一万一千八百三十一贯六百四十七文。黟县绍兴二年所收为额，九千六百七十五贯三百三十六文。绩溪县绍兴十三年所收为额，七千四百九十三贯六百三十文。”

以上不仅介绍了徽州各县的酒税额度，还有酒坊的数量，宋代《新安志》中介绍六县酒坊有53处之多，明代弘治《徽州府志》中载歙县有酒坊26处，说明当时酒的酿造与销售在徽州是普遍存在的，且有一定的规模。

我国古代王朝对酒实行专卖制度，并进行征税。在周朝时禁酒，制酒是为祭祀、养老、奉宾之用。春秋战国时期多不禁酒，对酒的产销采取放任态度。秦国自孝公六年（公元前356）商鞅变法后，对酒实行重税政策，“令十倍其朴”，寓禁于征。秦至汉初，灾荒战乱频仍，因此禁止民间以谷酿酒，对饮酒者亦重价重税。汉文帝景帝时期，农业恢复，酒禁始弛。武帝时，对外用兵，府库空虚，于天汉三年（公元前98）“初榷酒酤”，对酒实行由国家垄断生产和销售的制度。昭帝始元六年（公元前81），宣布撤销酒专卖，由民间酿造，征酒税每升四钱。王莽时，又实行官酿官销，不久即废。魏晋南北朝时期，除北齐、北周行专卖外，多实行征税制。隋开皇三年（583）至唐代宗前，一百余年酒无税。唐朝后期，时而征税，时而专卖，交相为用。宋朝榷酤，其法因地而异。元朝前期行专卖，后改为征税。明朝征酒税，收入贮于州县备用。清初禁酒，后期征酒税，收入留归地方财政。“杂钱凡三色，皆起于五代割据时。称盐钱者，

① 罗愿撰，萧建新、杨国宜校著：《〈新安志〉整理与研究》，黄山书社2008年版，第73页。

官据口给食盐而敛其直；称曲钱者，给民曲使得酿酒而归其曲之直于官；称脚钱者，每贯出钱五十以备解发。”[①]说明当时政府主要是通过对酒曲的控制来征收酒税，酒税是仅次于盐税与茶税的一个重要税种，是政府收入的来源之一。

二、酒是礼仪、祭祀中的必不可少的佳品

酒在古代是奢侈品，也是助兴之物，在重大礼仪活动中必不可少。无论是在祭祀土地、神明，还是列祖列宗，乃至人生的婚嫁丧娶等过程中，无不与酒有着不解之缘。

宋代罗愿著的《新安志》中记载："有交秋糯，七月熟，米亦好，酿之可以及社节，然无丛箭，其粒赤而长，故又名金钗糯。"这里的"社节"是指祭祀土地神的传统节日。我国古代有奉土祭社的礼俗，因为土地载万物，又生养万物，长五谷以养育百姓，所以中国人历来尊天而亲地，奉祀土地。过去徽州各地大小村落在水口上大都建有土地庙，祭祀土地神。土地神源于古代的"社神"，是管理一小块地面的神。《公羊传》注曰："社者，土地之主也。"汉应劭《风俗通义·祀典》引《孝经》曰："社者，土地之主，土地广博，不可遍敬，故封土以为社而祀之，报功也。"清翟灏《通惜编·神鬼》："今凡社神，俱呼土地。"社节，分春社和秋社，在立春、立秋后的第五个戌日举行。春社接神，秋社送神。祭社之前，各家交一斤糯米用以酿酒和蒸饭。是日晨，由师公挨家挨户求福，早饭后，大家齐聚社坪、社庙，杀猪蒸饭，烧香化纸，祭拜社神，祈佑风调雨顺，五谷丰登，六畜兴旺。祭毕，与土地神共餐同饮。

徽州历来重视尊祖敬宗，建祠堂，修族谱，凡遇春节、清明、端午、中元、中秋、冬至等重大节庆日，均举行祭祖仪式，其中以农历腊月祭最为隆重。腊月祭在二十四日至二十八日进行。开祭之日，宗祠第一进厅设香案一座。过第一进天井两廊有乐队，演奏笙、箫、笛、唢呐、鼓、锣等乐器。另有三眼铳数支用于鸣礼。天井当中陈放两个牺牲架，架上摆着宰杀后洗得干干净净的整猪和整羊各一只。中进大堂为祭祀的主要

① 罗愿撰，萧建新、杨国宜校著：《〈新安志〉整理与研究》，黄山书社2008年版，第65页。

场所，摆三组供桌，陈设鹅、鲤鱼、猪头，合称“三牲”，配有爵，筷子，另供碗64只，内装菜肴瓜果等供品。中间一组供桌前设香案，焚檀香末或柏枝末，炉内香烟缭绕，堂上香气袭人。主祭人由德高望重者担任，陪祭2人，执事10人分别承担司樽、司盥、司帛、司祀。开祭前，鸣锣或放铳三声召集族人进祠。祭祀开始，放铳、鸣炮、奏乐，陪祭人引主祭人执事享堂启龛。启龛毕，主祭人站香案前，行三献礼，一献酒，全体人员三跪九叩，司樽取供桌上所陈之爵举过头顶三次交给另一司樽放回原处，再次三跪九叩，陪祭人引主祭人至下堂香案前叩首，西下东上，缓步徐行；二献馔，礼仪如前；献馔毕，读祭文；祭文毕，三献帛，礼仪如初，献后在香炉内烧化。主祭人再将供桌上的酒泼洒在香案前地上。最后按先前仪式上享堂关闭龛门。凡本族裔孙除女性外都要参加腊祭，依辈分大小顺序站在祭堂前。后进享堂祭祀时开启龛门，让祖宗们出来享受后辈的供品。祭礼毕，族丁领取一份族胙，或肉鱼或麻饼，各族不一。富足的大族还要聚餐，饮胙酒、吃胙肉。除了在祠堂集中祭祀外，还在家中于除夕之夜张挂祖容像，在祖容前摆上酒菜，焚香祭拜。

洞房花烛夜，要行拜堂礼。拜堂时，由赞礼人和利市人齐声和唱交拜词：“一拜天地，二拜高堂，夫妻相拜，子孙满堂。”三拜礼毕，由赞礼人和利市人共擎红绳联着的锡酒杯，要新郎、新娘碰头喝交杯酒，即行“合卺”之仪。喝了交杯酒后，将新郎、新娘送入洞房。结婚喜宴，母舅首席首位；送嫁酒，新娘首席首位；接新客（请新女婿），新郎首席首位。开席、散席以三声爆竹为信号。开宴由主人祝词、敬酒，之后主宾互敬。行宴中，主人按席依次敬酒。端杯敬酒，碰杯须干，不干不落杯。

在徽州建房也是一件大事，由于徽州房屋为土木结构，先架梁，后封墙，其中的一个重要环节就是吊梁上架。上梁时燃烛点香，爆竹齐鸣，慢慢吊梁上架，木匠师傅站在梁上，边撒彩纸，边祝踏梁赞：“一把利市满天开，拜请鲁班下凡来。东家挑选吉庚日，起造万载大楼台。今年起造尚书府，明年造起状元坊。四面八方都造起，东家贤名天下扬。”接着，木匠师傅洒酒于梁，又赞：“手拿东家一壶酒，千两黄金做新屋。梁上金丝宝盖，梁下荷花莲蓬。壶里装的什么酒？接八仙酿的状元红。拿来何用？敬梁成功。一敬梁头，代代封侯。二敬梁尾，东家富贵。三敬梁中，代代英雄。”紧接着，还有撒五谷，说些吉利语。如木匠师傅敬酒的赞词：“东家敬我一杯酒，荣华富贵代代有。酒敬天，玉皇大帝八大仙。酒敬地，地下龙神来助力。酒敬梁东出富贵，酒敬梁西出状元，酒敬梁中代代子孙在朝中。”

此外，如金榜题名时，四方亲朋、绅士、乡宦皆要送礼庆贺，锣鼓喧天，举行酒宴，欢聚一堂。还有孩童出生的满月酒，老人做寿的寿星酒，学艺的拜师酒、谢师酒等，不一而足。在民间有着丰富的酒礼酒节，具有一定的文化内涵。

三、酒在文人交游中发挥着媒介作用

唐睿宗景云年间，歙州隐士许宣平，隐居于歙城南门外的城阳山南坞（今紫阳山）。许宣平有时担着薪柴到歙城去卖，担上挂着一个酒葫芦和一根竹杖。卖掉薪柴得了钱就买酒喝，自得其乐。他常济人于危难之时，救人于病痛之中，因此百姓都很敬重他。许宣平虽才华横溢，然不愿入仕，只以饮酒赋诗以自娱，有诗曰：

负薪朝出卖，沽酒日西归。借问家何处，穿云入翠微。

又诗曰：

隐居三十载，筑室南山巅。静夜玩明月，闲朝饮碧泉。
樵夫歌垄上，谷鸟戏岩前。乐矣不知老，都忘甲子年。

他的诗得到了当时人的追捧，被人们四处传抄，有好事者将它题在了洛阳同华传舍的墙壁上。天宝年间，诗仙李白不侍权贵，从长安东游，经过洛阳的同华传舍时，读到了隐士许宣平的这首田园诗，被诗中描绘的洒脱、野逸的情怀所吸引，李白咏之，赞叹不已，叹道：“这真是仙人作的诗啊！”于是萌生了拜访作者的强烈愿望，希望能与这位隐士畅抒胸臆，吟诗互答，一醉方休。李白经过打听，得知作诗的人是歙州人士许宣平，遂在游历江南时，来歙州寻访许宣平。

李白一路风尘，一路诗行，兴致勃勃地从宣州到了歙州。询得许宣平的住处后，便来到城南门外的练江边，等候渡船，远远见一老艄公撑一小舟而来，李白上前作揖，问道："可知许公家住何处？"老翁手捋长须，答道："门前一杆竹，便是许公家！"说罢，飘然而去。

李白登上城阳山，寻至许宣平的庵舍，却不见许宣平，方才想起刚才老翁的话，知道已与许宣平擦肩而过。李白怅然若失，在许宣平的庵壁上题诗一首：

我吟传舍诗，来访真人居。烟岭迷高迹，云林隔太虚。
窥庭但萧瑟，倚仗空踌躇，应化辽天鹤，归当千岁余。

李白与许宣平终未能一见，"不见同怀人，对之空叹息"。李白非常沮丧地来到披云峰下的酒楼，但美酒入喉后，面对新安大好山水，又诗兴大发，一连吟出了数首优美的诗篇，"槛外一条溪，几回流岁月"，"人行明镜中，鸟度屏风里"等传为千古名句。

歙县古村沙溪产美酒，明万历四十七年（1619）进士，浙江建德人戴东旻，于泰昌元年（1620）任歙县县令，他在游历沙溪时作有一首诗，对沙溪美景及沙溪美酒极尽赞美之词：

沙溪胜境自天然，况复仙家有醴泉。夹岸夭桃含晓露，两桥跣柳锁晴烟。
人浮竹筏鱼依藤，水涨河干草没川。到此低徊不忍去，好沽村酒共流连。

在古代典籍中也有关于酒的一些零星记载，如许承尧在《歙事闲谭》中收录了一篇《歙风俗礼教考》中记载："重九俗尚登高，载酒携肴，旅饮于野，亦避灾意也。"新安画家方西畴在《新安竹枝词》中叙述："烟村数里有人家，溪转峰回一径斜。结伴携钱沽夹酒，洪梁水口看昙花。"说明酒在文人集会、交游中发挥着重要的媒介作用。一些拼搏于商场、仕途的徽州人，退居故里后，也是以诗酒自娱，如歙县江村人江敢，字旭东，号橙里，一号砚农，两淮大盐商江春的堂弟，"性好学，气度渊雅。所居紫玲珑阁，名流萃聚，诗酒盘桓。词学跻宋人阃域，与鹤亭方伯同为物望所归。”[①]歙县竦塘人黄玄赐早年经商于齐鲁，以义取财，善于抓住商机致数万金，“晚年优游林下，诗酒自娱。以寿考终，年七十三。”[②]婺源诗人施德栾，字兰皋，在杭州经商三十余年，务多有成。“劳暇则寄情诗酒，著《北山诗稿》，为袁太史所赏，采入《同人集》。”[③]宋代《新安志》记载，苏澈任绩溪县令时，“与民相从为社，民甚乐之”。南宋诗人范成大于绍兴二十四年（1154）考中进士，来徽州任司户参军，在徽州逗留了六七年之久，与徽州结下了深厚的感情，他在离别之时，写下了一首《浣溪沙·新安驿上留别》：“送尽残春更出游，风前踪迹似沙鸥。浅斟低唱小淹留。月见西楼清夜醉，雨添南浦绿波愁。有人无计恋行舟。”酒伴随着诗人的游宦人生，游乐也罢，离别也罢，少不了此杯中之尤物。

四、酒文化在徽州有着丰富的历史遗存

据宋代《新安志》记载，徽州府设有公使酒库，并设酒税一员。1959年，屯溪西郊在修建民用机场时，发掘出土了一批青铜器，除食器、水器、乐器外，还有酒器，如尊3件，其中一件为圆底圈足，颈较长；一件为平底圈足，腹饰夔纹。卣2件，全称为西周蟠虺纹提梁铜卣，高34.5厘米，口径12.5厘米至18.1厘米，卣体横截面作椭圆形，花苞状盖纽，提梁两端作兽首。这件卣纹饰特别精美，盖和腹部的回顾式大凤纹羽冠逶迤交缠，华美异常，范铸技术也十分精湛，是西周卣中难得的精品。说明早在西周时期，徽州不但青铜铸造工艺十分先进，而且酒文化内涵亦十分丰富。

1976年11月，歙县璜蔚天堂村村民发现了建于元天历三年（1330）的一座元代古墓，出土了遗存碑记1方，祭堂画像石10方。碑记题名为《武功万六承事太君胡氏生茔》，镌苏氏迁居家史、山村风光、预建生茔

① 许承尧撰，李明回、彭超、张爱琴校点：《歙事闲谭》，黄山书社2001年版，第619页。

② 歙县《竦塘黄氏宗谱》卷五。

③ 光绪《婺源县志》卷二十九。

家事；画像石主要内容有“福禄贵封侯”“初登第”“得意回”“题都城南庄诗画”“清明诗画”和花草瑞兽等，构图严谨，人物众多，内涵丰富，是元代社会生活的侧面写照。其中一块画像石上刻有“酒魁”字样以及唐代诗人杜牧的《清明》诗：“清明时节雨纷纷，路上行人欲断魂。借问酒家何处有，牧童遥指杏花村。”该套碑刻现存歙县博物馆。

歙北沙溪是久负盛名的徽州古村落之一，距县城三公里。原居民姓凌，始祖凌安在唐高宗显庆二年（657）任歙州判时，故于任上，其妻、子移居沙溪，繁衍成族。沙溪村地理优越，景色优美，发源于黄山及其余脉的富资河与白沙河在这里交汇，山川河流，平原阡陌。丰富的水源与平坦肥沃的土地提供了水稻种植的优良条件，沙溪盛产稻米，又为酿酒提供了原料。沙溪得天独厚，是酿酒之村，为徽州古酒的发源地之一。据史料记载，唐代乾符年间，沙溪就酿有“洞宾春酒”并进献皇上，因酒质优良而得到皇帝的恩赐。现沙溪遗留有古井一口，基座铸蟠龙图饰。井台以三巨石拼就，雕二龙戏珠图案，上有明万历癸丑（1613）年置的一铁井栏，井圈为生铁铸成，外呈八边形，高56厘米，口径56.5厘米，井栏上铸有凌子俭[1]所撰的铭文，全文如下：

重修仙井新置铁栏记

唐僖宗时，有凌荣禄公者遇异人，待之甚恭，久而弗倦。异人乃指地凿井曰：“汲此水造酒，酒当自佳！”已而，果然，幕炙皆献天子之义，进酒于上，上喜赐金帛而归。公不自私，为一方建社坛，名曰皇富，至今存焉，昭其宠也。宋元以来，井上有亭、有祠，期颐之老皆闻而未见，则湮没久矣。迩来邑侯张公寓目于此，惜其浊秽，慨然有修治之志，适征入名部。遇俭于长安邸中，曰：“仙井，非宅中物乎？奈何八百年仙迹而令泯灭，不表彰乎？且是而祖故实也，谁任其责？”俭闻而愧，汗沾背，拱而对曰：“是俭素志也，其何敢虚！”大君子之命，归即倡族人辟地而更新之。用铁栏者，异存仙迹于不朽也。

岁万历癸丑七月朔日

① 凌子俭，字仲广，号素庵，歙县沙溪人。明万历十六年（1588）举人。万历三十三年（1605），署江宁府高淳县教谕，后擢云南曲靖知府。

传说，这位“异人”就是云游四方的唐代进士吕洞宾。吕洞宾指点迷津，授以丹药，加之水质清冽，沙溪村人凌荣禄酿造出了优质的米酒。凌荣禄将酒献于皇室，并得到了赏赐。井旁建有洞宾祠，祠内现存有“吕洞宾踏剑渡海图”石刻及“唐朝凌荣禄公造酒遇仙之处。楚黄放臣张涛寓目识”等石刻遗迹。古井旁原有“一粒千年泽，两溪百代光”的石刻对联，及凌守贞撰的“天井长流千古泽，金丹施布两溪春”楹联墨迹等，惜现已大半湮没。自此，沙溪米酒名扬天下，沙溪因酒而闻名，文人骚客纷纷慕名而来，留下了许多著名的诗篇。

元代末年休宁人吴讷在其《克复昱岭关寄友》诗中有“沙溪美酒甜如蜜，醉卧花荫听鸟啼”的赞誉。明代张涛[①]在“沙溪八景诗”之一的《文台秋月》诗中写道：“十分秋色到文台，万里无云月殿开。但觉天香生桂树，不知清露湿莓苔。酒星从此飞觞去，仙子应教窃药来。登眺夜阑风瑟瑟，水光松影几徘徊。”清代李空同更是以一句“沙溪酒熟儿孙笑”，直接表达了对沙溪美酒的喜爱之情。由此可见，沙溪美酒自唐至清，一直受到人们的推崇，可谓历史悠久，美名远扬。

安徽省博物馆藏有《酒仙谱》古籍一册，为明人许茂仙编绘，黄应坤刻，明万历歙西唐模酣酣斋刻本，线装，版框长15.2厘米，宽8.1厘米。扉页前有许承尧的题跋，内容为：“茂先，不知何人？要为同里同族酒，人风趣可爱，甚矣。图绘，精工与明刻书中图画作法同，题字亦旧，疑出自晚明或清初人手。一文钱云：当为酒牌之标识，或与其时纸牌之戏有关也。辛巳许芚”。笔者尚收藏有一册延古楼刊刻的《千家诗》，上载有“汪南溟（汪道昆）骰酒佐并古今奇巧令”。至于徽州明清时期民间的日用酒器、酒具遗存则品种多、数量大。

以上这些文献记载、历史遗存以及出土的酒器、石刻等，都从一定程度上反映了当时的社会现状，说明酒文化在徽州源远流长，是徽文化的重要组成部分，具有一定的历史地位与作用。

① 张涛（1554—1618），字元裕，湖北黄陂人。明万历丙戌（1586）进士。张涛于明万历三十二年（1604）至万历三十七年（1669）任歙县知县，颇多政绩，开仓赈济，筑堤缮城，修紫阳书院、孝子祠、尚贤祠等，与文人学士相交游，万历三十六年（1608），聘邑人谢陛首纂《歙志》。

第四辑

徽州人物

“明嘉靖三十六年汪一中木刻圣旨匾”考

近期，在友人处发现一块落款为明代嘉靖三十六年（1557）五月十二日，表彰歙县潜口人汪一中的木刻圣旨（诰命）匾，该匾长187厘米，宽59厘米，厚2.5厘米，材质为徽州常见的杉木。雕刻文字字体为楷书，馆阁体，双钩，黑底，填金漆。经过几百年的风霜，底漆大部分剥落，除起首的“奉天承运，皇帝制曰”八字被锯掉外，其余文字内容清晰可辨。据说，该木匾被农民用作猪栏门，我听了唏嘘不已，五味杂陈。

圣旨（诰命）全文如下：

□□□□□□□□（奉天承运，皇帝制曰），昔哲王御世，曷尝□□□利哉。我国家定鼎□（幽）燕，□可以济漕运、溉民田者，咸隶都水一司，选用亦云重矣。尔工部都水清吏司署郎中事员外郎汪一中，擢自贤科，试用辄效，既掌司事，乃能夙夜惟寅，决排修筑，各因地宜其效。至于四隩咸宅，万艘连上，无冲决垫溺之忧，尔多有劳焉。兹以考绩授尔阶为奉直大夫，锡之诰命，于戏！水利之废多起因循，固有浚于昔而淤于今，亦有决于昔而治于今者，要在治之于早，则事半而功倍耳。尔尚无弃旧劳朕，将稽尔功绪以制爵赏，钦哉！

制曰：人臣在位，有羔羊素丝之节，夷考其私，亦必有鸡鸣儆戒之贤，夫妇之相成，盖自古记之矣。尔工部都水清吏司署郎中事员外郎汪一中妻封孺人。程氏夙闲，内则克相其夫，婉慧而约之以顺正，富贵而勖之以俭勤，夫之贤声日新，尔盖有助焉，兹再封尔为宜人，向克钦承，无忝休烈。

制诰

嘉靖三十六年五月十二日

诰，为古代帝王任命或封赠的文书。据载，从宋代开始，凡文武官员的迁改职秩、追赠大臣、贬罚有罪、封赠其祖父妻室，都用诰命。对一品至五品的官员颁发的文书称“诰”，六品至九品称“敕”。汪一中，忠于职守，表现优秀，因而被授予“奉直大夫”的官阶，“奉直大夫”在当时为从五品，夫贵妻荣，“宜人”也为五品，因此适用于“诰命”。

封赠官员一般先由吏部和兵部提准被封赠人的姓名、职务，而后由翰林院依式撰拟文字。届封典时，中书科缮写，经内阁诰敕房核对无误后，加盖御宝颁发。诰命发放的对象不同，称呼也不同。如五品官员本身受封称为“诰授”，封其曾祖父母、祖父母、父母及妻，生者称“诰封”，死者称“诰赠”。本“诰命”颁发到汪一中手上时，家族感到无上荣光，宝而藏之，并摹刻上板，髹漆填金，悬挂于宗祠之中，以激励族人。

一、人物简介

据清乾隆五十二年（1787）编修的《汪氏通宗世谱》载，汪一中（1515—1561），系唐越国公汪华八十一世孙，歙西潜口人，属建公派，为延芳公支下六十六世汪叔敖迁潜口下市而繁衍成族。汪一中曾祖隆盛，祖福琛，父文显，生三子，一贯、一中、一诚。汪一中，字正叔，号南华，娶妻程氏，生四子，居敬、居功、居业、居朝。汪一中少读诗书，勤奋有为，在乡试及会试中均名列前茅。据嘉靖二十三年（1544）的《进士登科录》载，汪一中于嘉靖十六年（1537）丁酉顺天府乡试名列第十六名，嘉靖二十三年（1544）会试第十七名，荣登进士榜，从此步入仕途，且由于勤于政事而受到皇帝的表彰，本诰命有“擢自贤科，试用辄效”的赞誉。

明万历《歙志·传卷四》中对汪一中的宦绩有较为详细的介绍：“汪一中，字正叔。授开封司理，善发奸，考验平亭，升刑部主事。时芦沟堤决，功费巨万不就，一中以能改都水郎，往治有功。会暴水至，迻溺，以救免。寻治通州漕河，作《水部志》。擢江西副使，大盗猝起，一中毅然摄兵前，鼓将王应鹏力战，师寡，俱死贼中。”

以上这段文字主要介绍了汪一中的任职履历及业绩，从以上简介可以得知，汪一中的主要为官经历有三个时期：一是任开封司理；二是任工部都水郎，治水芦沟及通州漕河；三是任江西副使，战死沙场。汪一中为官勤勉，公正无私，因而多次得到嘉靖皇帝的褒奖，屡有升迁。

二、任职开封

开封简称汴，古称东京、汴京，位于黄河中下游平原东部，地处河南省中东部。夏朝，战国时期的魏，五代时期的后梁、后晋、后汉、后周，北宋和金相继在此定都，素有“八朝古都”之称。特别是北宋时期，开封人口过百万，经济繁荣，风光旖旎，城郭气势恢宏，不仅是全国政治、经济、文化的中心，还是当时世界上最繁华的大都市之一。“八荒争凑，万国咸通”为当时开封的真实写照，北宋画家张择端的《清明上河图》长卷，就是描绘了清明时节北宋京城汴梁（开封）及汴河两岸繁华热闹的街市以及周边优美的自然风光。

明初，朱元璋曾有意定都汴梁，洪武元年（1368）四月朱元璋来到汴梁考察，改汴梁路为北京开封府，洪武十二年（1379），罢北京称号，封第五子朱橚就藩开封，称周王。开封府是河南承宣布政使司的治所，开封成为中原第一都会，开封城也是仅次于北京和南京的国际性大都市。

汪一中于明嘉靖二十三年（1544）中进士后，被派往开封府任司理，即司理参军，掌管诉讼与案件审判，可见嘉靖皇帝对汪一中的信任。汪一中任职期间，善于发现奸佞，审理案件讲求证据，条理清晰，事实清楚，使奸人得除，冤案平定，受到上下的肯定。

由明代汪道昆、汪道晖编纂，万历甲午年（1594）刊行的《灵山院汪氏十六族谱》中收录了两道敕命，时间为嘉靖二十八年（1549）正月二十二日，内容为表彰汪一中任职开封府“茂著矜详，书美惟良”，而授予“文林郎”的官阶。其妻程氏“懿质夙成，徽音克嗣，相夫懋绩，无愧官箴”，而封为“孺人”。兹录如下：

敕封河南开封府推官汪一中文林郎敕

嘉靖二十八年正月二十二日

皇帝敕曰：朕念海内郡国，政刑多舛，丕菽未明，爰慎择吉人，俾二长吏稽经宪古，期应简孚厥任，盖亦重矣。尔河南开封府推官汪一中，以艺文奋登甲第，既司郡理，茂著矜详，书美惟良，尔殆无愧矣。兹以最课来闻，朕心良慰，用特授尔阶文林郎，锡之敕命！尔尚祇弘丕训益懋操修国，有崇阶不尔吝也，钦哉。

敕封河南开封府推官汪一中妻程氏孺人敕

敕曰：朕诵二南之诗，见大夫劳于王事，而劝之以正，勉之以义，皆室家也。然则内助之良，其可泯哉！尔河南开封府推官汪一中妻程氏，懿质夙成，徽音克嗣，相夫懋绩，无愧官箴。兹特封为孺人，茂膺纶綍之荣，益励蘋蘩之职。

上诉敕命中，汪一中为推官，推官位次于判官、掌书记，掌管诉讼等，为地方的司法官，与宋代的司理参军为同一职务，明代俗称推官为“司理”。文林郎虽是散官（有官名而无职事），但为正七品文官的待遇。其后汪一中“善发奸，考验平亭，升刑部主事”。

三、治水永定河、通惠河

永定河，北京地区最大河流，隋代称桑干河，金代称芦沟。永定河上游有两大支流，南为桑干河，发源于山西省宁武县管涔山；北为洋河，发源于内蒙古兴和县，汇合于河北省怀来县夹河村，开始称永定河。河流上游处于太行山、阴山、燕山余脉、内蒙古黄土高原地区，有八大产沙区。金元以后，由于过度开发，森林覆盖率降低，水土流失严重，且该地区冬春季节干旱，夏季多暴雨，洪水携带着泥沙滚滚而下，进入京津平原后水流相对平缓，泥沙大量沉积，日久形成地上河。河床经常变动，善淤、善决、善徙的特征与黄河相似，故有“小黄河”“浑河”之称，因迁徙无常，又称无定河。清康熙三十七年（1698）大规模整修平原地区的河道后，改称永定河。

据史料统计，明代永定河发生决溢水灾达27次。因此为保障京都的安全，工部派员董理其事，采用疏浚、筑堤等方式进行治理。汪一中在永定河堤坝决口，“功费巨万不就”的情况下，任命于危难之间，由刑部主事改任都水郎。汪一中到任后，审时度势，因地制宜，颇见成效。当大暴雨来临之时，汪一中仍在河堤上巡查，不幸跌倒而溺水，幸好被随从及百姓救起而免于难。

通惠河位于京城的东部，是元代由郭守敬主持挖建的漕运河道。通惠河开挖后，漕运船可达积水潭，因此积水潭成为大运河的终点。商船聚集，千帆竞泊，热闹繁华。在元朝中后期，每年最高有二三百万石粮食从南方经通惠河运至大都（今北京）。元末明初，由于战乱和山洪的原因，河道淤塞，从万宁桥到崇文门外的河道已不便漕运，漕运只能到达东便门外的大通桥下。明嘉靖七年（1528），因皇家坛庙建设的需要，在巡仓御史吴仲的主持下，又一次疏通通惠河，其运输能力大增，一年从南方运粮可达四五百万担。

据《通惠河志》记载，汪一中于明嘉靖三十四年（1555）任职都水清吏司郎中。都水清吏司隶属工部，主要管理河道，设郎中五员，其中一员管理沙河至仪真河道；一员管理静海至济宁河道；一员督理通惠闸河并天津河道；一员管徐淮河道。

当时通州设有工部衙门二，其一曰厂，乃营缮分司，专以督修大运仓庾，以储军饷。其一为都水分司，明嘉靖七年（1528）为修通惠河而设，置郎中一员，主管其事，三年一轮换，其职责主要是管理通惠河，兼管天津一带的漕运河道，凡闸坝修理、启闭，堤岸的培护，水道的疏浚等涉及河道的事项都是其日常工作的范围，主要为漕运服务。有关情况汪一中在《通惠河志叙》中有较为详细的介绍，兹录如下：

通惠河志叙

奉议大夫水部郎中新安汪一中撰

通惠河在都城之东鄙，虽导北来诸水之故流，而实宿昔未创之弘业也。其在先朝，诸臣南北河洪经略之迹亦已详矣，而都城直达，坐省巨费之策何其寥寥而不讲乎？嘉靖初，我皇上赫然中兴，议礼制度，诸物咸备，旷代经济之略尤所留心。乃有宪臣上疏言其事，辅臣赞其议，于是上命部臣以董其役。因寻元人故迹以凿以疏，导神山、马眼二泉，决榆、沙二河之脉，会一亩诸泉，汇而为七里泺，东贯都城。由大通桥下直至通州高丽庄，与白河通，凡一百六十四里，为闸一十有四，不数月而工告成。至今舟楫通利，直达京城。都人免陆挽之劳，岁省浮费不下四十余万，所以为公家利不小矣。嗟乎，创制立法，古今所难，矧兹沙、榆诸河，源各有自，人见环出都城，水势旋绕，往往归之形胜固也。抑岂知天地所设，又将为当代漕运计耶。是故疏川洒泽，神禹之烈也，圣主以之为能成天地之功，引渠通漕，李守、郑农之业也，诸臣以之不谓能兴当世之利哉，顾河渠形势高下冲击为患，随时筑浚，防守之功不无赖于后日，置敕使以司之斯亦重矣。一中不类，代匮守职曾不半岁，漕政何裨，继兹邵君，本以宏才殚心政业，诚足以仰答明命，称掌漕之。寄公暇，出旧图编，复加考订，庶轩辅所过，洞见源委，凡所倡议，使后之掌漕之使，奉而行之。考所未闻，则振修废事。弘保漕渠，虽曰在人，其端岂不自兹乎？

嘉靖戊午之岁秋七月望日

汪一中在文中介绍了通惠河治理的情况，采用开挖、疏浚、筑堤、修闸等方式，《漕运通志》云："百四十余年，中间水溢则泄之，岸崩则塞之，淤则疏之，浅则导之。随时酌处，存乎人焉耳。"治理总长160里，使漕运舟楫直达京城，每年节省运费不下40余万。"既掌司事，乃能夙夜惟寅，决排修筑，各因地宜其效。至于四隩咸宅，万艘连上，无冲决垫溺之忧，尔多有劳焉。"

汪一中言行敬谨，持心清正，通过疏通水道、排除积水与加筑堤防，使洪水得以控制，使人民得以免于水患之忧，便漕运得以顺利到达京都。因此嘉靖帝下旨表彰，明嘉靖三十六年（1557）十月，工部郎中汪一中升一级。

四、死节江西

由于汪一中治水有功，明嘉靖三十七年（1558）十一月，嘉靖帝任命汪一中为江西按察司副使。按察司副使，为明初所设按察司的副长官，正四品，洪武十四年（1381）改为从四品，其职掌巡察兵备、学政、海防、清军、监军等事务。

明嘉靖四十年（1561），闽粤赣等地爆发流民起义，三月初三日，广东黄启荐率领惠、潮山民数千，攻打海丰、碣石、归善等县，破甲子门巡检司，杀死官军百户魏祚。四月十一日，南赣叶槐、岑冈李文彪各率众万余人，分别围攻安远县和龙南县。闰五月二十六日，江西流民起义，攻泰和县，大败官军，杀死官军清军副使汪一中、指挥王应鹏、千户唐鼎等。《明史》对这一段历史有较为详细的描述："四十年，邻境贼入寇，薄泰和。一中方宴，会闻之，投箸起曰：'贼鼓行而西，掩我不备，不早计，民无噍类，此岂饮酒时乎！'……当路遂以讨贼属之。先是，泰和巡检刘茂力战死，贼怒磔其尸。一中至，率诸将吏祭曰：'尔职抱关，犹死疆事。吾待罪方面，不灭贼，何以生为！'遂誓师，列阵而鼓之，俘五人，斩首以徇。旦日，阵如前，会左右遇贼而奔，贼悉赴中军，中军溃。一中跃马当贼锋，射二人，刃一人死，一中脰胁中枪二，臂中刃三，与指挥王应鹏、千户唐鼎皆死之。"①

且不论流民起义的是非功过，对于汪一中来说，是死于职守。因此，汪一中死后"赠光禄卿，谥忠愍"②，封荫长子居敬为锦衣卫百户，正六品，表彰其在危难之时，挺身而出，杀身报国。汪一中墓在歙县茆田铺（今岩寺镇茆田村），汪忠愍祠在歙县城东，嘉靖辛酉（1561）敕建。汪一中妻程氏殉夫而亡，先投井被救，后绝食而亡。汪道昆作的《七烈传》中详记其事。

五、诗集简介

汪一中除著有《水部志》外，还有诗集《南华山房集》，明代为稿本，刊行于清康熙三十六年（1697）。康熙间，诏修省志，采录《南华山房

①《明史》卷三百七十七。

②《明史》卷三百七十七。

集》，其后裔汪栗亭[①]尚保存有汪一中的旧稿，继而在友人处再获遗诗一册，经裔孙汪骥、汪驷等抄校合行刊印行世。据黄仁生先生考证，目前，国内图书馆等各大机构已无留存，仅见日本东京大学东洋文化研究所有藏。该书共二册，四周单边，版心上黑口，下白口，单黑鱼尾。每半页10行，每行19字。中缝印有“南华先生遗诗抄”及“虚白堂”字样。所录诗作按五言、七言，律诗、绝句依次排列，共46页。卷首有二序，分别为丁廷楗[②]于康熙丙子（1696）夏六月所作的《汪忠愍公遗诗钞序》，王曰曾[③]于康熙丁丑年（1697）孟秋所作的《汪忠愍公诗序》。书末有二跋，一为汪士鋐于康熙丙子（1696）作，其在文中称，忠愍公“喜吟咏，与山东李公于麟、伯承（李先芳），吴兴徐公子与，姑苏王公元美，番禺梁公公实，广陵宗公子相，瑞州况公吉夫，汉江高公伯宗（高岱），咸以文章自命相唱和。公诗一出，诸公咸俯首下之”。一为裔孙汪驷于康熙丁丑年（1697）九月所撰，其叙述：“本朝庚申之夏，奉旨纂修《会典》，檄取先忠愍公掌都水司所著《水部志》；又诏修省志，采录先忠愍《南华集》，购觅久之，乃获于叔氏藏弁中，缮写以献。”

《南华山房集》，现尚无法得读，但在《御选明诗》卷二十八中录有一首汪一中的七言诗《送吴舍人还楚》：“百年心事独依依，千里思家愿不违。燕塞夕阳孤雁渡，荆门秋雨一帆归。曲终江上人何处，云散荒台梦已非。莫向钟山赋摇落，朝廷献纳似君稀。”汪禹又称：“正叔近体典雅雄浑，有盛唐人矩度。”

（本文在写作过程中，华东师范大学余康同学惠赠了部分资料，在此谨表谢意。）

① 汪栗亭（1632—1706），即汪士鋐，原名征远，字扶晨，一号梅旅，又号栗亭。歙西潜口人。读书勤奋，不事科举，博学能文，尤工于诗。著有《栗亭诗集》《四顾山房集》《谷玉堂集》及《黄山志续集》八卷行世。

② 丁廷楗，字骏公，山西安邑人（今山西夏县），进士，康熙三十三年（1694）任徽州知府，与卢询主持修纂康熙《徽州府志》。

③ 王曰曾，字省斋，江苏溧阳人。康熙十二年（1673）进士，曾任川南道副使、广西乡试正考。

《明故邵次公朱孺人合葬墓志铭》考

近期，笔者在友人处发现了一块明万历二十三年（1595）歙县人许国撰写的《明故邵次公朱孺人合葬墓志铭》，本石刻长47厘米，宽31厘米，石质为黟县青，莹润可爱。正面墓志铭书体为楷书，阴刻，以糯米、石灰、桐油拌合物填充；背面为篆书，书体端庄朴茂，基本完整。正面石刻全文如下：

邵次公，休宁东门里人，讳正元，字首之，号栢亭。其先出隋睦之始新令坦，数传至宋休宁税司提举全，官满家邑东门。明初学录孜、训导谊兄弟为郡闻人，具载郡邑志中。而次公之配孺人朱氏，系出宋工部希颜之后，世家邑之约山，两姓俱著。邵次公大父大伦以高行，宾于学宫。父以洪。次公性沉质，能明画，邑大夫闻此人大度士，于是诸期公必请次公。而孺人亦佐次公往□□，又输粟赐爵一级焉。邑南牧诸豪争山，邑大夫李君使次公往说□之，行暑雨中遘疾，卒嘉靖乙酉九月十六日也，时年四十有七。孺人乃籍遗资，授伯仲子，令□儒业，又贾为诸弟子，率数年，资产雄邑中。会邑大夫林君议筑城，孺人亟趣子出受牒，筑东门城楼，而父生平助输好义，出事又不可后，大夫闻即驾至门为邵母寿，旌其堂曰：“贞慈”。劝义云。孺人年少，次公九岁，次公卒之四十年而孺人卒，为隆庆己巳正月十九日，享年八十一岁。子男五人：长曰霆，次曰云，曰露，皆输粟为益藩相。霆娶金氏，次娶康氏。云娶汪氏。露娶汪氏。曰霞，输粟补仪部儒士管带，娶陈氏，继娶金氏。曰霓，娶金氏。女四人：一适东门汪涛，一适约山黄尚武，一适西山金文祥，一适城南汪廷辉。孙男十一人：继坊、继文、继贤、继恩、继金、继明、继贞、继思、继初、继廉、继昭。孙女八人。鲁孙男二十三人：一新、一诚、一致、一彦、一振、一凤、一俊、一经、一敬、一鸿、一儒、一乡、一真、一宾、一庆、一泰、一辅、一和、一化、一德、一蟾、一虬、一螟。玄孙二十七人：良相、良贵、良材、良栋、良佐、良佑、良伟、良瑞、良仲、良侃、良传、良瑾、良会、良选、良瑜、良翰、良时、良昭、良珮、良肱、良旦、良宪、良仪、良最、良有、良祚、良昆。裔孙八人：逢盛、逢源、逢嘉、逢聘、逢登、逢荐、湧、澄，婚聘皆名家。次公厝枫林园。今诸孙涕泣请予志之，为他日合次公葬焉，乃为之铭。

铭曰：谁曰布素而质成者，附谁曰笄帏而长吏。造庐生兮，双美而耀其里。殁兮偕处而□其所，阜昌其家而昆孙□。

赐进士、翰林院国史检讨、徵仕郎经筵官、奉敕编纂修实录、郡人颍阳许国撰

皇明万历二十三年岁次壬寅十二月十八日立

墓志铭的背面刻着三行篆书，为“明邵次公□（朱）孺人合□（葬）墓志铭”，计12字。墓志铭是一种悼念性的文体，一般由志和铭两部分组成。志多用散文撰写，叙述逝者的姓名、籍贯、生平事略；铭则用韵文概括全篇，主要是对逝者一生的评价，但也有些墓志铭只有志或只有铭。墓志铭可以是自己生前写的，也可以是别人写的。中国人讲究立德、立言、立行，人死后生平事迹都要写进墓志铭，所谓“鸟过留声，人死留名”。古代，墓志一般是放入墓穴里，也有于墓中及墓前各置一块，后来逐渐演变为立于墓前或墓上。本块墓志规格比较小，且保存较好，当为墓中出土。

墓志铭作为一份个人乃至家族的历史档案，具有重要的史料价值，可补正史、方志之不足。宋人曾巩[①]在《寄欧阳舍人书》中写道：“夫铭志之于世，义近于史，而亦有与史异者。盖史之于善恶无所不书，而铭者，盖古之人有功德材行志义之美者，惧后世之不知，则必铭而见之，或纳于庙，或存于墓，一也。苟其人之恶，则于铭乎何有？此其所以与史异

① 曾巩（1019—1083），字子固，世称“南丰先生”。今江西南丰县人，北宋著名政治家、散文家。“唐宋八大家”之一。

也。”墓志铭与族谱有相似之处，皆是书善不书恶。换句话说，没有德行的人，是不配书写墓志铭的。本墓志铭为位高权重的许国所书，也是一个明证。

一、休宁邵氏源流

邵氏得姓自周文王庶子召公奭，因采邑在召（今陕西岐山西南），故称召公或邵伯。召公曾辅佐周武王灭商，因功封于北燕，建立燕国。历经四十九世生平公，秦时封为东陵侯，隐居长安城东，其先郡望博陵，此后郡望东陵。又九世生驯公，号伯春，汉献帝时，官至光禄司。汉献帝时，因召氏世有封邑，又因授敕赠邑，加邑耳为邵姓，自此邵姓确定。传十一世生坦公，自燕京提拔担任始新县（今浙江淳安县）县令，勤政爱民。任职期满，民众感念他的恩德，“攀辕卧辙”，百般挽留。于是邵坦定居于县东祖村，卒葬飞砂。邵坦为淳安邵姓的始祖[①]。

据《新安名族志》及《休宁名族志》载，休宁邵氏均出自邵坦之后裔。休宁邵氏主要有两个来源：一为邵文肇之后裔；一为邵诠之后裔。邵文肇，邵坦的三十七世孙，继僖三子，字太初，清真夷旷，学古通经。宋淳化二年（991），以“三礼”（《周礼》《仪礼》《礼记》）举于乡，咸平三年（1000）任歙州教授，任满，诸弟子请留，于是安家于休宁城南班政门，子孙繁衍，望于务东。邵坦后裔侍举的十七世孙邵诠，宋建炎间授歙州海阳税课司提举，卒于官，葬石人峰。配陈氏，一子坚，时二岁，遂安家于休宁城南，号“桐江老人”。七世存真，迁北郭。八世嵩一，复迁东门。从本墓志铭来看，邵次公属邵诠一支。

邵嵩一有二子，邵谊与邵孜。邵谊，字思宜，自谓青门生，号瓜圃锄云。明休宁县城东门人。洪武初以文学举，时母年八十余，因请求就近任职，以便侍奉左右，授本县县学训导。不久调黟县县学，授中书舍人。

① 歙南《长标东陵邵氏族谱》，民国十九年。

善隶，工山水，尤精红梅、墨菊。中书詹希原[①]、侍郎朱同[②]都推重其才。邵孜，字思善，号青门，明休宁县城东门人，邵谊弟，善梅竹、山水。元末唐棣[③]任休宁县令，邵孜得以笔墨给事左右。邵孜嗜画，学之有年，遂大进，所作画作可与唐棣乱真，文才武略、图绘丹青，无所不精，时称为“三绝”。死于寇乱，年仅五十岁。明洪武十年（1377）曾书《寿春堂记》。

邵嵩一孙邵道，居龙源（位于休宁县西十里）。邵道生子昌、洪，笃于友爱。邵道孙严初，号松山；严积，号梅山；严六，号竹山；严七，号古源。邵昌曾孙玄镜，号前山；玄钦，号双松；玄钰，号仰山，俱乐善好施，雅尚斯文，教子有方。

二、邵次家族

从本墓志铭看，邵次一族交代的比较清楚，祖父邵大伦，父亲邵以洪。邵次，“卒于嘉靖乙酉九月十六日也，时年四十有七”，按此推算，邵次应生于明成化十五年。“孺人年少，次公九岁，次公卒之四十年而孺人卒，为隆庆己巳正月十九日，享年八十一岁。”孺人朱氏出生于弘治二年（1489）。邵次生五子：霆、云、露、霞、霓，均有功名。女四人，均嫁在本县。孙男十一人：继坊、继文、继贤、继恩、继金、继明、继贞、继思、继初、继廉、继昭。孙女八人。鲁孙男二十三人，玄孙二十七人，裔孙八人。以上八代世系均较为清楚，可补史料之不足。

对于邵次的事迹，墓志铭也作了简述。邵次性格沉稳，明白事理，善于谋划，恢宏大度，且乐善好施，县令经常邀请他参加聚会。县南豪强为山地而争斗，李县令请邵次前往调停。因为时当盛暑，路途遭遇暴雨而成疾，九月而卒，年仅四十七岁。朱孺人为女中豪杰，邵次长子和次子读书考科举，其余的儿子经商，数年以后，成为县中大户。林县令计

① 詹希原，原名詹希原，后更名为希元，字孟举，号逸庵、丙寅讷叟，新安（今安徽歙县）人，明代书家。

② 朱同（1336—1385），字大同，号朱陈村民，又号紫阳山樵，安徽休宁人，学士朱升之子。

③ 唐棣（1296—1364），字子华，祖籍钱塘（今浙江杭州），因先世在吴兴做官，迁徙归安（今浙江湖州）。

划修筑城墙，发布募捐公告，朱孺人令子主动接受公文，出资修筑东门城楼。明弘治《徽州府志》记载，休宁城楼东门为迎春门。五个儿子，皆因捐纳有功，被授予相应的官职。

徽州山多田少，习儒服贾为其习俗，汪道昆的《太函集》中有这样一段话："新都三贾一儒，要之文献国也。夫贾为厚利，儒为名高。夫人毕事儒不效，则驰儒而张贾；既侧身飨其利矣，及为子孙计，宁弛贾而张儒。一弛一张，迭相为用，不万钟则千驷，犹之转毂相巡，岂其单厚计然乎哉，择术审矣。"明万历《休宁县志》中也有类似的记载："概邑中土不给食，大都以货殖为恒产。商贾之最大者举鹾，次则权母子轻重而修息之，千百中不一二焉。其他藉怀轻资遍游都会，因地有无以通贸易，视时丰歉以计屈伸。诡而海岛，罕而沙漠，足迹几半禹内。"本墓志铭又为徽州儒贾结合的风俗特点提供了一个实证。

延请名人书写谱序、像赞、传记、墓志铭，既是一种荣耀，也是家族实力的象征，似乎历代文人也乐此不疲，笔者在阅读族谱及田野调查中，时有发现。如徽州名人许国、汪道昆、曹文埴、王茂荫、许承尧等都有相关的文字。《明故邵次公朱孺人合葬墓志铭》即为许国告老归养后所撰写，另在清嘉庆三年（1798）《重修城阳南坞许氏宗谱》手抄本中，记载了许国为许宣平书写的像赞："惟予仙祖，乐隐忘机。混迹山樵，藏名翠微。施丹拯疾，驱孽留徽。超超玄著，落落仪威。松花可食，千载同归。"①据明崇祯刊本《古歙城东许氏世谱》载，许国三子立言娶休宁太常卿邵庶之女，因此休宁邵氏与许国有姻亲关系，出于情谊，许国当乐而为之。在明代叶向高辑录、许立言等刊刻的《许文穆公集》中收录了许国为休宁邵氏撰写的墓志铭，分别为《明故封刑科右给事中述斋邵公墓志铭》《赠君近溪邵公暨配汪孺人合葬墓志铭》，而不知何故，《明故邵次公朱孺人合葬墓志铭》却未辑入。近年来，由于墓志铭具有较高的文物价值、艺术价值与史料价值，而受到业内人士的关注。

许国（1527—1596），字维桢，号颍阳，歙县县城东关人。少时家境贫寒，苦读不辍。明嘉靖四十年（1561），乡试夺魁（解元）。明嘉靖四十四年（1565），进士登第，选授翰林院庶吉士兼校书。明隆庆元年

① 《重修城阳南坞许氏宗谱》，清嘉庆三年手抄本。现藏于安徽省黄山市歙县档案馆。

（1567）夏，授翰林院检讨，以一品服奉诏出使朝鲜，远接使朴忠元赞其为“上国仁臣”。明万历元年（1573），充日讲官，为神宗讲解经书，常借机进谏。二年，得赐御书“责难陈善”。后累迁顺天乡试考官、国子监祭酒、太常寺卿、侍读学士、礼部侍郎等。十一年二月，主持会试。四月，拜礼部尚书，兼东阁大学士。九月，晋太子太保、文渊阁大学士。十二年九月，因平定云南大小金川叛乱决策有功，神宗赞其“协忠运筹，茂著劳绩”，晋少保兼太子太保、礼部尚书、武英殿大学士。十二月，神宗加恩赐建牌坊。至今，全国现存唯一的一座八脚牌坊仍矗立在歙县的中和街上。明万历十九年（1591）九月上疏乞休，神宗诏允。许国在阁九年，廉慎自守，虽累遭攻击，而清标愈著。冬月令人负钱随轿而行，遇寒馁辄乐施，故每出行时，鹑衣千百绕其左右。卒赠太保，谥文穆，入祀乡贤祠。著有《许文穆公集》20卷等。

清代御医汪必昌

一、汪必昌其人

汪必昌是清嘉庆年间的御医，在太医院任职九年，并在嘉庆皇帝五十寿辰时受到封赏，次年，因回乡葬亲，辞去太医之职。“因尽取平生所学，采而辑之”，编成《聊复集》一书，同年由京都琉璃厂韫宝斋刊刻而广为流传。其成就与地位为时人所称道。

但不知是因为新安医学名人辈出，灿若繁星，还是因为其服务内宫，地方对汪必昌了解甚少。笔者查阅了道光《歙县志》、民国《歙县志》、2010年版《歙县志》，均未见有关汪必昌的记载。其他的著作，如《徽州文化全书》中的《新安医学》名录，洪芳度的《新安历代医家名录》等书亦未有载，唯李济仁主编的《新安名医考》记载了汪必昌。

朱万曙曾指出汪必昌是歙西潜口人。那么汪必昌到底是哪里人呢？还是从《聊复集》一书的《序》中去寻找线索吧！徽州休宁人汪滋畹在《聊复集》中的《序》中开篇即写道：“新安汪氏多能医者，如歙富汇（堨）之东藩、问舟，世传其业，不为险诣而妙解独通，盖不愧于古之所谓道术者。今其裔尚守绪说，为吾乡所咨访，可谓贤矣。燕亭本其族，以术选入太医，未数年乃能自辑其书，刊行五卷。”汪必昌《自序》中亦载：“岁己巳，恭值皇上五旬万寿庆典，予先人亦得预覃恩，志愿少伸，无遗憾焉！”经过查阅资料及访谈得知，历史上潜口汪氏不以岐黄之术著称，而歙北富堨汪氏一族名医辈出，代有闻人，且不乏入职太医院而颇受封赏的医家。综上所述，大致可以确定汪必昌属歙北富堨人士。

其生卒年又是何年呢？汪必昌在《徽郡风化将颓宜禁说》一文开头中写道："乾隆甲戌，予生也。"[①]可知汪必昌生于乾隆十九年，即1754年。汪必昌的《伤寒三说辨》一书，于嘉庆二十一年（1816）完成，说明汪必昌至少是63岁后过世的，只是准确的时间还有待族谱等资料的考证才能证实。

二、医学名村

富堨村位于歙县北郊，距县城7千米，是徽州府前往黄山及安庆府的要道，商旅往来频繁。富堨村北枕凤凰山延脉为来龙，南屏双园山。丰源、昉溪合流之水从村西流过，村人称此河段为富溪。唐光启二年（886），绩溪尚田汪遇游黄山，道经凤凰岭，见山水奇胜，沃野宽平，是居家辟基的好地方，遂自尚田携家居凤凰岭下，募工拦溪成堨，辟野为田，遂致五谷丰饶，村以堨名，称富堨，别称富溪。遇传至六世德旺，生五子善政、善度、善美、善芝、善和，分门立派。善政居村东边上坦建仁本堂，善芝居东边下坦建仁孝堂，善美居村前山之阳建大本堂，善度居咆哮田及前头山建嘉庆堂、嘉德堂，善和支下分上三门和下三门。上三门建绥远堂、敦本堂、余庆堂、余善堂，下三门建仁安堂、仁和堂、仁德堂、仁亲堂。村族繁衍，成为大族。

富堨汪氏业医者甚多，如汪东藩著有《医奥》一书，其中有载："烟毒以黑砂糖和井水服之"，"毛竹内剖之，新竹多有水，乃竹精也。以不臭色清者入药佳。治汗斑，以鸡毛蘸水刷上，立退。五月五日雨，剖竹得水，名神水"皆为独到的经验之谈。汪世渡，字问舟，富堨人。祖士震，父元珣皆为名医。清乾隆元年（1736），其父汪昇（谱名元珣）治愈太子奇症，得赐"别有壶天"匾及娑罗树苗两株。汪世渡幼承家学，博通群书，治病不泥成法，亦曾应诏入宫施治，暇则于富堨宋家巷吟诗作画，结娑罗园诗社。乾隆二十四年（1759），得赐"黄山红杏"匾。汪世渡注重时行瘟疫验方的探讨、研究、收集与整理，撰成《时疫类方》四卷行世。子汪大顺，曾在京城行医，清乾隆四十二年（1777），皇太后患

① 朱万曙：《〈徽郡风化将颓宜禁说〉所见徽班资料》，《戏曲研究》2005年第2期，第225页。

病，众御医束手无策，汪大顺被召入宫而药到病除，名声大振，封职州同，加五级。孙汪昌泰、曾孙汪宗锦、玄孙汪鹿石均承祖业，悬壶济世，广施惠行，受到村人的尊重。至今富堨“娑罗园”尚存，两颗高大、粗壮的娑罗树郁郁葱葱，最大的一株高达23米，胸围1.6米。此外，富堨“新安王氏医学”一族亦颇有盛名。如王履中，字学健，王家宅人，寓居富堨。清中期，师从歙北冯塘名医程有功，张芾（字文毅）、左宗棠（谥文襄）常邀治疾，名著江、浙、皖、赣，医术精湛，始创富堨王氏内科。子王心如（字士恕）、孙王谟、曾孙王仲奇、玄孙王乐匋、王任之均承家学，名著于世。富堨一村可称为新安医学名村。

三、执业京城

汪必昌《聊复集·自序》云：“予家世业儒，先大父宁斋公、先君子恒园公、叔父颖园公、服兄陶邨公，专研究于诗古文词，各有著述，而邻里同时名下士无有不推毂者。”由这段描述可知，汪必昌为诗书世家，如没有什么意外的话，汪必昌过着一种读书习文、优游林下的生活。但天有不测风云，当父亲年老之时，母亲又患上了痼疾，在供养父母的压力下，汪必昌不得不习实用之学。徽州读书人有“不为良相，当为良医”的传统，“缘予族习岐黄广而且著，幼窃慕之，以除母恙”。因为本族习医者众多，而且著称于世，学医不仅可解母亲之病痛，又可作为谋生之手段。自是汪必昌“细揣历代医书”，博学广览，走上了医学的道路。

“予家于黄山，见不多，闻不广，于是游吴越，历齐鲁，至燕赵，方知天地之大，黄河之深。”由于徽商经营四方的关系，汪必昌亦从新安江而下，游历了浙江、江苏等省，然后沿着大运河直上，到达山东、河北等地，最后到达了京城，“入京都，仰天颜，瞻帝阙”，转益多师，遍访名家，加上丰富的临床经验，使得汪必昌医术大进。汪滋畹说其“久困京邑”，其《自序》亦云：“予在京甫逾廿载。”汪必昌初到京城以开设医铺为生，日子过得也很拮据，但凭着精湛的医术，在京城逐渐崭露头角，最后被选入宫中，入职太医院。

太医院有各种繁文缛节，太医给皇帝或宫中各处看病，须由御药房太监带领赴各宫请脉。御医诊治皇帝疾病，须与太监一起在内局合药，并将药帖连名封记。随之具本开列本方的药性和治疗大法，医官、太监于月日下署名，进呈皇帝御览。进药奏本既具，即行登记入册，由内监收掌，以凭稽考。煎调御药，太医院官与内监一同监视。以两服药合为一服。煎好后，分别倒入两杯。一杯由主治医官先尝，再由院判、太监依次饮尝，三人尝后无毒，确认正常，才将另一杯汤药送皇帝服用。如果配制药品不依照原方及未开明药名品味分量，或虽开而遗漏舛错的，都将以“大不敬”论罪。轻者皮肉受苦，重者头颅落地。然宫中诸位锦衣玉食，养尊处优，大都体质虚弱，一旦得病，往往棘手。所以，汪必昌亦感叹：“供奉内庭，滥竽九年，深荷掌院之教，临事而惧，幸免陨越。”此所谓“小心驶得万年船！”出宫之日，我想汪必昌定然长舒了一口气。

四、医学成就

多年行走江湖的从医经验，加上九年的太医院生涯，汪必昌有着丰富的医学阅历，而且太医院中不乏精通医理，经验丰富的医学家，在日常的行医中，汪必昌与他们相互切磋，反复研究，获益良多。因此，汪必昌离开太医院后，精神放松，得有闲暇整理医案，总结医术，于清嘉庆十五年（1810）辑录编纂《聊复集》一书，并于同年夏刊行。

《聊复集》共五卷，分别为《医阶辨脉》《医阶辨证》《医阶辨药》《眼科心法》《玉钥集》。卷一《医阶辨脉》为脉学专著，其述脉之要义有二十三目，并附诊法体用一则。卷中所论人迎气口之义、诊脉调息、脉之上下来去至止，及论七绝脉中“虾游”“鱼翔”之形，描述精彩，句句切用，非精于临证者不能及此。卷二《医阶辨证》，总括中医症状鉴别之大要，辨析精思，言简意深，颇切实用。卷三《医阶辨药》，从药理性能、归经、疗效、分类等方面，对临床常用药物加以对比分辨，文句练达，述理流畅。卷四《眼科心法》，乃是眼科约要之编，其中述及金针拔内障之法，远出《审视瑶函》之前，述及眼睑内痰核手术之精细，难能可贵。卷五《玉钥集》涉及乡之先辈郑梅涧[①]的著作。此外，汪必昌还著有刊刻于嘉庆二十一年（1816）的《伤寒三说辨》一卷，《伤寒妇科》五卷等。近期发现的汪必昌未刊稿本有四部分，分别为《怪证汇纂》七页、批注《陶氏杀车三十七槌法》《针灸论》与《怪证方法》。其中《怪证方法》占整个稿本的四分之三有余，收录了御医整理的秘方、偏方540种，涉及各类疑难杂症，其中不乏“癌症”“肿瘤”“尿血吐血”等。汪必昌低调务实，所著“无浮文，无余白，一字一句，惟求实学，上保太和，下济世民，非好名泛泛而作也”。其所遗之著乃新安医学，亦是中华传统医学宝库中的瑰宝！

关于汪必昌的医学成就，当代国医大师李济仁先生在《新安名医考》中评述：“汪氏著述简而明，浅而易，使学者察而精之，则临疑似之证，即有下手处，一定不可移。”“汪氏著述重视分门别类，以利医家择选习读，从《聊复集》五书书名可知，各书内容互不间杂，又浑然一体，辨证、辨药、诊脉等各有范围，眼科、妇科、口齿咽喉等分科叙述，其间又互相联系，所辑诸书还重视疑似证的分析比较。汪必昌为御前太医，临证经验丰富，理论造诣较深，所著之书对人启发良多。”无疑，汪必昌所著之医书为习医者进步之阶梯，为患者之福音，挖掘新安医学之宝库，实为当代中医业之一大德也！

① 郑梅涧（1727—1787），名宏纲，字纪元，号梅涧山人，歙县郑村人，郑于丰子。幼承庭训，医技甚精，救危起死，不可胜数。乾隆年间，据家藏秘本及多年临床经验心得撰成《重楼玉钥》二卷，由方成培整理而成。上卷为咽喉病总论，述及36种喉病名称、症状、治疗、方药；下卷专论喉科针灸疗法。民间广为传抄，按方投药，无不灵验。另著有《捷余医语》《痘疹正传》《灵药秘方》等。子郑承瀚、郑承洛，承其家学，世称“南园喉科”。

王茂荫及《王茂荫奏稿》誊录本的鉴定与考略

2012年秋，笔者在起草歙县档案馆“徽州文书珍品馆”的布展大纲时，发现了馆藏的《王茂荫奏稿》誊录本四册，为王茂荫奏折选集，时间从清咸丰元年（1851）九月至咸丰八年（1858）七月，共收录了55份奏折。主要涉及三方面的内容：一为理财，有15份奏折，集中体现了王茂荫的经济理论。主要有清咸丰三年（1853）年十一月二十一日，王茂荫给咸丰皇帝上的《陈大钱利弊折》，咸丰四年（1854）正月十二日，王茂荫上的《再论铸大钱折》等。二为军事，有35份奏折，主要为防剿太平军、捻军的方略，集中体现了王茂荫的军事理论。如咸丰三年（1853）二月二十二日上奏的《请选将练兵以振军威而消奸宄折》，咸丰三年（1853）二月二十五日上奏的《捻匪四起请速剿除以防勾结而弥患萌折》等。王茂荫指出在作战中要注重攻心战，以瓦解敌方的士气，特别是对徽州的战略防御提出许多有针对性的策略，如在咸丰三年（1853）八月二十二日《为请遏土匪之萌折》中指出：“徽州处万山之中，四面交界之处，多有崇山峻岭，天险可守。守徽州与他郡不同，他郡务在守城垣，徽州务在守边界。”①三为用人，有5份奏折，集中体现了王茂荫的人才观。如咸丰三年（1853）十月初二日上奏的《请破格用人以期得力折》中，他建议使用人才，要不拘资格，且要知人善用，人尽其才：“其人皆有将才之人也，以有才之人而交与无才之人用，上既不知所以用，而下又不乐为用，则有用亦归于无用矣。”②

该奏稿集为宣纸手写，线装，长23.3厘米，宽13.1厘米，半框长17.3

①《王茂荫奏稿》誊录本第二册，现藏于安徽省黄山市歙县档案馆。

②《王茂荫奏稿》誊录本第二册，现藏于安徽省黄山市歙县档案馆。

厘米，宽10.3厘米，共四册。第一册封面题有“奏稿”二字，内页为竖的红格线隔开，每页9行，中缝下部印有“同春号”字样，均为蝇头小楷，字迹娟秀、工整、一笔一画皆一丝不苟，虽版刻而不及。对于该奏稿集颇有争议，有人认为是版刻本，但是经仔细查看，字透纸背，且少数文字有增删、修改的痕迹，当为手抄本无疑。但是过去能写一手漂亮蝇头小楷的人也不在少数，是否是王茂荫本人的手稿还未可知，我们找到了中国第一历史档案馆保存的王茂荫奏稿原件的复印件，对两者的书写风格及字体进行了认真的比对，初步确定其为王茂荫亲自整理书写的奏稿誊录本。笔者联系了当时征集该手稿的工作人员，据他介绍，该手稿为歙县档案馆1990年从居住在歙县桂林公社牌头村王茂荫的后裔手中征集。结合档案的来源及与中国第一历史档案馆馆藏的王茂荫奏稿原件的比对，初步鉴定为王茂荫本人亲自誊写。2014年6月，我们再次聘请徽州文化博物馆副研究馆员董建先生对手稿作进一步的鉴定，董建先生从字体结构、用笔习惯、书法风格等方面作了考证，确定其为王茂荫手稿无疑。

王茂荫（1798—1865），字椿年，歙县杞梓里人。清道光十二年（1832）中进士，历任太常寺少卿，太仆寺卿，户部、工部、兵部、吏部侍郎，并两度出任御史。前后历道光、咸丰、同治三朝。咸丰三年（1853），授户部右侍郎兼管钱法堂事务，上疏反对铸造当百、当千的大钱，指出“官能定钱之值，而不能限物之值”，铸造大钱必然导致物价上涨、私钱扰市、货币贬值。咸丰四年（1854），针对新发行的不兑现纸币（大清宝钞、户部官票）贬值现象，上《再议钞法折》，提出兑现主张，以通商情、利转运。咸丰皇帝严责：“为商人指使，不关心国是！”旋将其调任兵部左侍郎。马克思在《资本论》卷一注83中记述了王茂荫的货币改革主张，是《资本论》中唯一提到的中国人。王茂荫居官清廉，在京为官三十载，不携眷属，一直独居京城的歙县会馆，以高风亮节、直言敢谏著称。

关于《王茂荫奏稿》誊录本的整理与传承情况，笔者汇集了相关资料，现作一介绍。屡受咸丰皇帝指责的王茂荫心灰意冷，以“气冲耳闭，心烦不寐，腰足作痛，精神恍惚”为由，先后于咸丰八年（1858）六月十五日、二十四日上奏恳请给假，以医治调养。七月初四日，王茂荫又上了一道奏折，称“月来医治，终未获效”，要求“开缺”（免职，另选他人），并在奏折中说自己“性尤偏急，当事故之纷集，每过虑之独深，往往昼夜彷徨，不能自已”[①]。咸丰皇帝批准了王茂荫的请求。

卸任官职之后，王茂荫由歙县会馆移居广渠门的玉清观内，次年又接受了潞河书院的邀请，担任主讲。在此期间，王茂荫一边调养生息，一边整理自咸丰元年（1851）以来的奏稿，他按照奏折的底稿加以编辑，利用店号的空白印本，认真誊写，汇为四册，秘而藏之，传之子孙。他在《家训和遗言》中说：“我之奏疏，词虽不文，然颇费苦心，于时事利弊实有切中要害处，存以垂示子孙，使知我居谏垣，蒙圣恩超擢非自阿谀求荣中来。他日有人谏垣者，亦不必以利害之见存于心。能尽此心，自邀天鉴，可以望做好官。”

清同治元年（1862），垂帘听政的慈禧太后想起了“直言敢谏，志虑忠纯”的王茂荫，四月起用，授都察院左副都御史，掌管监察与弹劾，七月，补工部右侍郎。二年（1863），调吏部右侍郎。清同治三年（1864）因继母丧而丁忧回歙。次年，因杞梓里老宅被太平军烧毁而移居义成村，六月二十二日病逝于家中，时年六十八岁，墓葬岑山渡御史山。值得注意的是，本奏稿只录到咸丰八年（1858）七月初六日，最后一篇奏稿为感谢咸丰皇帝准其开缺的谢恩折。此后的奏稿并未收录在内。据笔者推测，此后王茂荫忙于公务，再加上家中的诸多变故，王茂荫直到病逝之前，再也没有余暇整理此后的奏稿。

王茂荫南归时，随身携带了亲自整理的奏稿四册。王茂荫生有三个儿子，长子铭诏，次子铭慎，三子铭镇，俗称“老三房”。资料显示，四册奏稿是从老三铭镇这一支传下来的。铭镇娶妻汪氏，生子经守。经守，号善夫，娶方氏，生二子桂鋆、桂培。1936年，时任《徽声日报》副刊编辑的王璜专程到王茂荫在义成的故居“天官第”访问时，王桂鋆向其出示了此四册奏稿和曾国藩为王茂荫所作的行状等，王璜在《王茂荫后裔访问记》中写道：“那手折上的字写得很是娟秀，行状是极厚的一本，可以说在行状中是少有的。手折是用红格纸写的，共有四大册。”桂鋆生三子，长子自厚，自厚娶妻江素云，生子芳烈。1981年2月21日，《安徽

①《王茂荫奏稿》誊录本第四册，现藏于安徽省黄山市歙县档案馆。

日报》记者鲍义来先生与黄山市的陈平民先生访问了已迁居歙县桂林公社牌头大队的王芳烈，王芳烈再次向二人出示了此四册奏稿，据陈平民先生在《〈王侍郎奏议〉刊刻史考略》一文中叙述：“这四册奏议底本系线装本，封面题‘奏稿’二字，内页均为红格纸毛笔楷书，红格纸上印有‘同春’字号。抄写奏疏的毛笔楷书字体大小个个一样，十分娟秀，虽为人工抄写，但为木刻印刷所不及。”

1990年，时已七十余岁的王芳烈卧病在床，贫困交加、孤身一人的他急需钱治病，因此他托人找到了歙县档案馆，表达了要将四册奏稿移交给歙县档案馆的愿望。歙县档案馆派员将此四册奏稿接收进馆，给予了他一定的资金奖励。从以上梳理的脉络来看，此四册奏稿传承有序，最终入藏歙县档案馆，也算是物有所归，为我们保留了一份珍贵的文化遗产。这四册奏稿誊录本确为孤本、珍本。歙县档案馆已将其作为中国档案文献遗产名录上报国家档案局。

许承尧及《会试墨卷》简介

许承尧（1874—1946），与所有中国旧式文人一样，他从小饱读诗书，以期通过科举进入仕途。许承尧六岁起就拜方守坚为师，在唐模知白斋读书。其祖父许品三家教甚严，时常亲自教读。许承尧自小聪慧伶俐，刻苦好学，科举之路对于这个从歙县唐模许氏家族走出来的学子来说似乎特别顺利。

清光绪十五年（1889），许承尧十六岁，即考取府庠生，名列第一，也就是我们通常所说的秀才。清光绪二十年（1894），许承尧中光绪甲午科举人，拜同邑著名学者汪宗沂为师。中举之后，许承尧的科场似乎不太顺利，直到清光绪三十年（1904），许承尧赴河南参加光绪甲辰恩科礼部试，录取为进士。再入京殿试，授翰林院庶吉士。次年，清政府取消了科举考试，因此，许承尧也被人们称为“末代翰林”。笔者有幸见到一册许承尧的《会试墨卷》，为徽城黄古香堂刊印，长24.7厘米，宽14厘米，除封底、封面外，共35页。其主要内容有许承尧家世谱系，恩师姓名，中式文章及评语等。

《会试墨卷》扉页上印有三条龙，分别位于上、左、右，中间为竖框，书有“光绪甲辰恩科”字样，下为海水纹，均为朱红色。

一、《会试墨卷》第一项内容为许承尧的家世及个人简介

内容如下：

许承尧，字际唐，号霁塘，又号讷生，行一，光绪丁丑年十一月十三

日吉时生[①]，安徽徽州府学附生，歙县民籍。

始祖：远，唐睢阳太守，敕封忠烈王，荆州大都督，国朝加封忠烈威显王。

迁新安始祖：儒，南唐赠吏部尚书。

迁唐模始祖：桂二。

四世祖：庆。

五世祖：善荫。

六世支祖：辛童。

七世祖：奇泰，明初输粟佐边赈济，钦赐冠带，建坊旌门。尚义，载郡邑志。

八世祖：义显。

九世祖：昂。

十世祖：钦。

十一世祖：泽。

十二世祖：时明。

十三世祖：宗孝。

十四世祖：宏基，诰赠中宪大夫，光禄寺署正，加五级，前礼部儒士。

十五世祖：毓杰。

十六世祖：昌禄，敕赠儒林郎，候选同知，太学生。

太高高祖：起鸾，例授徵仕郎，候选州判。

太高高祖妣：氏方，例赠孺人。

太高高祖妣：氏仇，例封孺人。

高高祖：士琏，恩赐粟帛，例赠登仕佐郎。

高高祖妣：氏吴，例赠孺人。

高高祖妣：氏汪，例赠孺人。

高高祖妣：氏洪，例封孺人。

高祖：廷焜，太学生，例赠修职郎。

高祖妣：氏鲍，例封孺人。

① 根据相关资料，许承尧生于1874年，此处为光绪丁丑年，即1877年。清代科举考试中，考生有意隐瞒减少年龄，许承尧概莫能外。

曾祖：政祥，例授登仕佐郎，例授修职郎。

曾祖妣：氏詹，例赠孺人。

曾祖妣：氏程，例封孺人。

祖：恭寿，字品三，号韵梅，附贡生，候选儒学，例授修职郎，貤封奉政大夫。

祖母：氏叶，例封孺人，貤封宜人，同邑南塘敕授儒林郎，议叙州同叶讳光熊公女，例授登仕佐郎讳荣敏公胞妹，国学生（印）国佐、（印）国俊胞姑。

父：学诗，字雅初，号蓉舫，国学生，诰封奉政大夫。

妣：氏叶，例赠孺人，诰赠宜人，同邑古溪从九品讳道钰公次女，直隶州州同衔讳道恒公侄女，邑庠生（印）达妹、邑庠生讳均姊，讳可正、（印）可端、讳可金胞姊。

母：氏柳，例封孺人，诰封宜人，同邑岩镇太学生讳兆煦公次女，太学生讳兆燕公，太学生讳兆鳌公侄女，国学生（印）恒培、国学生讳恒埴妹、国学生（印）恒堦胞姊。

高伯祖：廷杰。

高叔祖：廷煌，太学生。

曾伯祖：登瀛，太学生。

曾叔祖：登润。

胞伯祖：文腾、文钧。

胞叔祖：文铣，太学生

再从堂叔祖：文驹、文兆。

嫡堂叔：学礼，学诚，从九品。嫡堂弟：衍庆。

胞姑一：适同邑慈川国学生汪（印）琪公子，郡庠生（印）春。

娶胡氏：绩邑附贡生候选儒学胡讳国琛公孙女；国学生讳国璿公、恩贡生候选儒学讳国瑸公侄孙女；岁贡生候选训导讳启丰公、国学生讳启恒公侄女；国学生河工保举议叙五品顶戴、江西候补府照磨（印）启晋公女；花翎同知衔、分省试用知县（印）世泽从妹；同知衔、分省补用通判（印）澍胞妹。

子：家栻、家栋。女二。

世居西乡唐模，族繁，只载本支。

关于许承尧的家世，需要特别提到的是他的祖父许品三和父亲许学诗。祖父许恭寿，字品三，号韵梅，附贡生，候选儒学。早年在江西为私塾教师，回乡后仍以授徒为业，为人忠正，治学严谨。童年时期的许承尧除接受老师方守坚的教授之外，祖父还要亲自考查与训导，使得许承尧的学业更为扎实，再加上许承尧的聪慧与勤奋，因此在十六岁时就顺利考取了府庠生（秀才）。同时，祖父许恭寿又不是一个迂腐的儒生，清末新式教育兴起之时，他在唐模办起了敬宗两等小学堂和端则女学堂，是歙县最早的一批普及新式教育的小学校。祖父的博学与严谨、开明与进步对许承尧的思想不无影响。

父亲许学诗，字雅初，号蓉舫。年轻时在江西经商，将全部资本都投入在商店的经营上，后来商店歇业倒闭，半生积蓄，荡然无存，因此全家经济来源断绝，生活窘迫。许家原本为小康之家，咸同兵燹时倍受摧残，家产尽失，后在祖父的多方努力下才得以保全。家族的遭遇及父亲营商的失败，都促使许承尧发奋努力，以求功成名就，改变家庭的窘境。许承尧以府庠生的资格入学紫阳书院，师从李嘉会先生，当时书院每月要举行三次考试，优等者要发给一定的膏火费（学费）以资奖励，许承尧为获得学费补贴家用，刻苦努力，均列前茅而有所获。

二、《会试墨卷》第二项内容为祖训、庭训、授业知师

具体如下：

家少梅夫子：讳寿椿，岁贡生，候选训导。

江郁华夫子：讳文魁，郡廪生。

方守坚夫子：讳如金，邑庠生。

罗升甫夫子：（印）会骏，邑庠生。

李子亨夫子：（印）嘉会，黟邑岁贡生，候选训导，己卯房荐，壬午堂备。

太世伯汪仲伊夫子：（印）宗沂，庚辰进士，山西即用知县，五品卿衔。

太姻伯吴筱晴夫子：讳得英，辛亥恩科举人，刑部广东司主事，前内阁中书。

太姻伯吴芥湄夫子：（印）效英，丁卯科副举人，候选兵马司正指挥，加五品顶戴。

太世伯鲍绍庭夫子：（印）增祥，丁卯科副举人，五品衔，内阁中书。

吴修之夫子：讳以敬，前任歙县知县。

春笑如夫子：讳岫，前任徽州府知府。

钱馨伯夫子：（印）桂森，前任安徽学政。

吴肃堂夫子：（印）鲁，前任安徽学政。

王子范夫子：（印）汝砺，前任徽州府知府。

张玉甫夫子：（印）树建，前任歙县知县。

单和斋夫子：（印）光禄，前任歙县知县。

何润生夫子：（印）恩煌，前任歙县知县。

许仪庭夫子：讳鸣盛，前任徽州府教授。

吴猷卿夫子：（印）报勋，前任徽州府教授。

陈蓉生夫子：（印）辉曜，现任徽州府训导。

谭仲修夫子：（印）廷献，前任歙县知县，主讲紫阳书院。

黄梅仙夫子：（印）铎，前任歙县教谕，主讲问政书院。

陈豹初夫子：（印）瑜，甲午科同考官。

冯联棠夫子：讳文蔚，甲午科大主考。

黄叔诵夫子：（印）绍第，甲午科副主考。

李理臣夫子：（印）昭炜，工部右侍郎，朝考阅卷。

杨若米夫子：（印）芾，兵部职方司郎中，癸卯会试同考官。

姚释筠夫子：（印）舒密，翰林院编修，浙江道监察御史，本科会试同考官。

裕寿田夫子：（印）德，本科会试总裁，朝考阅卷。

张埜秋夫子：（印）百熙，本科会试总裁。

陆凤石夫子：（印）润庠，本科会试总裁，殿试朝考阅卷。

戴少怀夫子：（印）鸿慈，本科会试总裁。

徐东甫夫子：（印）会湶，覆试阅卷。

荣实夫夫子：（印）庆，覆试阅卷。

李荫墀夫子：（印）殿林，覆试、殿试阅卷。

徐鞠人夫子：（印）世昌，覆试、殿试阅卷。

希绍甫夫子：（印）廉，覆试、殿试阅卷。

陈玉仓夫子：（印）璧，覆试、殿试阅卷。

陈瑶圃夫子：（印）邦瑞，覆试、朝考阅卷。

杨筱村夫子：（印）佩璋，覆试、朝考阅卷。

张振卿夫子：（印）英麟，覆试、殿试阅卷。

葛振卿夫子：（印）宝华，覆试、殿试阅卷。

张邵予夫子：（印）仁黼，覆试、朝考阅卷。

绵达斋夫子：（印）文，覆试、殿试阅卷。

王夔石夫子：（印）文韶，殿试阅卷。

鹿滋轩夫子：（印）传霖，殿试、朝考阅卷。

孙燮臣夫子：（印）家鼐，朝考阅卷。

徐颂阁夫子：（印）郙，朝考阅卷。

溥玉岑夫子：（印）良，朝考阅卷。

熙菊彭夫子：（印）瑛，本科知贡举。

陈筱石夫子：（印）夔龙，本科知贡举。

许承尧乡试中试第一百四十八名；会试中试第十三名；覆试一等，第三十三名；殿试二甲第四十名；朝考二等，第八十八名。钦点翰林院庶吉士。

《会试墨卷》，光绪甲辰恩科。中试第十三名，贡士许承尧，安徽徽州府歙县府学附生民籍。

同考试官：翰林院编修、浙江道监察御史加三级姚　阅荐

大总裁户部右侍郎兼管钱法堂事务加三级戴　批取

大总裁经筵讲官、吏部尚书、政务大臣、学务大臣、南书房行走加三级张　批取

大总裁经筵讲官尚书衔、都察院左都御史、南书房行走加三级陆　批取

大总裁经筵日讲起居注官、协办大学士、文渊阁领阁事、翰林院掌院学士、兵部尚书、镶黄旗汉军都统管理、圆明园八旗事务大臣加三级裕　批中

在许承尧的恩师中，对其影响最大的可能是西溪（今属郑村）的汪宗沂先生。汪宗沂（1837—1906），初名恩沂，字仲伊，号咏村，清末徽州大儒，是一位有影响的学者、教育家，一生著作甚丰。汪宗沂出身于西溪的儒商之家，具有良好的家学渊源，其所学甚广，眼界开阔，经学、汉学、宋学，无不广泛涉及。因此，许承尧于清光绪二十年（1894）中举后，祖父即介绍他拜汪宗沂为师。汪宗沂曾先后主讲于芜湖中江书院、安庆敬敷书院、歙县紫阳书院等，晚年在“不疏园”老宅旧址上建造“韬庐”，开馆授徒，其时黄宾虹、许承尧及他的儿子汪福熙、汪鞠友均在此就读。师生朝夕论学，学业精进。许承尧对这位恩师是赞赏有加，他曾写过《叹逝篇》：“弢庐洸洸真我师，精究博纳雄莫追。酒酣花秾雅善词，蚍蜉力尽畴憾之？”汪宗沂的儿子汪律本是中国同盟会会员，孙子汪采白是近代新安画派的杰出代表。

三、《会试墨卷》第三项内容为应试文章及其评语

评语如下：

本房原荐批：

英词润金石，古谊若龟鉴，低徊往复，悲壮苍凉，定属皖江知名之士。

参合中西之故，而揭其纲要，言之成文，思之当理，非沉酣古籍、夙谙时务者不能办。

积理满腹，汩汩其来，每陈一义，具有无限，包罗足觇学养。

文明堂原批：

首艺主张内重，次以贾生为无策，皆独抒伟论，独往独来。以下三艺，奇思壮采，石破天惊，开拓万古心胸，推倒一时豪杰。

俯仰古今，纵览中外。纵横排奡之气，古茂渊懿之辞，经济文章，合为一手。

次艺义精词卓，余亦简老。

清政府经历了庚子赔款、辛丑条约等事变之后，不得不睁眼看世界，科举考试废除八股文，改为以“论策”试士，所以光绪三十年（1904）甲辰恩科会试改为事务论策的试题。本《会试墨卷》共登载了五篇应试文章，其中“论”4篇，“策”1篇。“论”为“周唐外重内轻，秦魏外轻内重，各有得失论”；“贾谊五饵三表之说，班固讥其疏，然秦穆尝用之以霸西戎，中行说亦以戒单于，其说未尝不效论”；“裴度奏，宰相宜招延四方贤才，与参谋议请于私第见客论”；“北宋结金以图燕赵，南宋助元以攻蔡论”。“策”的题目为“学堂之设，其旨有三，所以陶铸国民，造就人才，振兴实业。国民不能自主，必立学以教之，使皆有善良之德，忠爱之心，自养之技能，必需之知识。盖东西各国所同，日本则尤注重尚武之精神，比陶铸国民之教育也。讲求政治、法律、理财、外交诸专门，以备任使，此造就人才之教育也。分设农、工、商、矿诸学，以期富国利民，以振兴实业之教育也。三者孰为最急策。”

现选取其中两篇“论”，以飨读者：

周唐外重内轻，秦魏外轻内重，各有得失论

间尝总览古今沿革之大政，及天下所以分合之故。而详稽其始终，窃喟然于封建郡县之变，乃世运之不得不然者矣。封建之局之初萌，无所谓内外轻重，以泰鸿之世，皆游牧行都，故黄帝以前不闻以兵力定天下也。郡县之局之已定，亦不必更言内外轻重，以井田、宗法、世禄既不可复，则用今日之官制调剂出入，已足扼天下之枢也。夫封建则外重内轻，郡县则外轻内重，较周唐秦魏之已事，似各有得失而难定断然。窃以为外重多失而无一得，内重多得而亦有失，要之内重是夫人君操大权制九宇，常贵有以筦天下之柄，而不宜倒持太阿以授人，反是则长乱。谓外重足以禁奸民，则由三代以下之民风，即封建亦难弭流寇。谓外重足以御外侮，则卢龙魏博之捍北虏与吐蕃、回纥。如唯之与阿，谓外重足以制权臣，则董曹盗国，其时拥方州者，亦据兵而不能救。且汉初之异姓，王犹有说彼淮南济北及吴楚七国何为也！彼晋之八王，明之燕藩，汉藩宸濠，又何为也！以是知世运，至秦汉以后，万无可复，封建之理，故内重之得为多。内重则强宗不横，内重则政刑礼俗出于一；内重则兵祸可渐少；内重则有大举措，易于推行。然而亦有失，失在外太积，轻百隶怠官武备驰，地利闭传，舍其职与民不相亲。但所以挽其失者，只在得人，得人而少假以权，则弊革，其得终较外重为多耳。更为证之，周自东迁以降，地利去而形势愈分，封建为之也。秦即分藩亦亡，繁役兴而祸机斯炽，非郡县为之也。唐之藩镇，本非太宗之意，故其后虽有宪宗之英锐，亦不能绥靖群藩。魏之短祚，由于建国无基，彼其时即无典午之暗干，亦不能永奠其鼎。盖唐初封爵不祚土，节镇不世官。太宗因读周礼，议分封，闻魏文贞推论五不可，而诏停刺史世袭，其防内重之弊甚严。然安史乱而势一变，岐梁构兵，唐宗以覆，内重为之耶？外重为之耶？苏氏安得谓唐制善也。若夫萁煎豆泣，求试陈书，诚出魏文猜忌，然陈思才略非司马之伦，即握实权何益于国。曹亡，乃引新莽之乱。由于主父推封动色相戒，独不思南阳人杰，汉室重扶，固犹是天潢之英，而岂阶片土之力欤，且夫不得不变者，世运也。因世运之变以剂变，乃天时人事相迫而成。谓封建非圣人之意，固敢于诬圣之言，而世运既迁，则一涉外重即肇兵祸，此亦古今之炯鉴，不可诬也。故郡县之局既已大定，则但求内外官制大小，足以相维，不使有所轻重，即天下治彼李百药之所粉饰，与秦初诸儒博士之所力争，岂足与观古今之变哉！

贾谊五饵三表之说，班固讥其疏，然秦穆尝用之以霸西戎，中行说亦以戒单于，其说未尝不效论

以文明制作之国，骤而与僿野椎陋之国，遇必劘其民。俗移其嗜好，使彼日用饮食，朝夕之所资以生者，皆待给于我。则我可制彼之命，折箠羁縻，惟我所欲而不敢抗策之上也。不然，而力足以经营之威，足以震慄之仰其次也。又不然而疲敝海内，以奉骄子金绘岁币供亿繁多，天下萧然，县官仰屋，其患靡有已，此谓无策。嗟乎，上策与无策甚相似，而得失之数宵坏殊焉，安可不察也。贾生在汉文时，欲试属国，为三表

五饵以系单于，此所谓无策也。捐己之所有而姁姁然，与人谓之妇人之仁；捐己之所有而姁姁然，与人以冀人之堕我术中而不我拒，谓之童稚之智。雄杰之主欲骋远略，不暇自顾根本，疲内以事外，其蹈此覆辙者，盖比比也。汉时供南单于岁费亿万，才得其款阙称臣，愿备塞下藩卫，而物力之凋敝已八九，汉武于匈奴王徐庐等六人之降，急封以劝，后亦即贾生之术，其效何如哉？班氏讥之为疏，允矣！然中行说之入匈奴也，曰匈奴所以强，以衣食异，今变汉俗汉物不过什二，则匈奴尽归于汉，说此言何与贾生之言隐相合耶？前乎贾生者，秦穆公尝以女乐二八遗西戎王，间由余以为我用，卒益国十二，开地千里，遂成霸功，则意者贾生之言不可轻议欤，非也！夫齐晏子以女乐间鲁越，范蠡以女乐间吴术，虽不衷于正，然皆伺其可间而间之。非漫然，概以是为尝试。术有可用，机有可乘，取之掌握，操券而获，且所诱止其君而不及其众，此秦穆之所以胜戎也。抑闻之游牧之群，必先保其悍劲、质朴、简俭、耐劳之气，使渐染华靡甘美，则精力消耗。而立国之本已颓，且生命之权操之人久，将有种族夷替之患，此中行说之所以惧汉也。若贾生之意未足语此，夫民俗之切劘嗜好之移，易其中相嘘相吸之故，必我全国之潜力，有以隐相激战而决胜于无形。若出于君人者之侈心罄，吾族积蓄之精华襮而著之，以为招徕夸诱之用，则其后将不继。而吾国以疲，使汉文用生将竭，太仓之粟，水衡之钱，耕夫织妇胼胝之所得，亵名器，侈土木，降颜色，输子女玉帛，以博旃裘湩酪之众，一日之喁喁倾悦耶。中国譬犹腹心匈奴之患，譬犹未疾为未疾之故，而披及腹心，非计之得，矧冒顿之健，黠忍毅能用其民，亦断断非表饵之所能奏效者也。呜呼，驭外之计，贵责实忌蹈虚，贵争本戒骛末。秦穆仅一时之幸，贾生更非深识之言，中行说以佥壬小人，稍不逞志，遂腼然嘘毒于宗国，其人不足称。要其才，识卓荦，能审世变，亦才人之雄者哉。

“策”的主要内容为论述国民教育问题。许承尧认为要抓好全民教育、学校教育，不仅要注重大学、中学教育，还要注重小学、幼儿园、家庭教育。许承尧也是这样实践的，他先后创办了新安中学堂、紫阳师范学堂，协助祖父创办敬宗小学、端则女学，开创了徽州歙县新教育的先河。

"策"的全文如下：

同赋比。圆颅方趾冒眉横目之形，同处今日，物竞炎炎，淘汰最烈之世界，既幸而战胜万类，役大地所有以奉其生，而欲自此以往，蕃其族，昌其种，永占优胜，不为同类文明进化最速之国、之思潮、学潮所震撼。而寝灭则有一道焉，曰人人自全其人格而已。人格者何？所以张其国界，藩其群界而无忝乎？人之名称者也，国必有与，立则曰民。民德之涣，民智之稚，民气之颓，持以与文明进化最速之国、之民相较，恧然而颜汗，疲然而让其先驱，则人格不完，而淘汰将及。故国为民之统称，民为国之要领。举国皆聪强颖异，智勇卓荦之民，其国之雄也必矣。然而哲学公例，群学定理，欲种果者先造因。是以泰东西各国，莫不竞竞于立学。学堂者，张国界、藩群界之第一原质也。立学之宗旨三，窃谓造就人才以备任官之教育，振兴实业以谋国富之教育，皆可包于陶铸国民教育之范围中。夫固未有民德已发达，民智已扩张，民气已振作，而遴其秀以入官，犹患无政治家、法律家、理财家、外交家；专其业以入世，犹患无农学家、工学家、商学家、矿学家者也？特是铸造国民之道，则有其最要者焉。必参合中西伦理学，集其大成，昭示准的，俾知人之与国与群，享其捍卫之利，即有应尽之责。而仁义忠信、公平廉耻之性，以屡溉而愈昌。人各私其国，而后有爱国之心；人各私其群，而后有爱群之心；人各私其上，而后忠孝有实效，非徒廓然以空名相寄。若夫必需之智识，自养之技能，此以牖民智之稚者，尚武之精神，此以振民气之颓者，则亦相辅而不可或缺。而其层累曲折，非一蹴几。日本立学，欧化、国粹交融而迭进，所当慎所取法，盖奖励德育，乃为要义中之要义也已。异哉，我中国士庶，其视学堂固以是为利禄之阶梯也。夫苟人人存学古入官之意，以责报于学堂，则进化之机立窒。据今定章程，省府州县全数核计学堂，当得千数百，三岁之后卒业者，已七八百人，岁出而不已，安得人人而官之？且治事之才与治学之才，恒不能相兼，故哲学巨子未必遂为政界之杰泰。西有鉴于此，乃设为学问之名位，政治之名位，区二途以相沟分。觇国者且于此得一例焉，曰实业之学人，多于入仕之学人，则国治；实业之学人，少于入仕之学人，则国不治。今议者曰，非鼓以利禄，则群才不奋兴，此未与闻，夫人格之说者也。通国有一人不学，即一人失其完全之人格。况率亿万蚩蚩然不知不识之民，以与举国皆聪颖强异、智勇卓荦之民，相见于天演竞择之界，即使得十百才俊作之官师，极力持拄，其能免于沦夷衰替乎哉？故综而论之，造就人才与振兴实业者，皆为国民教育中之一部分，而国民教育之注重，固不但大学、中学为然，即小学、蒙学亦必有此意，灌输其间，即家庭教育幼稚园亦当以此意植基于始。呜呼，欧美之民富公德，亚东之民能厚群，其所以致此者，决非一日之故。惟我神州夙有孔教，渐摩收效，较易化而裁之，推而行之，神而明之，愿以告世之司教育权者。

从以上选取的三篇文章可以得知，许承尧行文不但有文采，而且更重要的是有思想。纵谈古今世事，皆能独抒己见，言之成理，显示了许承尧扎实的学识素养，更表达了一个莘莘学子经世致用的理想抱负。

许承尧的《会试墨卷》涵括了世系、恩师、科考文章等资料，对研究许氏家族、本人生平及清末科举考试都有重要的史料价值。

第五辑 艺术与收藏

《草心楼读画集》考略与清末徽州收藏

一、《草心楼读画集》之考略

（一）黄崇惺生平事略

黄崇惺，原名崇姓，歙县潭渡人，黄熙长孙。自幼聪慧过人，深得伯父的喜爱，成年时因太平天国起义于清同治元年（1862）携家人离家避乱，寓居汉皋。

黄崇惺，清咸丰元年（1851），浙江榜乡试中式。清同治十年（1871）进士，授庶吉士，为“十里四翰林”[①]之一，累迁福建归化（今明溪县），任福清知县，署汀州府同知，所至均有政声。

据1943年刊行的《明溪县志》卷十四载：“清光绪元年（1875），以庶常来宰斯邑。承地方凋敝之余，民生穷困，元气未复，一意与之休息。在任数载，慈惠清廉，刑清政简，勤于抚字，拙于催科。凡鞫案遇笞责时，辄怵惕不自安。尤热心造士，考课文卷，必为诸生评改。性好山水，公余之暇，常游滴水岩。以其间亭台颓圮，捐资重建，俾复旧观。并探奇索隐，得七十二景。著有《滴水岩纪略》付梓。方将与教谕刘懿芝、邑孝廉赖铭书等，谋修邑乘，因奉调福清，旋升汀州府同知，遂离任。未果。邑人感其德，立禄位于滴水岩，醵金置产，为每岁祭祀之需焉。”从县志记载来看，黄崇惺勤于政事，体恤百姓，重视文教，颇有声望。

① 同治十年（1871）辛未同科考中进士，并一同授予翰林院庶吉士的有岩寺洪镔、郑村郑成章、潭渡黄崇惺、西溪汪运纶，这四个村镇都坐落在丰乐溪沿岸十里之内，故称。

黄崇惺除著有《滴水岩纪略》外，对徽州历史人文倍加关注，多记本县掌故。其《凤山笔记》专记太平军入徽始末，甚为详尽。清同治中期议修府志，黄崇惺作《郡志辨证》，纠正道光七年（1827）《徽州府志》舛错数十处，皆精确。黄崇惺还著有《劝学赘言》《集虚斋赋存》《集虚斋文存》《二江草堂诗集》《草心楼读画集》，诗文雅健，著述宏富。

黄宾虹的《宾虹杂著》中也有关于黄崇惺的记述："先君（指黄宾虹的父亲黄定华）侨浙东，太史（指黄崇惺）迂道来拜，在闽中邮寄所著《劝学赘言》《凤山笔记》，又重刊《潭滨杂志》等书，未几，卒于官所。历任归化、福清知县，署汀州同知。著有《二江草堂诗集》《集虚斋文》。家多藏书，旋亦尽佚。先是太史尝拟修《蓼莪堂谱》，秋宜少尉亦欲同辑嘉道以来里中轶事，以续《潭滨杂志》之后，又为《思源录》，以记述先德之文，均有志未果。"黄宾虹在近六十岁时编定的《黄氏先德录》中，记下他八岁时与族中前辈翰林公黄崇惺的一段交往：黄崇惺前往福建任上，特地迂道来金华看望族亲黄定华，为黄宾虹订立课程并游览八咏楼等处。当时正值秋天，黄崇惺指着满山的红叶问黄宾虹是什么？黄宾虹随口引用杜牧的诗道："这是'红于二月花'的枫叶啊！"这时一只蚱蜢从草丛里跳出来，黄崇惺又问："你可听说一种小船叫蚱蜢舟的典故？""知道，'只恐双溪蚱蜢舟，载不动，许多愁。'小舟叫蚱蜢，是六书象形的意思。"黄宾虹又脱口说出了李清照的词。黄崇惺听罢，对黄宾虹的对答如流，大加赞赏，黄宾虹对这位族叔也是崇拜有加。

《凤山笔记》是一部比较详细记载太平军在徽州活动的史料，受到许承尧、黄宾虹等人的重视。"自同治元年以前，不佞皆居里中，纪述稍详。其后乃携家客江汉，游京师，里中音问多隔，故二年以后，但据奏报之文纪之，以著徽防之始末。"[①]《凤山笔记》因未刊行，许承尧"惧久而湮没"，遂全文收录在《歙事闲谭》中。

咸丰三年（1853）正月，太平军攻克安庆，长驱东下，连克沿江诸县。二月十日，攻破南京。二十日，洪秀全定都南京，改称天京，颁国号太平天国，称天王。旋即开展北伐、西征。

① 黄崇惺：《凤山笔记》，见许承尧撰，李明回、彭超、张爱琴校点：《歙事闲谭》，黄山书社2001年版，第654页。

自咸丰四年（1854）至同治三年（1864），十年间，徽州一府六县，几无一处未遭兵燹。长期的战乱，使得徽州窖藏为之一空，粮食奇缺，物价飞涨，民不聊生。《风山笔记》载："庚申之乱，徽人之见贼遇害者，才十之二三耳。而辛酉五月贼退之后，以疾疫亡之六七。""又贼未退以前，乡村粮食已尽，往往掘野菜和土而食。贼既退，米价每斗至二千钱，肉每斤五六百钱，日不能具一食。绩溪近泾、太之乡村，有至于食人者。于是饥饿而毙者，亦不可胜计。"

《歙事闲谭》中载：咸同兵燹，"吾徽受祸最酷。以歙一县计之，人口损十之七八，庐舍损十之六七。其时焚掠屠戮之惨，殆不下于明末之蜀、清初之嘉定扬州也。"[1]据民国《歙县志》载：道光年间歙县人口617 111人，同治八年（1869）歙县人口309 604人，其间减少307 507人。

清道光年间，为了安徽省志修编的需要，徽州知府马步蟾主修的《徽州府志》于道光七年（1827）梓行，受到州内外的一致好评，甚至有"集徽志大成"之誉。黄崇惺在研读过程中，却发现志书中缺漏处很多，待商榷处亦多，穿凿附会之处亦有。"崇惺之意，犹病其太繁，而疏略舛漏之处，亦往往而有。"[2]黄崇惺觉得志书应忠实记录历史，不能捕风捉影，牵强附会，更不能人云亦云，无中生有。因此，他查阅资料，经过认真的考证，撰写了《徽州府志辨证》一书，以纠正府志中的错讹之处。如他指出，根据黄白山先生的考证，由署名"陶瞻"所撰写的"晋故新安太守黄君碑"的文字是伪作；郡志中的"人物"篇，未认真考证，存在许多错误；"歙之栗里，为渊明隐处。黟之碧山，为李太白咏'桃花流水'绝句处。祁门之隐张山，为张子房避秦处。绩溪之来苏渡，为苏子瞻南归遇子由处。皆附会之说，宜概从删削。"[3]

同时，对修志的体例及详略亦提出了许多自己的见解，如他认为郡志于"隐逸"之后又设"风雅"一栏目没有必要，擅长诗文者可并入"文苑"，擅书画者可并入"技术"；郡志"方技"篇中有关制墨名家的记述太为简略，如罗小华、程君房、方于鲁及近代汪节庵、曹素功等都未

① 许承尧撰，李明回、彭超、张爱琴校点：《歙事闲谭》，黄山书社2001年版，第128页。
② 许承尧撰，李明回、彭超、张爱琴校点：《歙事闲谭》，黄山书社2001年版，第574页。
③ 许承尧撰，李明回、彭超、张爱琴校点：《歙事闲谭》，黄山书社2001年版，第590页。

列入。

从以上我们可以看出，黄崇惺读书之认真，洞察之精微，行事一丝不苟，论证严密，而不是人云亦云，以讹传讹。

黄崇惺襟怀清旷，谈吐风流，不谐于俗，为诗“风格隽爽，天分绝高，不作僻深敧仄之体，不染浅肤庸烂之习”①，著有《二江草堂诗集》，深受时人所赏。谭献②称闲暇之余，多有交往，与其“分曹角韵，觞咏为乐”。

黄宾虹曾在致黄警吾的书信中谈及《二江草堂诗集》的相关情况：“警吾世侄，台如晤，前得手缄并即二江草堂，甚感。拟就中托友撰一叙文，再装赠同好，俾阅者知吾族有诗人，不仅以功名显耀，亦属幸事！附印谱，希鉴存。此询传祺百益。朴存手泐”③。经查，许承尧亦曾收藏有《二江草堂诗集》(木刻，三册)，现藏于安徽省博物馆。因各种原因，笔者目前尚不得读，亦属憾事！

(二)《草心楼读画集》简介

草心楼，系黄崇惺的祖父黄熙所筑的别业，位于潭渡扬之水滨黄氏义田侧，作为读书及收藏字画、古物之所，后毁于太平天国的战火之中。“五年郡城之失，贼入城即严启闭，禁其党四出掳掠，乡人见贼目骑马登古关岭上，徘徊良久，即退。盖恐有伏兵也。潭城渡距城最近，然皆未至。未几遂弃城退去。乡人皆谓贼不甚扰民。六年九月七里亭之战，村人皆隔岸观战，妇女亦有聚观者。比贼骑渡溪，乃奔。然未几亦即退。故十年贼陷之后，居人狃于前事，皆不肯远徙，谓贼皆必不久驻，贼入山焚掠，犹以为官兵所为，以致巨家大族无一能脱者。”④潭渡近在城边，受害尤深。黄熙曾刻有“草心楼”小印一枚，以钤画作。“仆生之时楼已归他姓，而印尚存。仆家世故多蓄名画，其后稍散失。大父与先君又别有藏庋。至咸丰中，乃尽毁于贼。”⑤因此，黄崇惺以《草心楼读画集》

①《草心楼读画集·序》

② 谭献(1832—1901)，近代词人、学者。初名廷献，字仲修，号复堂。浙江仁和(今杭州市)人。

③ 鲍义来:《潭渡:丰溪甲秀 画家摇篮》，合肥工业大学出版社2013年版，第133页。

④ 许承尧撰，李明回、彭超、张爱琴校点:《歙事闲谭》，黄山书社2001年版，第656—657页。

⑤ 许承尧撰，李明回、彭超、张爱琴校点:《歙事闲谭》，黄山书社2001年版，第704—705页。

为书名，亦寄托了对祖父的哀思。

《草心楼读画集》载黄崇惺于“同治中客游江汉间，每忆家藏及戚里中所见名迹，今皆无有，辄为惘然太息”，因此“因取往时所见名画，差可记忆者，各赋一诗”。《草心楼读画集》主要由两部分组成，一为杂记，一为题画诗。所录杂记约38篇，题画诗54首，所记书画50余幅。“以识吾乡当时好事赏鉴之盛，实为罕俪。”

二、由《草心楼读画集》所见之徽州收藏

字画收藏一向为个人行为，鉴于各种原因，所藏字画大都藏之高阁，秘不示人，且当时没有复制照相之手段，难以见到书画藏目及图录。《草心楼读画集》为我们见诸清中后期的徽州收藏之富，打开了一扇窗户，其意义当不言而喻。因此自1911年始，黄宾虹在与邓实主编《美术丛书》之时，在初集第一辑中就收录了《草心楼读画集》，前有曾任歙县知县的杭州人谭献于光绪辛丑（1901）仲春作的《序》。

黄崇惺在一篇杂记中这样写道：我出生也晚，徽州故往那些德高望重的书画家、鉴藏家大都没能见到，所见王杏飔、汪艺梅、曹芙裳等诸先生，皆风雅之士，他们对晚辈多加提携奖进，兼工赏鉴。当时，徽州古物之胜，名家大族多有庋藏，如《草心楼读画集》载，歙县、休宁的“程氏铜鼓斋、鲍氏安素轩、汪氏涵星研斋、程氏寻乐草堂，皆百年巨室，多蓄宋元书籍法帖、名墨佳砚、奇香珍药，与夫尊彝、圭璧、盆盎之属，每出一物，皆历来赏鉴家所津津称道者，而卷册之藏，尤为极盛。”铜鼓斋为歙县县城荷池人（今城东）程洪溥的别业，家藏三代青铜器千余件。清嘉庆十四年（1809），为阮元造积古斋摹拓金石文字碑形墨。道光十六年（1836）四月，程洪溥携杭州释达受同来歙品鉴、传拓青铜器。同年冬，释达受离歙，程洪溥赠送《蕤宾铁题咏卷》、唐寅纸本长卷《沧浪图》。二十二年（1842）四月，释达受第四次来歙，八月，传拓四大卷告成，程洪溥即命装裱，卷高二尺半，长五丈余。铜鼓斋辑有《木庵藏器目》《捃古录》等。“安素轩”是歙县棠樾村鲍漱芳的书斋名，其酷爱书画文物收藏，除广做善事外，致力于搜集宋元古籍、法帖、绘

画、墨砚等物。中年后，鲍漱芳请名家鉴定评跋，选其精者，于嘉庆四年（1799）延请扬州著名篆刻家党锡龄摹刻上石。逝后，其子继承父志，至道光九年（1829）刻成，汇为《安素轩法帖》。

关于汪氏涵星研斋、程氏寻乐草堂，由于资料有限，未知其详。但在中国嘉德2004年秋季拍卖会的图录上，其中明代著名画家吴彬的《秋闺夜思图》手卷钤有“寻乐斋真赏印、寻乐斋程氏图书、寻乐斋书画记”等鉴藏印。

这些名门望族基本居于歙县至休宁的狭长盆地范围内，这既是徽州最富庶的地区，也是徽文化的核心区。这些藏家之间相互交流把玩。《草心楼读画集》说：“每至，则主人为设寒具，已而列长案，命童子取卷册进，金题玉躞，锦赙绣褫，一触手，古香经日不断。相与展玩叹赏，或更相辨论，断断不休。”黄崇惺对藏家鉴赏活动做了生动的描绘：客人一到，主人摆上糯米饼、茶馓之类的干粮，沏上一壶好茶，将长长的画案摆开，然后吩咐书童将画卷、图册呈上，小心地将装帧精美的书画或古籍缓缓展开，众人皆凝神瞩目，古物雅致之风，扑面而来，满屋皆香。在鉴赏书画古籍后，众人纷纷发表评鉴意见，有时看法相左，则争论不休，一时颔首赞赏者有之，摇头否定者有之，众说纷纭，颇为热闹。年幼的黄崇惺跟随在长辈的身边，经常见到这样的情景。由以上这段文字，大致可以知道徽州当时收藏之胜。

清末光绪年间的徽州知府刘汝骥在《陶甓公牍》中说：“歙处万山中，习俭朴。乾嘉之世鹾业盛，富户多稍稍趋奢华。书籍、字画、金玉、古玩储藏最富。”黄宾虹在《八十自叙》中亦回忆说，自他十三岁返原籍歙县应童子试（县试），“时当难后，故家旧族，古物尤有存者，因得见古人真迹，多为佳品”。

（一）清末徽州收藏的数量与品质

从黄崇惺的《草心楼读画集》所记载的潭渡及其所见的书画收藏来看，其数量惊人，品质上乘，一些后世所誉的名画皆曾出现在徽州。黄崇惺家族亦是收藏世家，《草心楼读画集》说：“仆之先世，多蓄法书名画，嘉道以来，家道中落，往往归于他氏。然存者尚多，有书一楼，列几堆积，高五六尺，多有前代古本，而不容取视。又有大小竹木笥十余，杂贮先世冠履之属，皆明代之物。”尽管家道中落，但仍有大量的收藏，可见其家族之前的收藏数量一定是惊人的。年少的黄崇惺忍不住好奇之心，一天偷偷上楼，看见一个竹制的箱子里有书画卷轴，但是上面堆了一层又一层，力气尚小的他搬不动，又怕惊动大人，便按捺住怦怦跳动的心，取出一小册，打开一看，是元代著名书画家柯敬仲书写的《月赋》小楷，又于别室中找到一幅赵孟頫的《西园雅集图记》小楷。

黄崇惺的岳父鲍梦苏也藏有书画四大箱，随身携带。2010年上海敬华艺术品拍卖公司春节拍卖会预展的恽寿平《六君子图册》上就有鲍梦苏的收藏印“鲍梦苏珍藏书画金石之章”。

黄崇惺的先高祖黄存斋既是书画家，又风雅好士，所交皆当世名士，黄氏家中所存一半为黄存斋所遗传下来的故物。程瑶田将黄存斋比之于顾阿瑛。黄存斋藏有元代画家黄子久的《富春山水》，纸幅长八尺许，黄子久自题诗，沈石田题一诗；藏《浙江山水》，卷长丈余，高仅四尺许，合仿四家而成，卷末附致程蚀庵小札行书，尤其可爱。黄崇惺高祖与清代画家尤贡甫交好，尤贡甫画有《兰花》相赠，此幅画以瓷青纸泥金作绘，历经百余年矣，而金色不改。

黄崇惺先父藏有宋院画《牧猪图》，绢素黯敝，而神采如生，在其先父所藏画中此为第一。还有明末清初著名画家、诗人陈老莲的《渊明簪菊图》也是精品。

黄崇惺记得家藏还有明代著名画家仇实甫的《岁寒书屋》长卷，金碧烂然，而苍郁之气远过于宋院画，末有唐子畏题长句，行书亦绝妙。戴文进曾为黄家作《春晖堂图》，平时悬挂在堂中，太平天国战乱后还在，纸墨如新，十分难得，后又得戴画《长江万里图》长卷。黄家旧藏还有吴道子的《先圣像》。

黄崇惺的二伯父藏有南宋画家赵千里的楼阁小册，界画工细，可与今欧美国家的西洋画相媲美。还有北京著名画家李龙眠的《十八应真渡海》长卷，笔墨若毫发，穷极神妙。

黄崇惺岳父家藏有唐代画家阎立本的《孔子事迹二十四图》；舅舅藏姚少师《百八罗汉图》，画中罗汉面貌无一笔相似；堂哥黄崇敬曾收藏了张择端的《清明上河图》。在子和斋中，黄崇惺看见壁间挂有宋人《仙山楼阁》，喜爱之至而不能忘怀。

黄崇惺的外祖父洪云上先生藏古画一幅，长六尺，全幅皆水，作波涛起伏之势，墨色浓淡相间，一鲤鱼长可盈尺，盘跃其中。悬之高堂，水势皆动，鱼亦跃跃欲出，虽至静者，不能逼视移时，目不转眩，诚坡公所谓汹汹欲崩屋者。相传古画为孙知微真迹，纸质坚韧，亦必非宋以后物也。洪氏历代宝之，外人不以轻视。每值三伏，则悬之清鉴轩旬日，以当曝画。黄崇惺作为洪云上先生的外孙，所以能够数次见到此画。

以上黄崇惺所叙及的只是先高祖以下数代，岳父、外祖父、舅舅、邻居等所藏的书画，对于浩大的徽州收藏来说，只是高山一抔，沧海一粟。故黄崇惺感叹道："盖幼时游里中诸收藏家，亲见其论画必宋元人，乃辨别真假工拙，明及国初，不甚措意；若乾隆以来，鲜有齿及者。大乱以后，金冬心、郑板桥之俦，一联一幅，皆值数万钱，承平时，中人之家，黏柱障壁，比比皆是，亦无人估值也。"①

(二)书画等收藏品的流转

从黄崇惺所记载的书画来看，一为家族书画家所遗留，如黄凤六、黄吕等，一为文人相唱和交往获赠，而大量的书画应该是家族之人从苏州、扬州、杭州、南京等地购得。书画等艺术品由于风雨剥蚀、鼠啮虫蠹、水火灾害等自然因素，亦由于战火、社会动乱等人为因素而毁灭，《草心楼读画集》中记述最多的是太平天国战火所带来的灾难。

黄崇惺表兄鲍雁卿家中曾藏明代书画家沈启南的《杏花卷子》，"嘉靖初，吴匏庵成进士，石田写杏花一枝贺之，墨笔挥洒，而神韵欲绝，卷长丈许，文衡山跋其后"②。太平军攻入徽州，村人慌忙携妻子、孩子躲入山中，根本无暇顾及家中的古玩书画，"法书名画，半为贼焚"，太平军走后，鲍雁卿又积极收集，"所费数十百金，而名墨盈箧"。有一天，黄崇惺到他家拜访，他拿出《颍上兰亭》给他欣赏，上面布满了宋元以来的名人题跋，此为用米一升从村妇手中换得。然而没过两年，表兄家

①《草心楼读画集》。

②《草心楼读画集》。

中的房子及藏品都被太平军所焚毁。鲍雁卿每每想起，则痛哭欲绝。

岳父鲍梦苏的四大箱书画，“舟车必载以自随”，在任官期间，穷困潦倒，也不愿意卖掉一幅，为了暂时周转，将它抵押在杭州的典当行中。咸丰十一年（1861），李秀成率领太平军攻克杭州，这四大箱书画亦不知所踪。

沈启南曾因诉讼案件来徽州避难，住在潭渡燕翼堂。临行，画了《松》《柏》《桐》《椿》四大幅及《五松图》一幅。清初，五画被黄崇惺祖上所收藏，乾隆、嘉庆年间，由于黄家盐业中落，以五画及周钟一，押在族人手中，借得千金以周转。太平天国战乱后，仅存《松》《椿》二画，复归于黄崇惺。

黄崇惺在投奔虎卿方伯叔时，送上书画两幅作为见面礼，一为沈启南山水画幅，“峰势巃嵸，悬之高堂素壁，家人妇子，辄疑山石欲坠，为之惊怖”；一为董其昌的《集虚斋记》草稿长卷，“涂乙潦草，字势几不可辨，而天趣飞动，盖不著意之作，尤妙绝矣”[①]。

程洪溥的铜鼓斋中所藏古画，以五代宋初画家李成《五老峰图》为第一，书迹以大令《保姆帖》为第一。其后人程少帆，在太平天国时避居祁门，书画数十箱，寄存在农家，结果被太平县的奸商骗去。汪授芝知道后十分惊叹，约黄崇惺与鲍雁卿等十数人在歙西堨田聚议，商量用钱赎还，如不肯的话则控告到府县，求得裁决。商人畏惧，从中拣取书画若干，献于驻军在祁门的曾国藩，以求得庇护，而把其他的书画全部带往武昌，“厉伯符方伯、吴芷生大令，得之颇多”。大令帖上有云松先生所书画跋，“称以千金得之苏州者也”。

黄柱，字孑立，号碧峰，潭渡人，明代画家。黄柱精绘事，花卉鲜妍，翎毛轩翥，人物、佛像俱妙。现歙西圣僧寺粉壁上尚有其作的“十八应真渡海像”。村中有人得到一只白鹊，大家认为是吉祥的好兆头，黄柱画了一幅《白鹊图》，其祖父亦临摹一幅。同治癸亥年（1863）黄崇惺到武昌，一天傍晚在集市的摊上看见黄柱《白鹊图》，但要价二千钱，因嫌贵而未购下，第二天再去时，已经被别人买去了，为之懊悔数日。黄崇惺高中进士南归到达扬州时，江都邢子膺明府以黄柱祖父所临《白鹊

①《草心楼读画集》。

图》相赠。“仆入手狂喜，更乞诸名士题咏”，“盖乡里乱后，法书名画，流转至三楚最多。明府此画，亦从乡人购得”①。

十九岁的黄宾虹曾赴福建汀州探望黄崇惺，这位族亲见黄宾虹学有所成，十分欣慰，临别时赠画数轴，均为当代名笔。黄崇惺死于任上后，其夫人因不识优劣，便邀请黄宾虹去她家帮助分类鉴定，后来黄崇惺家的收藏大部分转让给了黄宾虹，其中有元四家及渐江的真迹。其他潭渡黄氏的一些书画亦转到了黄宾虹手中，如黄真民后人所藏的渐江《枯木竹石》立轴，后来黄宾虹游走四方，这幅立轴一直与他朝夕相依，这亦是物有所归。

（三）黄崇惺的书画鉴赏理论

1.气韵之说

南朝画家谢赫在《古画品录》中首次提出绘画的“六法”，即气韵生动、骨法用笔、应物象形、随类赋彩、经营位置、传移模写。气韵指书画的风格、意境或韵味，在我国传统艺术作品中居首要地位。唐代张彦远在《历代名画记·论画六法》说：“若气韵不周，空陈形似，笔力未遒，空善赋彩，谓非妙也。”因此，追求艺术品的神形兼备，独特的神韵，是许多艺术家的终身梦想，也成为鉴赏家判定作品优劣的重要标准之一。

黄崇惺的祖父黄熙早年游艺于外，后居家乡画舫斋，画舫斋轩槛明净，绿树浓荫，奇花异石，环境优雅。每当风和日丽，辄欣然含毫吮墨，作画以自娱。由于家中所藏宋元以前名画甚多，“所画松，辄如雾雨欲滴，纸障犹湿；所画石，如池水初裂，纹理四出”。黄崇惺进一步引用了其祖父的话：“吾于画不知所谓南北宗派也，当吾意而已；吾作山水树石，不知所谓阴阳向背也，得物之天而已。当吾意，则不必悦世眼；得物之天，则虽尺幅之内，天与地卑，山与泽平，无害也。”②以上强调了画家要不受宗派及外在实物的拘束，画作不求形似，意在表情达意，独抒性灵。黄崇惺说，祖父的画“不须谛视，已觉其妙，此为气韵胜也”。

①《草心楼读画集》。

②《草心楼读画集》。

黄崇惺题王孟端《山水》："画家固首重气韵，然非运以腕力，则气韵亦无所附也。"题高房山《山水》："仆尝言宋元诗家惟虞伯生，真有得于画家山水气韵之妙，故每一下笔，辄有云烟苍润之致，绕其腕底。若摩诘诗中有画，犹仅得其好景而已。"黄崇惺还说："盖题画诗亦当首重气韵，若模范琐琐，乃无是处。"[①]因此，"气韵"为黄崇惺鉴赏作品的首要标准。

《草心楼读画集》中录有一首黄崇惺题先大父山水的诗："崚嶒石作冰纹裂，平远山如佛髻青。古径微茫出猿鸟，幽泉断续响珑玲。秋生岸上短杨柳，雾隐峰梢孤草亭。故里风光先世墨，客中惆怅泪星星。"从诗中可以看出，黄熙画风与新安画派先贤是一脉相承的。

2.高澹之说

黄崇惺题倪云林画："云林画，吾所见鲜真者，家有渐江画枯树竹石小景，乃深具高澹之致。渐江画当时得之，以当云林。吾思云林画不可得，展渐江画如睹云林。诗题倪名，亦买王得羊之意尔。"这里既表达了黄崇惺的审美取向，又指出了渐江宗师的画风师承关系。倪瓒，元代画家，初名珽，字泰宇，后字元镇，号云林子、荆蛮民、幻霞子等，江苏无锡人。倪瓒擅画山水、墨竹，师法董源，受赵孟頫影响。早年画风清润，晚年变法，平淡天真。作品个性鲜明，多画太湖一带山水，构图多取平远之景，近景一脉土坡，傍植树木三五株，茅屋草亭一两座，中间上方空白以示淼淼的湖波、明朗的天宇，远处淡淡的山脉，画面静谧恬淡，境界旷远。其作品有《松林亭子图》《渔庄秋霁图》《虞山林壑图》等。倪瓒与黄公望、王蒙、吴镇合称"元四家"，明代江南人以有无收藏他的画而分雅俗，对明清绘画产生了巨大的影响。

清薛福成在《出使四国日记·光绪十六年闰二月十一日》中说："中国之有画，亦数千年矣，然重意不重形，后世所推神品者，专以超脱高澹为宗。"黄崇惺题画诗："云林画笔枯而腴，妙处欲突王黄吴。此境绝高知者少，学之不成如枯条。萧然一石一树根，树亦无枝石无纹。数茎软草风中翻，谛视无有笔墨痕。旨哉风味不可论，转觉万壑千岩繁。秋

①《草心楼读画集》。

虫鸣鸣月当轩，素琴弹罢吾无言。”[1]表达了对倪瓒的赞赏之情。

明末清初，以渐江为代表的一批新安画家，以学“元四家”，尤其是倪瓒的绘法技法，貌写家山，师法自然，借景抒情，表达自己心灵的逸气，以遗民苍凉孤傲之情，化作笔下的峻岭奇松、悬崖峭石、疏流寒柯，作品体现出一种超尘拔俗和凛若冰霜的气质，意境深邃，具高澹之气。画论上提倡画家的人品和气节，绘画风格趋于枯淡幽冷，具有鲜明的士人逸品格调，在17世纪的中国画坛独放异彩，后世以“新安画派”冠之。

3.沉郁之说

陈廷焯，字亦峰，又字伯与，原名世琨，江苏丹徒人，晚清著名作家。他说：“所谓沉郁者，意在笔先，神余言外。”画要“若隐若见，欲露不露，反复缠绵，终不许一语道破。匪独体格之高，亦见性情之厚”[2]。沉郁，本指诗文而言，黄崇惺则借用于书画的欣赏，在《草心楼读画集》中先后有三段文字论及。

他在题仇实甫《宫闱图卷子》中说：“董尚书言‘画家得烟云供养之益，若实甫辈画苦心刻镂，正足损人耳’吾谓尚书此言，为画家自言则可，若论画者不当如是。吾甚爱实甫，正以其沉厚苍郁之气，足以益人。如此徐庾文字，杜文贞五言长律，岂以排偶掩其工哉？”仇实甫的此幅图曾为潭渡某氏家藏，后来流转到浙江，听说已为李小泉尚书所收藏。祖父曾经说画家画仕女最难，黄崇惺认为：“吾谓画者胸中必有一段苍凉盘郁之气，乃可画山水；必有一段缠绵悱恻之致，乃可画士女。”

在题仇英《美人弹琴》图中说：“昔王文简与王茂京侍郎论画，侍郎谓仇画之胜，正如杜诗沉郁痛快，文简击节其言。余谓倪高士画，亦当以沉郁痛快胜，恐渐江辈已不能至。余不解画，亦坡公论书，所谓通其意者，正如诗家陶彭泽、韦苏州，皆以沉郁发为高古，王摩诘、孟山人不能逮也。世有文简侍郎当共证之。”

在题文待诏画中说：“明四家画，吾独爱沈石田、仇实父子。子畏恐未免俗，独天赋超耳。待诏当在唐沈之间，吾于雁卿所见待诏所为《兰亭图》，盖即王文简冒园修禊所见者。”

①《草心楼读画集》。

② 陈廷焯:《白雨斋词话》卷一。

沉郁，就是指情感的深厚、浓郁、忧愤。它古拙苍重悲凉，有如老僧的饱经沧桑、心纳万境。譬如读杜诗，最易体会那种慷慨悲凉，沉郁忧愤之气。于书画不仅表现在技法、构图上，更表现在画家创作时的心境，对于人生世事的参悟，对于自然的皈依，对生命本体的探究上，表现在山水画上则是淋漓痛快，笔饱墨酣。画面内容博大精深，意境苍茫雄浑，感情诚挚深沉，给人以无穷的想象。即意在笔先，神于其外。

从黄崇惺的三段文字所阐述的含义来看，他认为画家要注重生活的积累，曲折跌宕的人生经历，痛彻骨髓的人生体验，有助于画家提高作品的内涵，盘集郁结于心，发之笔端，其丰富的内容，具有含蓄的意味，蕴涵着深沉而磅礴、激越而又抑郁的情调，因为寄托深远，留下了许多令人想象与思考的空间。

三、结语

徽州俗重文雅，彬彬乎东南之乡。这不仅表现在对文化教育等方面的重视，还表现在对书画文物收藏的极大热情。明末清初吴其贞在《书画记》中说：“忆昔我徽之盛，莫如休、歙二县，而雅俗之分，在于古玩之有无，故不惜重值争而收入。时四方货玩者闻风奔至，行商于外者搜寻而归，因此所得甚多。”因此，徽州收藏风气日盛，不仅涌现了许多收藏大家，而且渐成社会潮流，“堂中无字画，不是好人家”，这种习俗一直沿袭至今。明万历三十八年（1610）九月十五日，李日华[1]到达歙县岩寺镇，时已中午，就近入一小酒馆中便餐，见店中“几案楚楚，熏炉研屏，若苏人位置。壁有文太史画一帧，题句云：秋色点霜催木叶，清江照影落扶疏。高人自爱扁舟稳，闲弄长竿不钓鱼。长洲文璧”[2]。“文太史”即文徵明，长洲（今江苏苏州）人，明代著名的画家、书法家、文学家。由此可见，明代中期徽州在装帧、布置名人字画方面已经成为一种时尚。

黄崇惺所著的《草心楼读画集》是继吴其贞《书画记》之后，记载徽州本地收藏较为详细的著录书籍。虽然它所记载的仅仅是潭渡黄氏家族

① 李日华(1565-1635)，字君实，号竹懒，浙江嘉兴人。工书画，精鉴赏，世称博物君子。

② 李日华:《味水轩日记》卷二。

及其亲眷友朋的收藏品，范围有限，但其展示的收藏之富、之精，已足以让我们瞠目结舌。《草心楼读画集》为我们窥视清中后期的徽州收藏文化打开了一扇窗户。稍后的许承尧、黄宾虹等诸辈紧接其踵，不遗余力收集乡邦文献、名人字画、古玩鼎器，为我们留下了一笔丰厚的文化财富。徽州乃文物之海，当不虚也！

附　录

草心楼读画集序

歙邑黄君，字次荪，予宰是邑时，始相识缔交也。襟怀清旷，吐属风流，生平工诗不苟作。其诗风格隽爽，天分绝高，不作僻深敧仄之体，不染浅肤庸烂之习，簿书闲暇，时相过从。忽忽十余年，睇山川之间隔，怅筹书之多阻，回忆当年分曹角韵，觞咏为乐，杳不可追。今春令子见示《二江草堂稿》乞序于予，披览始终，皆题画之作，其自述曰："世所传题画诗，汇集古今作者，佳恶杂出，鲜有可观。古云：诗中有画，画中有诗，涤山川之灵，暎声韵之秀，意欲为此体，一洗秽腐，乃取往时所见名迹，差可记忆者，各赋一诗，诗存不多，其吐弃凡庸之意，洵足驰骋骚坛，传播艺林也。"噫，余老矣，天涯知己，如晨星硕果，今读是篇，又深怀旧之感喟也已。

光绪辛丑仲春　仁和谭廷献[①]

黄小传

崇惺，原名崇姓，字麟士，号茨荪，又号次孙，真民先生孙。幼颖异，从父两墩司训钟爱之，长遭兵乱。时同族虎卿观察任汉黄道，客汉皋。旋中咸丰辛亥浙榜举人，同治辛未授庶吉士。先君侨浙东，太史迂道来拜，在闽中邮寄所著《劝学赘言》《凤山笔记》，又重刊《潭滨杂志》

① 谭献(1832—1901)，近代词人、学者。初名廷献，字仲修，号复堂。浙江仁和(今杭州市)人。少孤。同治六年(1867)举人。屡赴进士试不第。曾入福建学使徐树藩幕。后署秀水县教谕。又历任安徽歙县、全椒、合肥、宿松等县知县。后去官归隐，锐意著述。晚年受张之洞邀请，主讲经心书院，年余辞归。骈文师法六朝，尤工词，家藏前人词曲甚富。

等书，未几，卒于官所。历任归化、福清知县，署汀州同知。著有《二江草堂诗集》《集虚斋文》。家多藏书，旋亦尽佚。先是太史尝拟修《蓼莪堂谱》，秋宜少尉亦欲同辑嘉道以来里中轶事，以续《潭滨杂志》之后，又为《思源录》，以记述先德之文，均有志未果。

草心楼读画集（依写本刊）

歙黄崇惺，原名崇姓

仆自束发以后，薄游燕吴楚越之地，所见当世伟人硕德，盖亦多矣。若夫天怀高澹，赴义纯挚，门内之行，感于路人，而世俗之味，弃若刍狗，则未有如吾大父真民府君者。仆之生，大父年已七十，少壮客游江东西，及是不复出，生平于文词书画，皆有悬解，所言医卜地理之术，皆与世绝殊异，晚岁犹日取《汉书》为诸孙讲说。以世变方亟，有意于徐孺子，申屠子龙之为人，有腹疾不甚能出门。所居画舫斋，轩槛明净，有树石之胜，每风日晴美，辄欣然含毫吮墨，为画幅以自娱。盖大父生平所见宋元以前名迹至伙，每一下笔，辄与古会。然大父之言曰："吾于画不知所谓南北宗派也，当吾意而已；吾作山水树石，不知所谓阴阳向背也，得物之天而已。当吾意，则不必悦世眼，得物之天，则虽尺幅之内，天与地卑，山与泽平无害也。"故大父所画松，辄如雾雨欲滴，纸障犹湿；所画石如池冰初裂，纹理四出，间作小人马，躯干蹄足，略具而已，而奔腾控纵之势，令人见之神耸。仆于画无所解，然窃以为画家气韵，可一望而知。若今人作画，须谛视乃得，此非知画者，如大父画，不须谛视，已觉其妙，此为气韵胜也。大父筑草心楼于扬水之上，刻"草心楼"小印，钤所作画。仆生之日，此楼已归他姓，独见小印而已。仆家世故多蓄名画，其后稍稍散失，大父与先君又别有藏度。至咸丰中，经乱乃尽毁于贼。同治中客游江汉间，每忆家藏及戚里中所见名迹，今皆无有，辄为惘然太息。念前人题画诗，如子美、退之、子瞻、鲁直，下逮裕之、伯生，及我朝王、朱诸公，皆绝妙，画舫中人，不能解也。世所传题画诗，汇集古今作者，佳恶杂出，其书乃鲜可观。盖题画诗亦当首重气韵，若模范琐琐，乃无是处。因取往时所见名画，差可记忆者，各赋一诗，意欲为此体一涤秽腐，与前数公者相翱翔。而大父及黄氏诸画家，名共古作者俱永，人事牵扰，所作不多，旋亦遂不复作，乃者，检箧得之，虽不敢妄希前人，然于大父所云，当吾之意，得物之天者，或庶几焉。又以识吾乡当时好事赏鉴之盛，实为罕俪，而人事变迁，若此之亟，为可慨也。

黄子久富春山水

纸幅长八尺许，子久自题诗，沈石田题一诗，先高祖存斋府君旧物也。

富春之山天下绝，松石融络成奇峰。上连黄山下走杭与越，秀色独擢诸州中。灵奇蟠郁有时发，霸气乃毓孙江东。富春江头一杯水，狂煞当年子陵子。后来痛哭复何人，走上穷山愁欲死。却思前年与客挐扁舟，富春滩头十日留。峰峦一转一奇绝，烟鬟倒浸波中秋。山花何斑斑，江水亦油油。白云忽飞来，一片当船头。扣舷发奇叫，响答千岩幽。羡彼岩居人，石间架屋如猿猱。时逢卖鱼翁，当是疑年老羊裘。钓台高高欲上不敢上，尘容俗状恐被山灵羞。至今魂梦忘不得，好景已被痴翁收。痴翁之画今亦邈，令我怀古心悠悠。蓬莱万里不易到，乡路咫尺成云浮。吴山楚山不遍游，汉水浙水不共流。天涯纵目成惆怅，芳草凄凄鹦鹉洲。

仇英九歌图

云旓翠罡中天中，天风澹澹翔鸾鸿。灵奇妍怪一堂集，虚堂深深烟雾湿。湘兰湘竹怨愁多，湘水无情夜不波。梦里君山向人笑，美人无奈蹇修何。

沈启南（周）杏花卷子

嘉靖初，吴匏庵成进士，石田写杏花一枝贺之，墨笔挥洒，而神韵欲绝，卷长丈许，文衡山跋其后。余于鲍雁卿表兄家中见之。当吾州乱时，故族避居山中，贼至携挈远走，他物皆不复顾，法书名画，半为贼焚。其存者居人取以易饼，犹鲜有酬者，独雁居灵金山，贼氛稍远，则以余钱收之，盖所费数十百金，而名墨盈箧。犹记一日诣其家，雁以所得《颍上兰亭》见示，盖米老所叹为绝无仅有者，宋元以来，名人题跋殆遍，雁以米一升，得于村妇，他所收多类此。然不二年，并室庐烬于贼。雁书来言，每一忆及，辄痛哭欲绝也。雁囊所藏，余有见有未见，此卷则常在念耳。

人间科第真何物，重使高人费笔端。枨触京华旧时梦，铜驼春雨凤城寒。

马湘兰兰

外舅鲍梦苏先生物，纸卷精好，笔意婉娈。外舅有书画四巨箧，舟车必载以自随。仕宦贫甚，犹不忍弃，质钱于杭州质库。辛酉，杭州失守，遂不复存。此卷亦四巨箧中物，尝举以相示者也。

露花媚烟叶，泛泛如有香。一箭两箭春，令我思沅湘。佳人出江南，婉娈得花意。惜也生当门，薰莸等遭弃。

坡、谷二公像各一首

坡为笠屐图，谷为幅巾道服，画者不足言，吾自写爱慕之意尔。

长髯短鬓霜班班，东坡何年坠人间。平生著述几两屐，饭颗戴笠真穷悭。万钉已付元长老，破衲未遣素与蛮。蛾眉天边难着脚，空忆斗大宜兴山。黄州鱼笋惠州饭，此身且伴渔樵闲。春泥没髁雨注面，尚被儿童呼长官。田家泥饭听松籁，仿佛直闼鸣铜镮。天公放晴万象霁，脱屐弃笠朝清班。（右坡像）

书摹瘗鹤腕百钧，小文亦妙世说伦。仲连太白不世出，天与摧折成诗人。霜缣黯敝气象古，幅巾短鬓饶丰神。平时孝友自天性，论学况与周程亲。出交东坡天下士，意气感激高峨岷。黔西蜀道天万里，读书学道忘邅迍。晚年手写范滂传，风节异代同嶙峋。世间荼客岂有此，此士自迈晁张秦。生前苦遭俗物恼，身后风雅畴听真。缅维宋初诗道杂，颇掇瓦砾遗瑶琨。少陵文章耀日月，大年永叔犹龂龂。荆公学杜亦漫与，余子颟顸徒缤纷。惟公句律有神解，笔刀洞辟蚕丛云。雄才逸韵信追配，百态欲压坡翁新。草堂风气自兹振，功媲六一张韩军。岂惟西江奉初祖，元虞几辈皆儿孙。群愚嘲謷亦何有，万古共仰中天辰。至今画像拜颜色，犹令耳目开尘昏。山池六月风雨过，红荷万柄摇漪沦。亦有溪荼沦云雾，

菱芡自摘潭湖湑。思公不见倏千载，令我屡叹还沾巾。（右谷像）

沈启南画椿树

空堂无风日脚射，古绿婆娑一庭亚。老椿阅世不知年，影落石田翁腕下。尝闻先子言，在昔石田翁，避人来山中，吾宗长老敬爱客，石田感激为写松。柏桐复有一缣图五松，与此而五奇观同，流传遂为吾家有，未及百年又落族人手。族人珍贵不夸客，神物光芒埋户牖，先人语及掀两眉，贱子在旁尝听受。庚辛以来兵气残，故家法物遗榛菅，五缣剩二松椿在，屋漏烟熏非旧观。千金马骨人谁眷，况值乱离名迹贱，酒酣耳热戏乞之。輴然举赠无难词，珠还合浦喜动色，蝴蝶联翩更装饰。谓是高堂眉寿徵，椿身不老松坚实。可怜风萧萧，树静风动摇。一编蓼莪难终卷，两幛丹青空故条，明年尽室江头住。画松又逐云飞去，今日虚堂看大椿，泪痕江汉同东注，却思石田画此三百年。已阅衰宗十数传，伤哉先人身，乃不如画坚。安望春秋岁月逾八千，此身朝菌夕槿然，画耶人耶皆云烟。蟪蛄声中风雨连，一恸独卧秋云边。

恽正叔画四首

正叔以山水让石谷，然其所为山水，视石谷无不及也，花卉之作，旧蓄颇多，今皆不存矣。

白丁香

素艳全欺雪，长条易惹风。香浓熏午梦，春老殢烟丛。丽日银墙外，流云镜槛中。细腰人舞倦，粉褪画楼东。

牡丹（先从兄崇敬所赠）

人间第一香，秾重不寻常。几处亭台丽，倾城士女狂。云霞拥阶砌，锦绣压衣裳。却笑荷衣客，朝朝彩笔忙。

月季（《述异记》昆仑有长春树第四句，本此）

磁斗清芬绝可人，冲寒耐冷见精神。休夸环树朝朝见，未抵瑶台日日春。舞袖云霞千态丽，晓妆风露四时新。维扬自古稻香国，留与蕃厘步后尘。

（近时扬州月季极奇，好事者赠其品至数十百种，惜未得如正叔者一一写之也。）

木芙蓉

琼树南朝迹已荒，一枝硐户趁新妆。娟娟庭院人如玉，漠漠帘栊夜有霜。赠远几人搴木末，寻秋有客醉霞殇。涉江前渡悲摇落，那更西风赋采芳。

钱舜举白山茶

描来素影画中看，标格曾非鹤顶丹。翠幕银屏藏绰约，古梅修竹伴清寒。天风送曙明霞敛。暮雪啼春泪粉残，料得临川新曲就，玉箫吹罢更凭栏。

陈白阳白芍药

朱栏粉砌暮烟浮，凉雨初晴万绿稠。白袷衣单银押重，玉箫声里怨扬州。

王石谷画

明河泛烟雾，澹月流轻素。风送洞庭波，秋生汉阳树。丛篁疏更韵，篱艳寒犹吐。山静夜猿愁，窗虚塞鸿度。怀人岁方晏，望远情逾骛。浊酒不成欢，清琴聊寄慕。

赵承旨画马

云松先生尝得赵承旨三世画马长卷，诧为至宝。余从其孙少帆处见之，未敢信为真迹也。近于扬州得承旨画马巨幅，乃远胜此卷，家守愚翁以画名嘉道间，所画乃得承旨遗意。嗟乎，江都曹韩世莫留矣，安得长对承旨画，与识者同赏其神骏哉。

骏马如美人，难得亦难画。题诗人亦夥，苦束少陵械。披圆见神骏，作者殊未迈。春晴原野绿，万柳当风挂。神驹跑空来，尘浪逐澎湃。如山忽卓立，掉尾自鸣快。鬐奚汗流踵，公子痒搔疥。韩曹不可作，独有吴兴派。丰神藏骨肉，与世作者背。千金犹有识，一帧何处卖。为诗冀增重，顾我笔力败。

凤六山人辋川图

族祖凤六山人克吕，白山先生子也，以画名。近世画谱中多载其名，余家所收甚多。

山人名父子，潇洒似王维。偶写辋川景，无惭老画师。琴声竹里馆，人语欹湖湄。应有裴钱侣，开樽共赋诗。

宋人仙山楼阁

过子和斋中，见壁间宋人仙山楼阁，爱之不能忘也。因忆家藏仇实甫《岁寒书屋》长卷，金碧烂然，而苍郁之气，过于宋院画远甚，末有唐子畏题长句，行书亦绝妙。又二伯父藏赵千里楼阁小册。界画工细，殆不减今泰西人画，今皆不知落谁氏矣。

阁道盘空万绿围，楼台缥缈映朝晖。云霞入槛浮金碧，衣袂从风拂翠微。尽日青鸾吟桂树，二秋红叶锁岩扉。洞箫呜咽传清怨，却是人间得听稀。

倪云林画

云林画，吾所见鲜真者，家有渐江画《枯树竹石》小景，乃深具高澹之致。渐江画当时得之，以当云林。吾思云林画不可得，展渐江画如睹云林。诗题倪名，亦买王得羊之意尔。

云林画笔枯而腴，妙处欲突王黄吴。此境绝高知者少，学之不成如枯条。萧然一石一树根，树亦无枝石无纹。数茎软草风中翻，谛视无有笔墨痕。旨哉风味不可论，转觉万壑千岩繁。秋虫鸣鸣月当轩，素琴弹罢吾无言。

渐江山水

卷长丈余，高仅四尺许，合仿四家而成。卷末附致程蚀庵小札行书尤可爱。此先高祖旧物。二十年来行箧所存，独此与石田《椿树》而已。

碎月滩头寒月明，松风十寺杂钟声。老僧出定无余事，闲放笔端烟雨横。石涛使气作奔放，髡残行笔恣崚嶒。渐公更嗣元人法，今日缁流能不能。

先大父山水小幅

府君姿绝人，画笔不师古。烟霞满胸臆，笔墨供一吐。高情发奇采，六法焉得圉。倪黄与荆关，过眼等尘土。此图中年笔，结构殊亦粗。坡陀碍篱落，树石入檐宇。题诗行半欹，细字脱未补。天机所洋溢，草草逾媚妩。虽为俗人笑，自有识者许。（嘉道中，吴子野画为时所重，名在大父右。金丈庶仲，大父甥也，独不然之，曰："子野笔墨纯熟而已。若我舅氏所作，气韵高妙，正如昔人论画所云，无右军一点俗气者，岂子野所敢望哉。丈郎甫吉士也。"）平生长桑书，活人不知数。闲骑瘦马出，晚日踏村坞。热肠蟠宇宙，冷韵忘城府。丹青亦聊寄，阴德耳鸣鼓。髫龄侍挥洒，砚侧常摩抚。当时不知贵，缣娟从人取。故人远持赠（江梦湘、汪菊泉皆以大父画见贻），慰我长羁旅。更念含饴恩，激昂泪如雨。

管夫人竹

纸质，小方幅，亦黯敝，而娟秀之致如新。

湘帘日暮碧云昏，皓腕荑柔染露痕。写出江南烟雨意，只愁归思动王孙。

董香光山水八册

董画所见甚多，独云松先生所藏两册子最奇。其一藏经纸，山水树石皆以朱绿，信笔点染，而神气飞动。每册有高江村评骘之语，香光自跋其后，亦以为得意笔也。其一墨笔山水，凡上下二册。余得其下册，亦有江村跋语。王杏驅孝廉跋其后，以为犹不如上册之妙，然得之亦足以豪矣。

尚书画品兼奇逸，兴到峰峦触手成。墨点淋漓参米法，银钩题识妙颜行。橹声欸乃郭边下，松影鳞而烟外清。想见九峰三泖路，碧天无际暮云横。

先大父画便面

秋山澹荡如名士，髡柳婆娑似醉人。骑马溪南踏红叶，偏提满贮浊醪春。疏林觅句晚风清，黄叶风前自送迎。行过前溪更回首，马头三十六峰清。六陵无地种冬青，疏影年年发苑生。记得凤凰山下路，古花如雪万枝横。（仿宋人画梅）

农人叱犊饮溪畔，鱼人得鱼悬树梢。樵人归途谈虎迹，童子挟书寻鸟巢。（渔樵耕读图）

黄端木自画万里寻亲图册子

亦云松先生物，端木所自书者，皆黔滇奇险之景，笔墨殆出乌目之右，洵天地奇物。余得之复散去，至今思之惘然。

血泪化云烟，行踪历历传。虎狼哀大孝，黔滇走青天。有路身能到，无亲命岂延。孤儿翻感激，何术及黄泉。

先大父山水

崚嶒石作冰纹裂，平远山如佛髻青。古径微茫出猿鸟，幽泉断续响珑玲。秋生岸上短杨柳，雾隐峰梢孤草亭。故里风光先世墨，客中惆怅泪星星。

戴文进画

戴画识者不甚贵，以为浙派，吾所见乃有绝佳者。戴尝为吾家作《春晖堂图》，岁时悬之堂中，乱后犹在，纸墨如新，可贵也。余又得戴画《长江万里图》长卷，今亦散去。

红蕖万柄擎翠盖，风竹一丛啼露枝。主人隐儿坐清昼，池上鹧鸪偷眼窥。

仇英美人弹琴

昔王文简与王茂京侍郎论画，侍郎谓仇画之胜，正如杜诗沉郁痛快，文简击节其言。余谓倪高士画，亦当以沉郁痛快胜，恐渐江辈已不能至。余不解画，亦坡公论书，所谓通其意者，正如诗家陶彭泽、韦苏州，皆以沉郁发为高古，王摩诘、孟山人不能逮也。世有文简侍郎当共证之。

素月流天夜景沉，玉颜纤指发商音。娉婷花底龙鸿影，缥缈天边鸾凤吟。坐久明河低镜栏，曲终清露散兰襟。芳踪凭仗贞桐诉，不向临邛觅赏心。

无名氏枫树

幼时，习闻先大夫言启南尝以讼累，避地来新安，馆于吾宗燕翼堂。濒行，为作《松》《柏》《桐》《椿》四大幅，又《五松图》一幅。国初归于吾家，乾嘉之际，吾家鹾事中落，以五画及周钟一，质千金于族人某。粤逆乱后，仅存《松》《椿》二画，复归于余，其始末已详前诗中。此画无款识，而笔意苍劲，与启南相类。因忆仆初游武昌，谒家虎卿方伯叔，以书画二物为贽。一为启南山水画幅，峰势巃嵸，悬之高堂素壁，家人妇子，辄疑山石欲坠，为之惊怖。有程徵君易畴，题七言古诗也。一为董尚书《集虚斋记》草稿长卷，涂乙潦草，字势几不可辨，而天趣飞动，盖不著意之作，尤妙绝矣。此桂未谷家物。乾嘉名士，题跋如林，而钱塘方夫人题字尤秀劲，为世罕见。程徵君亦有跋，以为昔王云劬论文，谓当观其本领，不在字句，尚书此稿极草草，而本领自不同，余于他书画犹不甚留意，独此卷惓惓不释。盖吾家老屋，亦有集虚斋，先世文稿，皆以此名，在方文舫之前。尚书此记，名适与合，尝欲葺治斋屋，以此卷藏之斋中，佳客时至，相与啜茗展玩。今斋屋遭乱，鞠为茂草，而方伯叔下世亦久，其后人居扬州，异时如能长守此卷，犹与藏吾家无异，胜落他氏手也。

白露为霜下百草，老枫矜妍自忘老。江芦头白弄秋色，江天凄凄云浩浩。君不见春城桃李摇晴烟，万户千门生管弦。游人绕树日百帀，群屐翩跹皆少年。

碧峰白鹊图

吾宗多画师，而碧峰先生柱最有名。碧峰生明嘉隆中，人物尤擅长，尝于圣僧寺粉壁作十八应真渡海象，观者以为道元复生。村人有得白鹊者，人以为瑞，碧峰因为之图，先大父亦仿之为一幅，余时皆未尝见。同治癸亥至武昌，薄暮游行汉皋，忽于市摊上见碧峰此画，索直裁二千，余故靳之。明日再往，则已为他人买去，为之惆怅累日。及乙丑成进士，南旋，而江都邗子膺明府，忽以先大父所临《白鹊图》见贻。盖乡里乱后，法书名画，流转至三楚最多。明府此画，亦从乡人购得。仆入手狂喜，更乞诸名士题咏，而同年杨利叔象济，及车竹君广文，元春施望云布衣山，三诗皆妙。

杨云："百年遗迹付文孙，前辈风流此尚存。我展云缣惭祖德，衔环黄雀未酬恩。画图郑重镇相诒，田返龟阴事可师。今日凤毛方鹊起，含饴记否点毫时。"

车云："黄公旧墨邗侯得，卷赠依然付后昆。不见珍禽栖木末，空余素缣动霜痕。画龙飞去无形影，化鹤归来有子孙。故物累累金印在，看君他日大君门。"

施云："白鹊来，一家妇子欢颜开；白鹊去，佛国茫茫无觅处。真民先生留画图，至今画上如可呼。此鹊当年过华屋，鹤鹤翅翎莹如玉。"

其声若曰："见者富贵，子孙有余福。一朝鹊去风萧萧，朱鹊喷火烧其巢。断缣零绢亦流落，谁其得之归凤毛。邗子绝代风义高，还君画，与君挂，鹊虽不真画非假。我知神州赤县自有白鹊飞，不知黄山之麓练水之侧何时归。鹊虽不归画犹在，鹊兮归来画之外。尔与黄子先人曾相识，我见此图常再拜。霜翎雪翅耀乔柯，如向雕陵感颡过。今日飘零犹祖德，合欢巢上吉声多。"

（余夫妇同客汉上）

王舜耕秋景小幅

半醉归途倚短筇，孤城吹角寺闻钟。山衔晚色丹砂艳，林染清霜锦障重。竹轿骡纤争野渡，板桥虹涧急村舂。等闲一幅溪山景，却是天涯未易逢。

文待诏画

明四家画，吾独爱沈石田、仇实父子。子畏恐未免俗，独天赋超耳。待诏当在唐沈之间，吾于雁卿所见待诏所为《兰亭图》，盖即王文简冒园修禊所见者。欲为一诗，未果。此幅乃舅氏洪笠舫先生物也。

绿杨烟里织愁丝，野水穿林夕照迟。好约成都病司马，春分来看远山眉。

牧猪图

此亦宋院画，绢素黯敝，而神采如生。先君子所藏画，以此为第一。

芒鞋圈豢杂耕氓，东阁谁知相业成。毕竟公孙经术好，上林饲彘有辕生。

陈老莲渊明簪菊图

吾家旧有吴道子画《先圣像》，又外舅家有阎立本画《孔子事迹二十四图》，尝一见之。笔意不复可记，独二伯父蓄李龙眠白描《十八应真渡海》长卷，笔墨若毫发，穷极神妙。又舅氏藏姚少师《百八罗汉图》，面貌无一笔相似，则儿时已知为神物，然不敢为诗也。老莲此画，为世父所爱玩者，其笔力无人能及，而古意亦浸微矣。

羲皇上人亦有癖，葛巾一枝秋露滴。我家潭湖半亩园，千朵万朵无人摘。

王孟端山水

画家固首重气韵，然非运以腕力，则气韵亦无所附也。今人作画，第知有董文敏耳，孟端此卷，笔力横绝，每一忆及，辄有故乡大好山水之思。

我生爱山出骨髓，去山不见今六年。两峰苍苍夹青天，雪瀑万丈银河悬。径路一线蛇蜿蜒，樵人猿子同盘旋。幽藤古木蛟龙缠，人家一半藏苍烟。鸡声五夜鸣崖巅，下视溪谷方悄然。此境心目常流连，此画乃夺造化权。吾州山水天下稀，知君未到梦见之。醒来落笔风霆驰，慰我归思魂怡怡。何当开云结山茨，看山读书忘朝饥。与君朝夕同娱嬉，息壤在彼视此诗。

仇实甫宫闺图卷子

董尚书言："画家得烟云供养之益，若实甫辈画苦心刻镂，正足损人耳。"吾谓尚书此言，为画家自言则可，若论画者不当如是。吾甚爱实甫，正以其沉厚苍郁之气，足以益人。此如徐庾文字，杜文贞五言长律，岂以排偶掩其工哉？此卷为吾乡某氏家藏，余曾一见，后流转入浙中，闻已为李小泉尚书所有。先伯父尝言画家士女最难，盖妇人果以何等为美乎？此言极可思。画家多托名实甫，皆惜抱所谓苏州娘娘耳。吾谓画者胸中必有一段苍凉盘郁之气，乃可画山水；必有一段缠绵悱恻之致，乃可画士女。何物饶州画磁匠，乃竟得此意乎！宜乎为小李将军后一人已。（余以仇画与杨升庵诗，皆为有明一代绝出，其古雅工致，非恒所及也。）

人间何者为佳人，惊鸿游龙状未真。天工钟此亦愁绝，画手何物能得传。神仙人居处碧云海，风月万古容华新。刹那一念堕尘劫，下与人世看朱唇。萝溪茅屋留不得，宫掖窈窕娇藏春。南山晓翠郁氤氲，朱檐碧瓦曝鱼鳞。嵌空阁道扪参辰，缭垣列植森梧箘。浓荫细叶翔禽珍，下有流水涵青蘋。宫墙驻马阑嶙峋，天风危浪笑语亲。云雾拂袖岚沾鞶，媵侍二八鱼莘莘。云肩绣髻各称身，烨如华星从月轮。月宫姝子颜如银，威仪棣棣真绝伦。山题黄珥珠贯缗，文榆锦榭鸾鸿振。禓裯不动溪波匀，红墙碧树车辚辚。来迟去速天不嗔，弱颜固植肯邀宠，君自三日留芳尘。吁嗟乎，昭阳椒风足恩幸，长门团扇悲幽沦。人间风月损肌骨，世上罗绮空纷纶。君恩未歇良自爱，舜槿岂足争晨昏。

张择端清明上河图

先从兄崇敬所藏奇物也。

新妆炫服照河间，彩鹢低昂牵挽难。不及西湖风景好，荷花十里碧波寒。

尤贡甫兰花

贡甫与先高祖存斋府君交好，此幅以瓷青纸泥金作绘，已百余年矣，而金色不改。府君风雅好士，所交皆当世名士，家中所存，半为府君故物。程征君瑶田，比之于顾阿瑛也。府君书法入承旨之室，断缣零绢，今鲜有存。余题画诗，以康熙前为断。盖幼时游里中诸收藏家，亲见其论画必宋元人，乃辨别其真假工拙，明及国初，不甚措意；若乾隆以来，鲜有齿及者。大乱以后，金冬心、郑板桥之俦，一联一幅，皆值数万钱，承平时，中人之家，黏柱障壁，比比皆是，亦无人估值也。嗟乎，竹坨先生论明窑瓷器之言，岂不信哉！（竹坨序感伤集语）水村时代稍近，以其为先高祖而作，故与吾族诸画家并系诗焉。

今兰非古兰，今画乃古画。空阶与粉壁，袅娜谁真假。寻幽宜蜡屐，出塞还盘马。写赠素心人，高堂百年挂。

白山先生画

白山先生，以前代遗老，倡汉学于东南，与亭林遥相呼应，所著《字诂》《义府》两书，及《杜诗说》，已为玲珑山馆马氏进呈，录入《四库》。其书法如龙虎盘崛，盖得晋人不传之秘。视唐以后书家，皆烟视媚行也。先生不以画称，家有敝册，以墨点山水树石，皆自然高妙。先生子凤六，为老画师，然骨韵远不逮矣。

吾庐修竹已蒿莱（先生遭讼无屋，先州牧府君筑屋以居先生，先生喜，名之曰："吾庐"。家可堂先生《庐船集》中有《吾庐歌》），遗老心情亦可哀。画怪不须蚩马远，残山剩水足徘徊。

孙知徵画水

外祖洪云上先生，蓄古画一幅，长六尺，全幅皆水，作波涛起伏之势，墨色浓淡相间，一鲤鱼长可盈尺，盘跃其中。悬之高堂，水势皆动，鱼亦跃跃欲出，虽至静者，不能逼视移时，目不转眩，洵坡公所谓汹汹欲崩屋者。相传为孙知徵真迹，纸质坚韧，亦必非宋以后物也。洪氏历代宝之，外人不以轻视。每值三伏，则悬之清鉴轩旬日，以当曝画。（轩为华亭书额）余以洪氏外孙，故得数见之。

古人画水但画藻，画家画水无专门。奇哉孙氏出新意，能使坡公无间言。昔者我行虹源万山中，见我舅氏洪崖翁。笑指高堂上，白日生雷风。仿佛前年击汰下鸠兹，江涛汹涌惊儿童。篙师绝叫不得渡，一川晴雪烟濛濛。近视浪打头，却立珠溅衣。鲤鱼一何神，腾空如欲飞。便乘此鱼上霄汉，自号琴高知是非。虹源多高山，巨蛟潜伏深山隅。多年一出必为患，崖崩谷裂万室嗟其鱼。嗟蛟一何愚，山中岂不好，何必为龙跃天衢。亦如此鲤波中藏，翻波溅浪情有余。我无老坡才，熟视发嗟咨。愿向洪流亲洗笔，波澜万顷更题诗。

郑所南兰

余生也晚，里中耆宿多不及见，犹及见王杏颿、汪艺梅、曹芙裳诸先生，皆风雅，好奖进后学，兼工赏鉴。而是时休歙名族，乃程氏铜鼓斋、鲍氏安素轩、汪氏涵星研斋、程氏寻乐草堂，皆百年巨室，多蓄宋元书籍法帖、名墨佳砚、奇香珍药，与夫尊彝、圭璧、盆盎之属，每出一物，皆历来赏鉴家所津津称道者，而卷册之藏，尤为极盛。诸先生往来其间，每至，则主人为设寒具，已而列长案，命童子取卷册进，金题玉躞，锦赙绣褫，一触手，古香经日不断。相与展玩叹赏，或更相辨论，断断不休。某以髫龄，随侍长老坐隅，盖往往见之，恨尔时都无所知，百不能一二记忆也。此卷亦外氏所藏，犹仿佛其笔意。

绝代有佳人，幽居在空谷。百家题咏苦纷纷，博得少陵两句足。

李成山水

程氏古画，以李成《五老峰图》为第一，书迹以大令《保姆帖》为第一。余时方稚齿，来往程氏斋中，未知请观，然耳熟久矣。乱后，云松先生孙少帆，避居祁门，书画数十箧，寄于山农家，忽为太平贾人赚去。汪授芝闻之惊叹，约余与雁卿、芥湄十数人，会于堨田，议相与赎之，不可则讼之。贾人惧，乃以卷轴数者，介乡人献于曾文正公以求庇，而尽挈其笥箧以赴武昌，厉伯符方伯、吴芷生大令，得之颇多。李画及大令帖，未知归于文正，抑归于厉、吴？然皆可谓得所矣！此画余至今未之见，感念往事，聊为一诗志之。大令帖则云松先生书画跋，称以千金得之苏州者也。

云根枯木擅风流，庐阜烟岚万古秋。今日画船无米老，画家谁识李营邱。

高房山山水

仆尝言宋元诗家惟虞伯生，真有得于画家山水气韵之妙，故每一下笔，辄有云烟苍润之致，绕其腕底。若摩诘诗中有画，犹仅得其好景而已。房山此卷，为新宇舍侄所藏，惜无道园好手，一再题诗也。

高公泼墨太模糊，学古风流今已无。莫把风沙嗤北客，房山山色字清腴。（高季迪题彦敬画，有“尚书生长金台下，见惯风砂草漫野”之语，盖未尝见房山风景之佳也。）

王叔明山水

吾族承德堂家藏，鸾绫象匣，盖当时以备进御者。

黄鹤去不返，翩然名墨存。吴兴得家法，荆关有专门。匠心细毫发，厚力蟠昆仑。画史但太息，谁能涉篱樊。黄氏守此画，宝之等彝尊。金题与玉躞，留待呈金门。缅惟纯皇时，民物何阜蕃。翠华每南幸，淮海开乾坤。山祇与水怪，效力同腾奔。商人盛丝车，媚献随所敦。他氏不敢知，吾黄名实暄。联翩槐棘间，冠盖何轩轩。岂惟力供储，诚款达帝阍。英英玉莲花，咳唾犹承恩。此画胡见遗，韬精老山村。山村亦难保，贼骑如云屯。子女不相守，云烟更何论。玉山有兴衰，金谷多黄昏。百年乔木在，太息思乡园。（堂中旧藏玉盘盂、翡翠砚山之属。又有髤漆唾盂，为菡萏形，嵌以银丝，握其枢，则花自开，唾已复合，至为工巧。）

坡公墨竹

亦承德堂物。

嗟我文忠，亦以画名。墨竹一派，近在彭城。仙人乘鸾，下游玉京。岂是可法，公自写生。我有谷帖，光如日星。龙拏虎攫，风纵雨横。二妙一堂，快哉生平。（旧有黄山谷《马伏波》词五言诗墨迹。）

商喜西园雅集图

仆之先世，多蓄法书名画，嘉道以来，家道中落，往往归于他氏。然存者尚多，有书一楼，列几堆积，高五六尺，多有前代古本，而不容取视。又有大小竹木笥十余，杂贮先世冠屦之属，皆明代之物。一日登楼，见一笥匣盖微露，日光映射其中，似有籤轴，然巨箧层积，力不能举，又不敢公然启视，以手探之，出一小册，则柯敬仲书《月赋》小楷。又于他室尘鼠迹中，得赵承旨《西园雅集图记》小楷，以呈先君，曰："是并州牧府君遗物。吾昔尝见之，好事家欲得之久矣，童子宝之。"经乱后，二物并失去，楼中物百无一存。楹书既不能尽读，又不知笥中尚有几许名墨也，昔人称烟云过眼，若仆者先世旧藏，乃并不获过眼之乐，欲如元裕之作记而不可得，不亦可太息乎！此图先君所蓄，笔墨精好，今虽不存，然念之辄不忘也。

谁继龙眠迹，商公笔有神。风流邺下贵，高会永和春。诗句留岩隙，巾裙散水滨。异时文字禁，沦落半斯人。

叔祖秦友府君画菊便面

府君为大父之弟，与大父友爱，至老无间言。从大父学绘事，间作花卉，娟雅入格。吾黄氏多画家，自碧峰先生以来，代有作者。吾所及见，又有小舲、静之，皆善花卉。静之兼善写真，小舲工夫最深，二人者，并未能免俗。小舲父退龄老人，工书，效王梦楼尤逼真，与汪竹坪齐名。小舲作画，父为书款字，好事者以为古画，争持去，父殁，画亦减价矣。

黄潭产四绝，菘菜枣与茶。沙田又宜菊，纷敷多好花。锦绣满原野，四顾秋无涯。豪家列屏幛，琉璃照明霞。未若空斋中，时盆植孤芽。萧疏对书卷，几格霜横斜。府君性如菊，澹宕憎嚣哗。偶貌幽人姿，香风生画叉。六年未还乡，江介真如家。油菜味洵美，襄阳不须夸。（油菜武昌最美，襄阳白亦有名，宾餐肥耳。）盆花半洋产，点缀少精嘉。以此忆故园，篿鲈发长嗟。何日扁舟去，长镵劚金沙。

咏羊皮灯屏

《升庵集》，有《羊皮灯》长律极工。黄氏有羊皮灯屏三，莹净可喜，盖族祖凤六辑五柳溪诸先生所绘，笔墨皆有矩矱，亦百年前物矣。爰仿升庵七言体咏之。

棠溪仙羖色如银，六曲屏风制作新。云母琉璃徒耀书，青玉铜芝不隔尘。何似灵鶆裁粉𬹥，金花灯火烂生春。屏中画采发迷离，义士仙人神骨奇。衣袖沾红泪，须眉激素丝。射猎阴山意态工，旌旗袴褶蜡光中。初讶明星随马落，又道猎火满山红。带箭山羊质无假，冒雪浑脱色并融。草树山河画更难，千年精气现斓斑。金华石烂宵光彩，洞庭龙起暮波澜。元宵游女貌如仙，奇裳联礤各暄阗。试抽玉燕敲花落，更步青莎踏影妍。不羡绿沉飞彩凤，但爱祥光映䡓蝉。归来缓带银屏下，还怯羊灯照独眠。

石涛琴溪图卷子

款云：送退庵法弟归新安，盖吾邑亦有琴溪，非琴高仙处也，七言一章，皆禅障语。又有汪扶晨、闵麟嗣题诗。

髡家第一流，摇笔动沧洲。为送山中客，图成江上秋。云生小南海，（琴溪之山，又名小南海）风动木兰舟。春水桃花岸，令人忆昔游。

温日观葡萄卷子

金绳铁索乱相交，万颗元珠挂树梢。不是画师温日观，人间谁解画葡萄。

人命不如继素寿，享渠供养几何时？

——许承尧收藏简述

盛世收藏，只要具有一定的经济实力和学识就可以了，而乱世收藏则更需要对文化的热爱与执着。清末翰林许承尧先生就是这样一位收藏大家，其倾注大半生的精力与财力收藏徽州先贤文献及名人书画，给我们留下了丰厚的历史文化遗存，其家藏的古籍书画现大部分藏于安徽省博物馆及歙县博物馆。

一、概述

许承尧（1874—1946），字际唐，一字讷生，号疑庵，晚号芚叟，歙县唐模人。清光绪三十年（1904）进士，授翰林院庶吉士。次年返歙，与江炜、汪律本等创办徽州府立新安中学堂。光绪三十二年（1906），创办府立紫阳师范学堂，任监督。又协助祖父在故里创办敬宗小学堂、端则女学堂，开歙县新教育之先河。与陈去病、汪律本、黄宾虹等组织黄社，以研究学问为名开展反清活动。光绪三十三年（1907）秋，因在黄宾虹家中私铸铜元事发，幸安徽巡抚恩铭被徐锡麟刺死，许承尧等才化险为夷。同年秋，入京任翰林院编修，兼国史馆协修。1913年，受甘肃督军张广建（安徽合肥人）之聘，历任甘肃省政府秘书长、甘凉道（治今甘肃张掖）尹、兰州代理道尹、甘肃省政务厅厅长。1921年，随张广建返回北京。1923年，再赴甘肃，任渭州道尹。1924年返京。次年返回家乡，致力于乡邦文献资料的搜集。1933年开始总纂《歙县志》，1936年纂成《歙县志》16卷，资料翔实，颇受好评。晚年挂名安徽省政府顾问。

许承尧先生工隶书，善诗文。著有《疑庵诗》《疑庵游黄山诗》《西干志》7卷、《歙故》遗稿31卷（又名《歙事闲谭》）等，并留下了如“洗眼泉”“五明寺泉”“石淙”等碑刻题记，是徽州宝贵的文化财富。

从1925年至其逝世前的二十多年里，许承尧大部分时间活动在故里，主要以收藏、交游、读书、习文为乐。在许承尧的收藏生涯中，其最重要的两部分，一是甘肃敦煌的写经收藏；二是故里的乡邦文献、名人字画的收藏。时当乱世，民国初年当许承尧到甘肃任职时，值道士王圆箓发现敦煌“藏经洞”不久，石窟中的宝藏遭到了英、法、日、俄等国的洗劫，同时唐人写经卷也有部分流落民间。许承尧以文化人的自省自觉，从俸银中节省出部分，收藏了经卷百余卷，从中挑选出有年代题记并且书法较佳的精品40卷，庋藏在自家大厅楼上，并命此楼为“晋魏隋唐四十卷写经楼”。这些经卷经整理装裱，裹以黄绫缎套，储于小型檀木匣中，妥慎珍藏。其中一帙《二娘子家书》最值得一提。唐代纸质民间家信极为少见，而这封家信是许承尧从所藏的敦煌经卷背纸上剔得，当是经卷残破后，为时人随手粘补，无意中保留了下来，成了一件奇珍。许承尧赋诗“千年遗此纸，珍异抵琅环”，以记欣喜之情。在许承尧的收藏目录中，该条目下也写有“奇品，唐人家信，旷世所无”的字样。安徽省博物馆曾将这一珍品带往日本展出，为之轰动。

徽州经历了咸同兵燹后，许多名家字画从深宅大院中流出，许承尧以超人的学识和眼力，倾其财力将这些字画尽量收于囊中。抗日战争时国民党第二十三集团军司令唐式遵驻扎歙县西乡，曾聘地方人士为其搜集古玩书画，然而他们大凡收到徽州先贤的作品，都要让许承尧先挑选过后，再交给唐式遵。唐式遵虽说有些不快，但碍于许承尧的社会影响及情面，最后还是满足了老人的心愿。因而，许承尧也得以将一些名家名作收入囊中。据说，在其唐模家中大厅及两旁廊庑所挂的书画，大都为明代以前的作品，而郑板桥、赵之谦等人的作品只能藏之橱柜，难得有挂出的机会。

许承尧的每件藏品都有一个故事，如《晓江风便图》，是渐江为将要去扬州的西溪南好友吴伯炎作的一幅长卷，这是他晚年的一幅精品。曾为程姓徽商收藏，石涛看后作了题跋，以后就不知下落了。过了两百多年，到了20世纪20年代，这一名画为汪鞠友访得，继为上海地产巨商歙人程霖生收藏。后程霖生破产，由黄宾虹介绍许承尧以500银元收得。黄宾虹在给许承尧的信中写道："《晓江风便图》能入尊藏，可谓得所！"

许承尧致力于先贤文献的收藏。有一次许承尧发现了宋代朱熹像，高兴地给黄宾虹去信："里中又出一奇物，乃宋画朱子真象，有绍定御赞，赞缺数字，玺存，画微缺，可补，有朱氏祠记，足证真确，毫无疑义。惜已出百元尚未得，不敢再加，加则更居奇矣。大约迟旬日，或可就绪。此件如得，则可为弟所藏徽州文物之冠。将所有拟编一目录，求公作序跋，将来即可为徽州图书馆之基本物矣。"许承尧在得到徽派朴学的代表人物江永、戴震、金榜、程瑶田四家墨迹以及他们的手校书时，高兴不已，写信给黄宾虹："近弟得汪双池、江慎修手校书，汪双池及江、戴、金、程四家遗墨俱收全矣，告公一慰。弟近年得乡里珍籍颇多，不忍散失，将来拟捐存徽州公共地方。"清末翰林许承尧，一生苦行，收藏名人字画，既富且精，用他的话说"半生佣笔辛苦，未买双亩田"，他的主要"财富"就是古籍、书画。

二、许承尧等捐赠目录介绍

1944年，许承尧先生曾想和姚文采等一起筹建一座黄山图书馆，拟将个人所藏图书文物悉归之，但因时局动荡，未能如愿。后改为自建"檀干书藏"，将这些宝物集中保管，由长子许伯龙总理此事，并留下遗嘱，教谕子孙在他身后不得分散。1946年7月，许承尧病逝于唐模家中，享年73岁，葬于"眠琴别圃"故居园中。1953年歙县人民政府接收了"檀干书藏"，除留下一小部分于歙县博物馆外，其余大部分转交皖南人民文物馆接收。

笔者在翻阅歙县档案馆馆藏的歙县文教局的档案目录时，发现了1953年有一册《皖南人民文物馆接收歙县人民政府交来歙县许承尧文物、古书清册》，清册共三卷，分别为《皖南人民文物馆接收歙县人民政府交来歙县许承尧藏书清册》之一、之二；《皖南人民文物馆接收歙县人民政府交来歙县郑村及许承尧家藏文物字画清册》，清册为手抄本，中缝有

"皖南人民文物馆制"字样。捐赠品主要有古籍、字画、碑帖、古玩等。第一卷73张，146页，共登记有1745种，6340册；第二卷66张，132页，共登记有1560种，8231册；第三卷30张60页，共登记有699种，1238件，主要为名家字画、古玩。其中郑村郑渭占[1]有128种，148件；郑村余园2件（成化瓷大盘1件，汪采白画1件）；潭渡黄舜南[2]68种178件（含古籍）；许承尧有501种，910件（含古钱221个）。许承尧捐赠品共有3815种，其中古籍14 571册，古玩字画910件。除范满珠的《绣余草》、吴梅颠的《歙竹枝词》抽存歙县外，其余全部由皖南人民文物馆（现安徽省博物馆）接收。

在许承尧捐赠品中，古籍为其主要部分，包含的内容十分广泛，一是地方史志类，如《黄山志》7册，黄士埙著；《歙县志》9册，戴知诚著，尊经阁藏版；明版的《齐云山志》4册；《徽州府志》10册，赵吉士著；《新安阙里志》4册，吴廷秀著，紫阳书院藏版；《西域记》30册，卢浙客著，味经轩印；《使琉球记》2册，李鼎元著，申报馆出版。二是文化类，如《百梅一韵》13册，明版，汪文英著；《王梅溪全集》11册，朱晦庵著，雁就堂藏版；《伯山诗话》6册，康伯山著，木版；《古唐诗选》1册，木版；《琴谱》12册，吴士伯著，吴中有耀斋出版；《金石录》4册，赵明诚著，雅雨堂出版；《许承尧诗集》23册，抄本等。另有书画、碑刻、法帖、印谱、墨谱多种。三是古籍类，如《知不足斋丛书》240册，鲍廷博刻版；《窸斋集古录》26册，吴大瀓著，涵芬楼影印。四是医药类，如《伤寒论合编》1册，汪宗沂著，弢庐出版；《失眠症实验谭》1册，周进安著，商务出版社出版；《白喉治法》1册，彭桂航著，铭记铅印；《急救应验良方》1册，傅青主著，木版。五是敦煌写经类，如《敦煌石室古墨拾遗》1册；《敦煌言经写真》2册；《最精北朝周斋写经》1册；《藏经》

① 郑渭占（1886—1966），名维熊，号思慎，晚年自称松巢老人。幼读私塾，博览五经四书及诸子著作。为郑村南园喉科传人，17岁从父篆钦习医，继承祖业。20岁悬壶行医，精通喉科，兼善内科、儿科。曾受王仲奇所请，前往上海诊治喉疾。抗日战争时期，第三战区司令顾祝同聘其为二十三集团军荣誉军医。曾供职于歙县人民医院，并被聘为徽州地区人民医院名誉中医师，从医60余年。学术上既承家学，又广征博采，宗古不泥，时出新意。1957年撰成《松巢秘录》。雅好书画，家藏颇丰。

② 黄舜南（1903—1959），歙县潭渡人。乡绅，为人敦厚，勤于农耕。父黄昂青，清末秀才，为黄宾虹的侄子，曾执掌潭渡黄氏宗祠。家富收藏。

2册；《唐人家信》1册。古籍版本十分丰富，有木版、拓版、石印、铭印、木活字、珂罗版等多种印刷方式，有坊刻、家刻、院刻、府刻等，几乎涵盖了古籍印刷的诸种方式，其中以雕版印刷为多。此外还有大量的手抄本。时间跨度上从唐代一直到民国时期。其中明版有40余种。

字画有董其昌的《行书手卷》一幅；米芾字一幅；汪采白山水多幅；黄宾虹山水多幅；唐寅山水一幅；八大山人行书一幅；张熊的《老树新篁图》一幅。经安徽省博物馆后来鉴定为国家一级文物的有：渐江的《晓江风便图》、唐代《二娘子家书》、宋拓魏《范式碑》、明蓝瑛《云壑高逸图》、明末清初祁豸佳《山水图》、明末清初许仪《梅花白鸽图》、清樊圻《牡丹图》、清叶欣《峡舟春游图》、清柳堉《云外高峰图》等。古玩主要有瓷器、铜器、景泰蓝、紫砂器、印章、砚台、木刻、官服、敕命等，如铜香炉、瓷笔洗、紫砂梅筒、成化瓷大盘等。

许承尧曾编有收藏目录，收录了历代名人书画1000余幅（卷），除石涛、郑板桥、赵之谦、朱竹垞、章太炎、龚半千等一些名家外，还有许多为乡贤遗墨，如查士标、程邃、江允、戴震、金榜、程瑶田等，收藏之富，由此可见一斑矣。其在收藏目录上题道："此小册所录亦费十余年精力，耗资二千有奇。娱老不能无嗜，姑以是养欲耳。"

三、许承尧收藏的价值与意义

徽州自清末以后，不仅商业受到打击，家园遭到焚毁，文化亦是迭受创伤，大量的古迹文物遭到破坏，古籍文献遭到焚毁，徽州近千年的窖藏为之一空。比较集中的有两次，一是太平天国与清军在徽州进行了近十年的拉锯战，如歙南三阳村"蹂躏已极，纵火搜山，掳掠备至。居人十去八九，锦绣之乡鞠为茂草"①。战乱给原本富庶安宁的徽州以重创；二是十年"文革"时期，大量的祠堂庙宇、砖雕墙画、门楣匾额、宗谱图书、名人书画或被凿毁，或投之火炬，化为灰烬。其总量惊人，无法确切统计。改革开放后，古董贩子再次对徽州乡村进行了地毯式的搜求，徽州的古物文献流失的现状令人瞠目结舌，为之长叹！仅徽州文书就有

① 光绪《三阳洪氏积庆堂支谱》。

数十万件见于国内各类公私收藏之中。而许氏的收藏得于1953年入藏安徽省博物馆①，躲过了“文革”的浩劫，也算是万幸了！

许承尧家藏品数量大、质量高、品种多，具有丰富的文献及文物价值，不仅为徽州乃至中华文化留下了丰厚的历史遗存，还为徽学研究提供了原始的资料积累。

1.具有丰富的史料价值。在许承尧捐赠清册中，涉及史料和方志的图书、碑刻约2000册（件）。有反映中华千年变迁和泱泱大国国史的鸿篇巨作，如《春秋大成》《史记》《汉书》《前汉书》《后汉书》《三国志》《南史》《北史》《梁书》《宋史》《魏书》《旧五代史》《五代史》《辽史》《金史》《资治通鉴》《续资治通鉴》《陈书》《元史》《明史》等；有体现区域历史的《安徽通志稿》《新疆访古录》《西域记》《庐山记》《武夷山志》等，如清代李鼎元所著的《使琉球记》，嘉庆四年（1799），李鼎元钦赐正一品职，出使琉球，“宣布朝廷威德，训迪海邦士子”，将出使琉球所见所闻一一记录成册；更多的是真实记载古徽州及周边地区的方志，如《徽州府志》《歙县志》《新安阙里志》《黄山志》《齐云山志》等。难能可贵的是这些史书和志书大部分为木版或石印，其中有宋版、元版或明版。这些史书和志书对了解中国历史，特别是研究古徽州发展变迁史，无疑是最好的文献资料。正因为有了这些不可或缺的历史文献，许承尧主持编纂完成了民国版的《歙县志》，为后世修志打下了坚实的基础，也为现在及后人留下了丰富的历史史料。

2.具有丰富的文献价值。许承尧书籍类捐赠品，涵盖了哲学、社会学、经济学、自然科学、文学等诸多门类。时间跨度从魏晋一直延续至民国，共一万余册。从内容上看，有传世经典名著，也有游记、散文及日记等。值得一提的是，许承尧十分重视历代徽州大儒名士的遗迹收藏。如被尊为算神的程大位，系徽州休宁人，现在日本每年都有祭祀算神程大位的活动，许承尧收藏的明版程大位著作《算法纂要》，实属珍贵。徽州名人朱熹、朱升、郑师山、江天一、唐白云、许国、江永、戴震、汪宗沂、胡适、黄宾虹等人真迹、作品及藏品，无不尽收囊中，且多数为

① 有关许氏家藏入藏安徽省博物馆的始末，详见鲍义来先生所著的《王任之日记中的许承尧收藏》，《徽州文博》2015年第1期一文。

木版、手抄本。许承尧收藏的诗集甚多，他本人也是一位多产诗人，他的诗集《疑庵诗》在民国初年，即印过甲卷和乙集两种，1926年，又将所作诗辑成6卷，分上下两册，在上海出版。1943年，再次搜集整理编写《疑庵诗》14卷，收录了自1898年戊戌变法至1946年近半个世纪各种体裁的诗，合计1787首，13.4万字，这是许氏留给后人宝贵的精神遗产之一。

3.具有丰富的文物价值。《皖南人民文物馆接收歙县人民政府交来歙县许承尧文物、古书清册》，记载了许承尧收藏的古玩字画捐赠清单。其中字画600余幅，捐赠金、银、铜、瓷、玉器等近300件。许承尧捐赠的字画绝大多数出自中国历代名家之手，无比珍贵。民国时期，在许氏字画收藏库中，黄宾虹、汪采白的作品尚难登大雅之堂了，一是因为黄宾虹、汪采白和许承尧是莫逆之交，彼此交流收藏的作品较多；二是历代大家之作，太过耀眼，盖住了黄宾虹、汪采白的光环。诸如米芾、唐寅、文徽明、祝允明、八大山人、石涛、石溪、查士标、渐江、董其昌、郑板桥及扬州八怪、程瑶田、曹文殖、曹振镛、潘世恩、张大千、齐白石等人真迹，件件都是无价之宝，幅幅堪称价值连城。如八大山人朱耷《竹石鸳鸯》，2010年，西泠印社拍场，成交价1.187亿。米芾、唐寅、文徽明、祝允明、石涛、张大千、齐白石的作品在如今的拍卖市场动辄千万元起步。从经济价值上说，许承尧藏品的市场价难以估算。

细细翻阅清册，我们禁不住为这位收藏大家有那么多的珍贵藏品而啧啧称奇，鼓掌相庆。“琐屑油盐渐告无，饥来说食俛长叹。膝前娇女工相慰，细写罾鱼放鸭图。”（许承尧《题画杂诗》）许先生多年节衣缩食，致力于收藏，完全出于文化人的自觉，目的是为故乡多留下一些文脉，他不愧是徽州的一位收藏大家。然而，时至今日，安徽省博物馆除了整理出版《歙事闲谭》《疑庵诗》之外，其他的古籍资料尚尘封柜中，难得一见，实在有违许老的初衷，这不能不说是一大憾事！

诚然，皖南人民文物馆所制的目录，并非许氏家藏的全部，如著名的《晓江风便图》是1955年2月许承尧长子许伯龙保外就医回上海后，由上海带回交给歙县人民政府，再转给皖南人民文物馆保存。正如鲍义来先生所指出的那样，在1946年7月6日许承尧先生逝世后，到1953年被歙县人民政府接收，许氏家藏有一个管理上的真空期。一是1946年7月至1949年5月，许氏家藏嘱长子许伯龙集中保管，但实际上许伯龙常住上海，也就无实际管理之言；二是1949年5月至1953年被歙县人民政府接收之前，失之有效监管，文物多有流失，在王任之的日记中多有记载。但由于看不到许氏亲手所定的目录，故难以得出准确的数字与品目。笔者咨询了歙县博物馆的王卫东先生，歙县博物馆现藏有许承尧题跋的书画、古籍等百余件，其中有唐人写经数纸，但亦没有接收的目录；中国徽州文化博物馆共有许承尧相关藏品70余件（含2006至2007年，定居上海的许承尧女儿许家华、女婿徐仁初先生分三次捐赠的许承尧、徐丹甫、徐仁初、许家华诸先生书画作品以及民国期间由许承尧总撰的《歙县志》全16册原件、许承尧其子许家桢《疑庵诗》抄本全14卷等文物，共50余件）；屯溪区博物馆亦藏有许承尧题跋的书画作品；歙县藏家程振邦先生藏有许氏题跋的《许文穆集》红印本。此外笔者还在其他藏家手中见过许氏题跋的书画作品，可见许氏家藏除了安徽省博物馆、歙县博物馆所藏大部分之外，还有一部分散落在各处。

附　录

许承尧家藏字画捐赠目录

序号	书画名	作者	件数	备注
1	谢玉岑书		1	
2	黄笃孙山水		1	
3	西岳华山碑侧		1	
4	陈弢庵书扇		1	
5	鲍桐舟联		1	一对
6	项怀述分书		1	
7	端制军联		1	一对
8	祖扇		1	
9	冒巢民行书		1	
10	谢梦渔探华行书		1	

续 表

序号	书画名	作者	件数	备注
11	陈弢庵书画立轴		1	
12	吴窓斋字屏		1	
13	明詹景凤行书		1	
14	章太炎篆书联		1	一对
15	王子厚等字		4	
16	孔拓		1	
17	吴廷康拓		1	
18	洪莹字		1	
19	汪竹泉画		4	
20	汪韬庐分书联		1	
21	杨石卿分书		1	
22	梅道人雨竹		1	
23	戴伯湖画		1	
24	冯菽塘山水		1	
25	病榻寄诗	汪旧翁	1	
26	兰石精品	洪石农	1	
27	自题竹乐图	司城公	1	
28	许石根竹石		1	
29	丰南吴正翁女史画		1	
30	潘世恩字联		1	一对
31	胡城东字联		1	一对
32	吴检斋字联		1	一对
33	罗叔言		1	一对
34	曹文敏字		1	一对
35	洪石农草书		1	
36	沧趣书联		1	
37	许仙屏联		1	一对
38	黄筠庵画		4	
39	仿邹衣白山水	吴塞翁	1	
40	朱一樗千字文		1	
41	汪村梅篆书联		1	一对

续 表

序号	书画名	作者	件数	备注
42	陆白斋联		1	
43	汪历佛像		4	
44	程雅扶篆屏		1	
45	潘祖荫联		1	一幅
46	汪赞臣画美人		4	
47	朱心农篆联		1	一幅
48	吴山尊行书联		1	
49	程文恭书联		1	
50	许有余临瘗鹤铭		4	
51	程苏州写兰卷		1	
52	严英仲琴专铭		1	
53	董小池琴言隶书		1	
54	汪泽亭书庄子秋水篇		1	
55	巴茗生字		4	
56	青海欢喜佛像		1	
57	吕佐文书小对子		1	一对
58	王縠七言联		1	一对
59	黄穆甫分书屏		4	
60	方共义对联		1	一幅
61	陈器之篆书五言联		1	
62	汪芸石小对		1	
63	贺六十联		1	
64	黄履平诗		1	
65	张万明造像		1	
66	清字		1	
67	陈曼书联		1	一对
68	万绳武字		1	
69	郑绳侯赠联		1	一对
70	林子豫画		1	
71	张勋伯联		1	一对
72	徐淮生联		1	一对

续 表

序号	书画名	作者	件数	备注
73	方左明联		1	一对
74	张琴襄联		1	一对
75	许尚远千字文		1	
76	郑华甫联		1	一对
77	林芷馨联		1	一对
78	姚伯多造像侧		1	
79	陈雨仓画		1	
80	唐人遗墨		1	
81	冯铸联		1	一对
82	曹守堂山水		1	
83	程祖洛联		1	一对
84	张船山七言联		1	一对
85	钮匪石小楷书		1	
86	龚半千书画真迹		1	
87	黄白山先生墨迹		1	
88	鲍栮舟夫人画		1	
89	若木字联		1	一幅
90	戴震草书		1	
91	郑慕倩山水		1	
92	汤岩夫写		1	
93	练溪女史书画		1	
94	梁问山行书多心经		1	
95	程倡庵东皋节席诗		1	
96	胡适之字联		1	一幅
97	林子豫画		1	
98	沈炯书横幅		1	
99	丁义方分书拓本		1	
100	斜亭薰笼图		1	
101	屠倬隶书联		1	一幅
102	汪容父书		1	
103	鲁琪光行书屏		4	

续 表

序号	书画名	作者	件数	备注
104	林子豫小对		1	一对
105	张子祥泥金花卉屏		4	
106	余中台字		1	
107	吴田生仿黄鹤山樵		1	
108	礼多		1	
109	汪华南竹石		1	
110	董文敏山水		1	
111	黄桐谷篆书		1	
112	端午桥藏拓本		1	
113	汪赞臣寿星		1	
114	许瓯香字		1	
115	伊汀州行书精品		1	
116	程松力山水逸品		1	
117	盛年之松图		1	
118	张勋旧藏秦敦拓本		1	
119	宋芷湾字		1	
120	许敏芳画美人		1	
121	黄宾虹仿石道人山水		1	
122	汪璧人黄山卧游图		1	
123	李周生字		1	
124	朱印画		4	
125	影印江天一行书		1	黄宾虹赠
126	张勋旧藏商卣拓本		1	
127	岁朝清供图		1	
128	阮芸台字		1	
129	林子豫山水		1	
130	黄北垞山水		1	
131	吴士标兰竹真迹		1	
132	黄宾虹大篆书联		1	一幅
133	朱印字		4	
134	徐石沧荔枝图		1	

续 表

序号	书画名	作者	件数	备注
135	祝世禄草书真迹		1	
136	天池墨榴神品		1	
137	秦汉瓦当文		1	
138	刘文清联		1	一幅
139	汪竹坪字		1	
140	胡桑豸仿大痴山水		1	
141	余经祉字		1	
142	张素堂山水		1	
143	巴子安字		1	
144	明郑千里山水真迹		1	
145	周公远书自作诗		1	
146	程春海篆书		1	
147	俞曲园行隶联		1	一幅
148	漆书五言联	金冬心	1	
149	吴秋南画		1	
150	汪近人题焦山三公旧诗		1	
151	王勤中花卉		1	
152	吴廷康篆书		1	
153	汉三老碑拓本		1	
154	江秋史隶书		1	
155	张万如山水		1	
156	郑去病山水真迹		1	
157	郑半千山水		1	
158	清湘八分书真迹		1	
159	明陈眉公书真迹		1	
160	旧绘制衣图		1	
161	梅瞿山山水		1	
162	吴在田设色人物山水		1	
163	郭璟燕八分书		1	
164	江允凝白描黄山景		1	
165	洪经纶登大环山题字		1	

续 表

序号	书画名	作者	件数	备注
166	施润章山水真迹		1	
167	戴道默竹石		1	
168	徐立斋相国书		1	
169	陈悔迟写意山水		1	
170	程国仁字		1	
171	陆仪吉花卉		1	
172	许歇公花卉		1	
173	樊会公花卉		1	
174	汪于鼎分书		1	
175	郑谷国字		1	
176	项青墅字		1	
177	郑松莲桃花源记		1	
178	无名画		1	
179	萧尺木题梅花和尚画松诗真迹		1	
180	潘莲巢仿丁南羽玩蒲图		1	
181	明遗老归玄恭草书诗		1	
182	高公望画		1	
183	黄白山画		1	
184	詹东图草书		1	
185	吴息庵山水真迹		1	
186	柳公韩山水		1	
187	方竹楼画草		1	
188	贵南吴虞画		1	
189	闵苑中分书		1	
190	王士積行书		1	
191	陈子文行书真迹		1	
192	叶荣木山水		1	
193	江永题吕焕成画八仙图		1	
194	项孔彰圣谟画松		1	
195	唐栖雪枯树寒鸦图		1	
196	郑非庵山水		1	

续 表

序号	书画名	作者	件数	备注
197	陈老莲秋树啸傲图		1	
198	祁子祥画		1	
199	王铎行书		1	
200	张善孖许承尧像		1	
201	黄涵斋字		1	
202	旧画西园雅集图		1	
203	莫高窟造像		1	
204	祁芷祥字		1	
205	韩敬字		1	
206	程仁路拟赵子图		1	
207	程祖洛字		1	
208	潜川诗人汪对琴像		1	
209	周吉士花卉		1	
210	姜西溟草书		1	
211	钱棵溪楷书立轴		1	
212	何义门行书真迹		1	
213	鲍砚田像题诗		1	
214	汪朴仿大痴石田山		1	
215	黄凤六山水		1	
216	黄柳溪人物		1	
217	白阳山人花卉		1	
218	张瑞图山水		1	
219	东汉建初元年刻石		1	
220	王文治字		1	
221	叶亘峰扁舟载酒图		1	
222	黄华道人端午景		1	
223	丰南靖余斋主人吴太学用卿写		1	
224	汪之瑞真迹		1	
225	娄子柔字		1	
226	江必明雪景		1	
227	程文正行书墨迹		1	

续　表

序号	书画名	作者	件数	备注
228	汪稚川肇龙篆书		1	
229	垢道人山水逸品		1	
230	丁南羽佛像		1	
231	佛像		1	
232	黄真民画		1	
233	悟雪和尚木莲苑阁		1	
234	汉大将军窦武像		1	
235	闵苑中分书		1	一对
236	梁楷渔父棹舟图		1	
237	凌双溪分书联		1	一幅
238	丁州伊墨迹		1	
239	伊汀州真迹		1	
240	程楷平字		1	
241	露筋碑		1	
242	李西涯写诗		1	
243	胡城东修园赏花赋		1	
244	金辅之字		1	
245	许元范字		1	
246	明画佛像		1	
247	郑杜莲真书		6	
248	江于九六言隶书		1	一幅
249	巴子安字		4	
250	蜀源看昙花图		1	
251	汪印苔画鱼		1	
252	许元复初写诗		1	
253	程颖叔书目作词		1	
254	沈宗敬画		1	
255	王西堂篆书		1	
256	江丽田书联		1	一幅
257	张锡宁山水		1	
258	方两江字		1	

续 表

序号	书画名	作者	件数	备注
259	明人海山仙境图		1	
260	董思翁字		1	
261	听秋图		1	
262	韩冶人画		1	
263	郑板桥墨竹		1	
264	沈南蘋花鸟		1	
265	萨湘林弹压山川		1	
266	张二水行书		1	
267	汉莱子侯刻石		1	
268	郑尹山水		1	
269	张熊奕奕荣华图		1	
270	查士标行书		1	
271	张熊老树新篁图		1	
272	皇八子行书中堂		1	
273	周芷岩奇峰真瀑图		1	
274	曹羲松松泉清听图		1	
275	祁豸佳行书		1	
276	明人柳荫洗马图		1	
277	关雯山欢天喜地图		1	
278	邹一桂天竹月季图		1	
279	张图南人物		1	
280	郑谷国隶书		1	
281	明人松岭隐居图		1	
282	高树秋山图		1	
283	陈镛松崖横翠图		1	
284	玫七芗人物		1	
285	禹之鼎双鹤图		1	
286	程一夔祝诗		1	
287	蓝田叔山水		1	
288	许尚远山水真迹		1	
289	刘完庵山水		1	

序号	书画名	作者	件数	备注
290	张迺耆鸷英攫禽图		1	
291	黄桐谷字		1	
292	洪民花香传柱图		1	
293	姜寿八骏图		1	
294	丰南仁义寺旧藏十八真像		1	
295	洪斗聚牡丹		1	
296	张增山柳塘双凫		1	
297	张得天楷书		1	
298	元人溪山赏雪图		1	
299	张子祥松鹤延龄图		1	
300	石涛画		1	
301	蓝田叔山水		1	
302	吴山涛行书		1	
303	诸日如墨竹真迹		1	
304	王椒畦山水		1	
305	明吴佛龔山水真迹		1	
306	元人无款古木寒鸦		1	
307	蒋廷锡真迹		1	
308	沈德潜行书中堂		1	
309	董文恭草书		1	
310	马江香富贵长春图		1	
311	张二水草书		1	
312	无款旧画		1	
313	谢朴园画		1	
314	明人钟馗晏野图		1	
315	崔筠谷岁华日庆图		1	
316	程樾亭雪景		1	
317	王梦楼行书中堂		1	
318	邹一桂松菊长春图		1	
319	吴小仙真迹		1	
320	明人房琯听琴图		1	

续 表

序号	书画名	作者	件数	备注
321	唐白云继妻全夫人遗写		1	
322	杨石樵鸣凤石冈图		1	
323	元尤翠花鸟		1	
324	沈宗骞天台清山绿水		1	
325	恽香山山水		1	
326	虞源太平欢乐图		1	
327	唐希恺遗像		1	
328	北宋人作勘书图		1	
329	徐坚秋山行旅图		1	
330	周静香竹石		1	
331	沈思牧山水真迹		1	
332	关九思秋日山居图		1	
333	明茅竹部妙品墨山水		1	
334	黄鼎临郭河阳溪浴图		1	
335	顾绣百寿图		1	
336	明吕纪画孔雀真迹		1	
337	白石翁巨幅山水真迹		1	
338	沈石田椿树		1	
339	冯仙湜长城万里真迹		1	
340	方士庶云海松涛图		1	
341	郑文林钟吕二仙召鹤图		1	
342	杨不弃仿石田山水		1	
343	天官图		1	
344	聚禽图		1	
345	襄予石刻		1	
346	明人无款鸟语花香图		1	
347	戴金山水图		1	
348	明蓝田叔霖雨苍生图		1	
349	项水心画		1	
350	吕纪花鸟真迹		1	
351	汪霭山水中堂		1	

续 表

序号	书画名	作者	件数	备注
352	周芷岩栈道雪旅图		1	
353	何如宠法书		1	
354	赵仲穆亭琴阮图		1	
355	绍龄山水		1	
356	陈安甫钟馗		1	
357	王石谷太行山色真迹		1	
358	查二瞻字		1	
359	痴老人寿山福海		1	
360	沈启南秋江待渡设色山水		1	
361	章太傅及练夫人像		1	
362	瘿瓢子黄公懋真迹		1	
363	吴琦双鹿图		1	
364	明正德朝母寿诗文		1	
365	八大画鹿		1	
366	明初人作仙鸟观桃图		1	
367	唐白云先生遗写		1	
368	程松门画		1	
369	庐山观瀑图		1	
370	高士奇行草大中堂		1	
371	王鹿公贤相会客图		1	
372	释弘瑜草书真迹		1	
373	蔡松原临流坐眺图		1	
374	郑慕倩栈道图		1	
375	八大山人行书真迹		1	
376	陈源柏梓桐椿图		1	
377	程越亭画		1	
378	奚铁生分书		1	
379	罗淮先字		1	
380	陈二瞻山水真迹		1	
381	僧渐江墨松		1	
382	王凝园山水		1	

续 表

序号	书画名	作者	件数	备注
383	册页字画		80	
384	曹玉堂画册		1	
385	江坚甫花卉册		1	
386	王若水宋书原画		1	
387	梁山献草字		1	
388	王树草字		1	
389	中国名人画集		2	
390	名画宝鉴(大众巧艺社版)		1	
391	影印宋贤题罗氏家赞		2	
392	陶怌王清湘八锦图		1	
393	残画		4	
394	徐识粘素诗		2	
395	郑英画册页		4	
396	影印晋人写真		1	
397	刘衡山水		1	
398	砚拓片		1	
399	胡振岱无量寿佛像		1	
400	黄太玄草书		1	
401	黄朴存山水		1	
402	朱诗斋字		1	
403	黄宾虹字对		1	一幅
404	黄朴存画屏		4	
405	汪錬小对		1	
406	钟子年扇画		1	
合计			541	

许承尧敦煌文书收藏拾遗

一、敦煌文书收藏的历史背景

敦煌文书的发现纯属偶然。生活贫困、四处流浪的王圆箓流落于酒泉，为生活所迫而出家为道，道号法真。王圆箓约于清光绪十八年（1892）云游敦煌，被莫高窟辉煌灿烂的佛教遗存所震撼，因此停住了脚步。而此时的莫高窟荒凉贫瘠，王圆箓在此清理沙石，供奉香火，收受布施，担负起守护这些佛教洞窟的义务。他稍有积蓄，就于莫高窟第16窟东侧建太清宫道观，雇敦煌贫士杨某抄写道经，发售香客以谋生存。清光绪二十六年（1900）五月二十六日，王圆箓偶然扣壁，有回声，遂探察而见，“沙出，壁裂一孔，仿佛有光。破壁，则有小洞，豁然开朗，内藏唐经万卷，古物多名，见者多为奇观，闻者传为神物”。一座尘封千年的中华文化宝库由此打开且开启了命运多舛的文化苦旅。

王圆箓按照普通百姓的行事逻辑去向官府报告，以期引起重视。首先，他赶往县城去找直接主管敦煌县令严泽，并送上了取自藏经洞的两卷经文，但不学无术的知县没有任何反应；光绪二十八年（1902），他又找到新任知县汪宗翰，汪知县当即亲去莫高窟察看，并顺手拣得几卷经文带走，只留下让王圆箓就地保存，看好藏经洞的嘱咐，之后也无下文。王圆箓仍不甘心，又从藏经洞中挑拣了两箱经卷，赶着毛驴，行程800多里，奔赴肃州（今酒泉），找到了时任安肃兵备道的道台廷栋，这位道台大人浏览了一番，而认为经卷上的字不如他的书法好，亦未引起重视。本来可以得到有效保护的藏经洞因为清政府地方官员的无知与无能而错失良机。

光绪三十三年（1907），英国考古学家马尔克·奥莱尔·斯坦因沿着古丝绸之路来到了敦煌。在得知藏经洞消息后，他向王圆箓示好，表达了对佛教的虔诚，并表示愿意帮助王圆箓兴修道观，屡遭碰壁而孤独的王圆箓以为遇见了知音，允许斯坦因进入藏经洞拣选文书，斯坦因以200两银子换取了24箱写本和5箱其他艺术品。光绪三十四年（1908）法国人伯希和花了三周时间，从藏经洞中拣选文书中的精品1万多件，仅费600两银子。宣统元年（1909），伯希和在北京向一些学者出示了几本敦煌珍本，立即引起了罗振玉、王国维、蒋伯斧等学界人士的注意。宣统二年（1910），清廷指定甘肃布政使何彦升负责押运敦煌石室文物，但在清点前，王圆箓已将部分文物藏了起来，押运沿途也散失了不少，到了北京后，何彦升和他的亲友们又攫取了一些，最终只剩下了8757件入藏京师图书馆。宣统三年（1911）日本人橘瑞超和吉川小一郎从王圆箓处骗买约600件经卷。1914年，斯坦因再次来到莫高窟，又以500两银子向王圆箓购得了570段敦煌文献，前后两次掠走文书、文物一万多件。1914年俄国人奥尔登堡又从敦煌拿走一批经卷写本，还盗走了第263窟的壁画。仅仅10余年间，敦煌五万余件的窖藏文书、文物被抢掠殆尽。中华文化的历史浩劫就这样在这一特殊时期、特定的历史背景下发生了。

1913年12月，许承尧受甘肃督军张广建之聘，赴甘肃，历任甘肃省政府秘书长、甘凉道尹、代理兰州道尹、省政务厅长等要职，1921年返京。1923年9月，再返甘肃，任渭川道尹。1924年，因不满甘肃督军大开烟禁、搜刮民财而愤然辞去官职，5月回京。秋初，探视父病由京回歙，从此未再外出任职，时年五十岁。许承尧居陇（甘肃）近十年间，恰逢藏经洞文物流散时期，使他有机会接触和收藏到珍贵的敦煌文书。

二、收藏的来源与数量

毫无疑问，敦煌的文书、文物被发现后，大部分是被英国人斯坦因、法国人伯希和、日本人橘瑞超和吉川小一郎、俄国人奥尔登堡等所掠走，如今分藏于伦敦、巴黎、圣彼得堡、京都、柏林等地。但在国内，当时除京师图书馆收藏的部分文物外，还有一部分文物通过各种渠道流散各地。

光绪三十三年（1907），四川彭县人李德贻自甘肃赴新疆，将沿途见闻著成《北草地旅行记》一书。他在宣统元年（1909）七月初一日过安西州（今安西县）时记道：敦煌“其南之千佛洞，有石室，藏有古西夏图籍、唐时人所书经卷甚富，诚稀世之珍。客岁崩溃，为居人取出，贱价出售。余等过安西时，适值天旱苦饥，每馒头二个，可掉经卷一张，惜无佳者；余检得虞世南及褚遂良所书各一卷，纸虽完好，但神气稍欠，或为赝品，亦未可知。据人云，石室之崩溃，系因西洋人司坦因（即斯坦因）及伯市和（即伯希和）之窃发使然，非自行崩溃也。其优者已被窃去，仅留此劣者，殊为可惜！官府不能禁止，殊堪痛恨!”[1]从这段记述可以知道，当时是有一部分经卷流落民间，且在大旱之年，价格甚为便宜，一张经卷仅能换两个馒头。

宣统二年（1910），清政府学部委托新疆巡抚何秋辇将藏经洞剩余写本运往北京。《重修敦煌县志・千佛洞古佛经发现记》称：“自是敦煌官绅上下，惊诧异常，知经卷之珍重，争相捡取，各人斯得数卷以为快。除当时敦煌官绅共拿过二千余卷外，运到北京者六千卷，现在京师图书馆中。”当然，其数据是否准确另当别论，而当时在敦煌为官或当地的官绅确有捡取经卷之实。

宣统三年（1911）年9月至次年2月，吉川小一郎赴敦煌途中，从安西电报局长手中以刺绣品一块、罐头四个、茶叶一筒获得敦煌写经，后又获取了三藏法师题名的写经。又在敦煌从阿米达洪等人手中先后获得唐经七卷，其中一卷是从未见过的良本。

1919年，文字学家程先甲游历陇上，在兰州省署供职三年，将陇上见闻著成《游陇丛记》。其卷三“金石第五”曰：“敦煌石室唐经——此石室发现于清光绪二十九年。盖其时千佛洞之崖，半壁间忽裂出小洞一窟，内藏番汉经典数万卷，小铜佛百余，纱绢另绘千幡甚多，又有石碑刻敕文云：‘唐大中五年五月二十一日，敕释门河西都僧统摄沙州僧政法律三学教主洪辩、授京城内外临坛供奉大德，入朝使沙州释门义学都法司悟真、授京城临坛大德’等字样。自是唐经流播于外，转相贩卖，视

① 李德贻：《北草地旅行记》，载顾颉刚：《西北考察日记》，甘肃人民出版社2000年版，第34页。

为珍品。余所见唐经，其小楷有极精若《乐毅论》者，亦有古拙如六朝者；惟勋帅所藏两种最精，一为泥金书小楷，一为草书体，若“十七帖”（晋·王羲之所书法帖名），诚稀世之珍也。唐至今年代悠远，而纸墨如新，其故盖因甘肃高燥，其纸不腐；若移至江南则早朽矣。”[①]1919年3月至1922年冬，程先甲供职于兰州省署，作为许承尧的同事，他的记述应是真实可信的。“勋帅”即张广建，1914年为甘肃巡按使，并督理甘肃军务，督甘期间以各种手段谋取敦煌写经数百卷。孔少轩，字宪廷，安徽合肥人，嗜收藏奇石、金器拓本等。1914年初，孔少轩随张广建赴甘，任兰山道尹等职，期间收集敦煌写经颇多。1918年冬，孔少轩经“冥心搜求”，获《抱朴子》一卷，“纸薄而长，字劲而古”。许承尧有《寄孔少轩索唐写经并佛象》表示祝贺：“城南老尹真眼馋，一生不止诗酒贪。搜奇癖古入肝隔，譬生作女喜见男。况复唐人手写字，千年墨色青如岚。”而许承尧面对大量流失于民间的文献，除了尽自己所能购藏外，别无他法。他在1944年跋其旧藏敦煌《佛说佛名经》写卷（现存上海博物馆）上说：“清学部乃遣人辇其经人都，号五千卷，然佳者寥寥，又皆割裂充数。其留于武威、张掖、皋兰者不少，皆精整。”在这段题跋中，许承尧明确指出经卷亦有不少留于武威、张掖、皋兰等地，而且质量上乘。他在《以敦煌写经寄马通伯先生即题其后》诗中感叹道：“京邑几牛腰，中道病割弃。我来嗟已晚，千百见三四。”[②]大量的窖藏被抢掠，许氏到甘肃之时，所见只是一鳞半爪了。许承尧以其独到的眼光购藏民间散存的敦煌文书，少部分来自同僚的馈赠，如孔宪廷获《抱朴子》一卷，中卷至下卷完好无缺，而残缺的上卷四十九行则于1919年转赠给了许承尧。诚如叶恭绰在《张谷雏所藏敦煌石室图籍录序》中指出的那样：“盖敦煌石室藏物之散出，可分为数类，一为史坦因所取，二为伯希和所取，二者世已周知。三则当史坦因未至之前，已有少许散出，盖王道士辈之所为，缘村人宣传可以治病祛邪，故恒出资向王道士索去供养，地方官吏亦恒有用为馈赠者，前后当有数百卷。厥后张广建、许承尧、蒯寿枢等

① 程先甲：《游陇日记》，载顾颉刚：《西北考察日记》，甘肃人民出版社2000年版，第61—62页。

② 许承尧撰，汪聪、徐步云点校：《疑庵诗》，黄山书社1990年版，第84页。

所得，殆皆此类，盖出土在先而集藏在后也。”①

据程先甲在《游陇丛记》卷三“金石第五”中载：“兰州寓公藏唐经最富者，有孔少轩、许疑盦二人，曾开评经大会，延余等为总裁。余有诗纪其事，见《游陇集》。”②程先甲《游陇集》卷五的诗中有一段序言：“孔君少轩藏敦煌石室唐经甚富，同时许疑盦与之齐名，今秋各罄所藏，开评经大会，延余等为总裁，诚巨观也。评后（应为“孔”，笔者注）君占一千八十零数分，疑盦占一千零数分，事竣小饮。民国九年庚申。”③从上面的文字记载来看，许承尧的经卷收藏亦享有盛名，仅次于孔少轩。但许氏究竟收藏了多少敦煌文书呢？这里并没有一个明确的记载。倒是罗振玉在1921年9月4日致王国维的信中指出：“孔言有徐（应为“许”，系笔误，笔者注）某者（曾任甘肃政务厅长）藏敦煌卷二百余，中有《唐语林》及《文选》，他皆经文。”在这里有一个明确的信息，即孔宪廷告诉罗振玉说许承尧藏有敦煌写卷二百余卷。

关于许氏收藏经卷的数量有数百卷、上千卷的说法，但均无明确的统计与记载，姑存一说而已。当然，许氏收藏的数量并不是固定不变的，中间有交流、互换、出售等情况。其后带回唐模家中，从中挑选出有年代题记并且书法较佳的精品40卷，庋藏在自家大厅楼上，并命此楼为“晋魏隋唐四十卷写经楼”。许承尧十分珍惜这些藏品，经整理装裱，裹以黄绫缎套，储于小形檀木匣之中。

据《疑庵所藏书画录》著录，四十卷写经如下：

晋写经残子册，附隋唐写经残字，神品；

北魏精写，大般涅槃经一卷，首缺，神品。二百；

隋精写付法藏因缘经一卷，首缺，神品。孔少轩易作二百；

隋精写经残幅二卷，神品；

隋唐北宋遗珍册十四叶（内附宣和印谱四叶）；

唐二娘子与阿娘书册，奇品，有检斋诸人题。唐人家信，矿世所无；

---

① 叶恭绰：《矩园余墨》，辽宁教育出版社1997年版，第170页。

② 程先家：《游陇日记》，载顾颉刚：《西北考察日记》，甘肃人民出版社2000年版，第62页。

③ 程先家：《游陇集》，载顾颉刚：《西北考察日记》，甘肃人民出版社2000年版，第88页。

唐写妙莲华经全部七卷（共一合），自加跋，微缺，陈苏生补以二十余卷，凑成极难。三百五十；

唐精写摩诃般若波罗蜜经一卷，神品；

唐精写摩诃般若波罗蜜经一卷，神品。二百；

唐写无量寿观经一卷，首微缺。与朴存，五十；

唐经残纸十一段及影印六朝经；

唐写救疾经小卷；

唐写解百家怨经小卷；

唐人听讲笔记二纸（合装一幅）；

唐写涅槃经音义残卷，分单赠检斋；

宋太平兴国写经一卷；

草书写经残幅。

三、许承尧收藏的敦煌文书的流向

关于许承尧收藏的敦煌文书的流向，大致可以分为两个时期来考察，一是他在世时，为了生活和收藏的需要而出售、变卖、交换的部分；一是在他1946年去世后，其藏品的流向。

许家栻撰《许承尧行状》载："先君居陇时，收敦煌写经甚富，能辨别晋魏隋唐时代不爽，罗叔言自叹弗如。居平年余，以官游廉洁，资用不给，悉鬻以易米。"许家栻所述大体属实，1921年许承尧自甘肃返京，至1923年9月二度入甘，其间稽留北京有一年多，生活费再加上子女的抚育费自然不少，而此时许承尧没有薪金来源，捉襟见肘而转让手中的藏品也在情理之中。许氏将部分收藏分次售出，叶恭绰、龚心钊等购得七八十卷。叶恭绰（1881—1968），字裕甫，号遐庵，晚年别署矩园，室名"宣室"，广东番禺人，祖籍浙江余姚，具有良好的家学渊源，毕业于京师大学堂仕学馆。早年力行交通救国，中年后于诗文、考古、书画、鉴赏无不精湛，著有《遐庵诗稿》《遐庵谈艺录》《矩园余墨》《历代藏经考略》等。搜藏历代文物，至为丰富，先后将所藏书画、典籍、文物重器尽数捐献给北京、上海、广州、苏州、成都等市文化机构。1925年，曾发起“敦煌经典辑存会”，其主要职责是搜集、整理、研究、保存敦煌经典典籍。

龚心钊（1870—1949），字怀希，号仲勉，安徽合肥人，寓居上海。他十九岁中举人，二十六岁中进士，是清代最后一任科举考官。光绪年间出使英、法等国，清末出任加拿大总领事，是清代著名的外交家。龚心钊平生笃好文物，潜心研究，因此他收藏的文物，精品颇多。如秦商鞅方升，战国越王剑，宋代米芾、马远、夏圭等名家书画，宋汝窑盘，以及时大彬、徐友泉、陈鸣远、陈曼生等制的紫砂壶。他所藏印章，既丰且精，有自战国至六朝的铜、玉、石的官、私印章2000余方。1960年，龚心钊的后辈将珍藏的500余件文物，捐献给上海市文物管理委员会，捐赠品内有敦煌写经卷。

除了批量售出的文物以外，还有一些零星的出售，则难寻踪迹。其中有售与王树枬，王树枬又名王树楠，字晋卿，晚号陶庐老人，直隶新城县人，曾任甘肃省中卫县知县、新疆布政使。精通经史，富收藏，尤多石刻精拓。民国期间任《清史稿》四总纂之一，著有《汉魏六朝砖文》《新疆访古录》《新疆金石志》，后王树枬又将一部分文物转售给日本人。

那么许承尧早期的收藏最终去往何处？现收藏在哪些机构或个人手中？好在许氏在敦煌文书上有题跋或收藏印，为我们鉴别是否曾为许氏的收藏提供了便利。从近些年披露的资料和研究成果中分析，许承尧的旧藏其散藏地有如下收藏机构：中国国家图书馆、上海图书馆、上海博物馆、北京大学图书馆、天津艺术博物馆、浙江省博物馆、东京书道博物馆、东京大学东洋文化研究所、三井文库、美国弗利尔美术馆等。而且仍有旧藏被不断发现，如青岛市博物馆在2015年可移动文物普查中发现了23件敦煌文书，其中有3件经卷上均有“歙许芚父游陇所得”引首钤印，亦有许承尧转让友人的题记，当属许承尧旧藏无疑。许承尧在《维摩诘所说经义记》（残卷）的题跋如下：“唐人行书论疏残卷。考唐人写经行草书极少，此沙门传写本，非经生所为，最为可贵也。上十二卷，本余所藏，以力不能有，归之吾友郑君笏丞。郑君雅尚冲澹，竺于嗜古。物得其所，与在吾斋何异。割爱题记，郑君其永宝诸。承尧十一年一月。”下有正方形阳文朱印“许承尧印”。卷首又有“歙许芚父游陇所得”

长方形朱印。这段题跋不仅有许氏的考证，还交代了转让友人的缘由、时间等。

许氏藏于唐模家中的四十卷经卷，大部分于1953年入藏安徽省博物馆，由于安徽省博物馆至今没有公布目录及数量，因而详细情况尚未得知。但笔者于2014年整理了歙县档案馆馆藏的歙县文教局1953年《皖南人民文物馆接收歙县人民政府交来歙县许承尧文物、古书清册》，其中登记有敦煌经卷，列表如下：

序号	书名	作者	出版者	册数	备注
252	敦煌石室古墨拾遗		贴本	1	
253	敦煌言经写真			2	
254	残卷			11	
255	最精北朝周斋写经			1	
256	藏经			2	
257	抚雷峰塔塔钱氏			1	
258	唐人家信			1	
319	观弥勒上生经疏			2	
320	庄严室王经			1	
322	心经幽赞			1	
323	纠懈拉具道释			1	
324	发善提心论			1	
325	大乘入楞伽经			2	
327	摄大乘论世观释			2	
382	大乘本生心地观经			2	
510	阿弥陀经			1	

由于该目录并没有做出详细的备注，因此难以断定全部都是敦煌经卷，仅从目录上看，《敦煌石室古墨拾遗》1卷、《敦煌言经写真》2卷、残卷11卷、《最精北朝周斋写经》1卷、《藏经》2卷、《唐人家信》1卷，这18卷大致可以认定为敦煌经卷。而由于对经卷的命名不同，因此在见到实物之前，也难以根据《疑庵所藏书画录》著录与其进行准确的比对。

那么许氏藏于唐模家中的四十卷经卷是否全部入藏安徽省博物馆呢？回答是否定的。在1951年的《王任之日记摘编》中有载：“1月3日，中午，侠奇来，同往文化馆访刘、姚、孙三君，偕赴晴初宅观其所藏书画。漫谈间晴初提起，方士岳秋间回里，曾自悦音处取去疑盦所藏玄奘写经一卷。”“6月14日，李一木、刘序功来。唐模许氏的收藏，他们已去整理了一次，根据目录，发现已经转移不少。”从上面两段纪录来看，许氏家藏有散落于外的，其中1月3日的日记，明确记载了方士岳[1]自许承尧的女儿悦音处取去了其父所藏的玄奘写经一卷，现此经卷亦不知流落何方。

歙县博物馆中亦藏有许承尧曾收藏的敦煌经卷6卷：《大般若波罗蜜多经》1卷、《唐武则天造新字写经》1卷、《唐世尊若菩萨经》（有许承尧题记）2卷、《隋精书付法藏因缘经》1卷、《唐人写经残本》1卷。其中一卷的后跋上有仇广震的题写：“唐人写经距今一千八百余年，考敦煌旧为西域要冲，鸣沙山以沙回风聚上下鸣得名，夙称胜地，石室造写略同云冈龙门，其中一室封闭于北宋初，至光绪庚子崩豁，奇书秘籍悉为外攫去，写经其残余也。仇广震识于松古轩。”仇广震为西医师，歙县上丰乡霞江村人，说明许承尧收藏的此卷敦煌经卷曾为仇广震所收藏过。

1940年，国民党第二十三集团军司令唐式遵驻军唐模，许承尧与其多有交往，送其自己收藏的敦煌写经3卷（是否属于40卷里面，尚未可知），现藏于四川博物院。其中唐《妙法莲华经》，卷轴装，全长870厘米，宽25厘米，白麻纸。卷首钤有收藏章三方，其中两方为朱文“疑盦”“歙许芚父游陇所得”，另一方字迹模糊不可辨。卷尾押有“唐式遵印”及“重园珍藏”二篆书白文章。《大般若波罗蜜多经》残卷，卷轴装，长1275.5厘米，宽26.5厘米，卷首上方钤朱文“歙许芚父游陇所得”长方印，下端钤朱文“疑盦”方印。卷首上下均有杨守敬收藏章二方，背面有收藏人墨书“六朝人索闰写”。

从以上叙述得知，许承尧曾收藏过的敦煌文书藏于国内外19家机构之中，我相信这肯定不是许氏收藏的全部，今后或许还会陆续出现。

① 方士岳（1911—1962），应为方师岳，原名大启，歙西灵山人。

四、许承尧对敦煌文书的研究

许承尧虽然没有敦煌写经的研究专著，但由于他见多识广，经手了许多实物，特别是对经卷的断代上判断力强、准确率高，连专门从事敦煌写经研究的罗振玉、王国维等学者都十分佩服。许承尧对敦煌经卷的研究心得，主要以题跋的方式标注于装裱后的经卷的首端或末端。现列举如下：

如在浙江博物馆藏《太子慕魄经》卷首，有许承尧的题跋："考敦煌石室所出写经，以隋为最精。书法至隋，集南北之大成，别有一种冲和肃穆态度，迥非唐人可及。此卷出自椒房，尤为宝贵。"在这段题跋中，他考证了经卷系出自独孤皇后施造的"一切经"。独孤皇后的"一切经"写卷实为罕见，因此许承尧称："此卷出自椒房，尤为宝贵。"其次许承尧论断，敦煌写经的书法以隋代最佳，淡泊、平和、严肃而恭敬。

歙县博物馆所藏的《复次世尊菩萨》唐人写经卷卷末许承尧跋曰："此敦煌鸣沙山古三思寺唐人写经，千年之墨宝楮色如新，且非经生书，为经生书多腴泽整满，如世所传《灵飞经》，此则瘦劲古拙有篆分，余意当为沙门或居士所写，至不易得，非寻常金石碑帖所同语也。壬午屯叟记。"许承尧考证了经卷出自敦煌鸣沙山古三思寺，年代为唐代，书写者并不是常见的抄写佛经的经生，而为信奉佛学的信士所写，书法有篆书笔意，瘦劲古拙。

2003年11月，北京华辰拍卖有限公司展出了一卷魏晋南北朝写经，编号0301，上有许承尧为陈季侃所藏的经卷所作的题跋："右敦煌石室写经九十一行，以字体、笔法及他卷之有题识者证，知为元魏人作。画沙印泥崭崭不苟，力透纸背，由隶入楷蜕化之迹尚可寻味。今人见一魏石出土辄喘汗相告，矧手墨宜何如珍视耶。季侃仁兄省长属题。弟许承尧时居珠。"此卷写经，经许承尧考证年代为魏晋南北朝时期，墨迹工整，并且可以寻味书法由隶入楷的变化，因此具有相当的文物与艺术价值。

敦煌文书的收藏者中，以张广建为代表的一批曾经在甘肃地区为官的官吏以及敦煌文书运京途中攫取经卷的各地官吏，大都出于猎奇、占有的目的，真正去研究敦煌文书的藏家可谓凤毛麟角，而许承尧就是其中的佼佼者。许承尧对敦煌写经的研究主要体现在两个方面：一是断代，二是书法艺术。因此，许承尧晚年的书法作品在古拙的基础上，吸收了唐人写经的笔意，下笔尖、轻，收笔重、钝，用笔精致，格调高雅，韵味无穷。

五、意义与评价

许承尧对敦煌写经的收藏与研究，无疑意义重大，影响深远。首先他为我们保存了一批珍贵的敦煌文献资料，许氏曾经收藏过的敦煌文书，现绝大部分保存在国内各大图书馆、博物馆之中，为敦煌学的研究提供了样本。其次，扩大了敦煌文献的宣传与影响，交流与交换让更多的人认识敦煌文献、了解敦煌文献，引起了罗振玉、王国维等一批学者的重视，并先后介入研究。黄宾虹在给许承尧信中言及：“湘中向乐毅君言敦煌所出古物，当时颇多罕见之品，除赣蔡经台辈所得，大半为罗雪堂影印，闻入尊藏者犹不乏瑰异，请示其目一二，或有照片借印更妙。”[1]三是许承尧对敦煌文书的研究，推动了敦煌学的产生与发展。罗振玉、王国维、蒋伯斧、李翊灼、陈垣等老一辈学者及刘复、向达、王重民、姜亮夫等一批年轻的敦煌学家先后涌现，并对敦煌文献进行了著录、考证与研究。

在许承尧的敦煌文书收藏中，最为珍贵的当属现藏于安徽省博物馆的《唐二娘子家书》一通，纵31厘米，横43.4厘米，19行，略残。这是许承尧于1922年从写经裱褙纸中剥离出来的，许氏掩饰不住激动的心情，在收藏目录中写下：“奇品，唐人家信，旷世所无！”并赋诗以记喜：“天使持唐节，明驼入汉关。上都从婿乐，隔岁寄书还。团锦聊充信，加餐祝驻颜。千年遗此纸，珍异抵琅环。”[2]许承尧广请吴承仕、汪律本、李景堃、何振岱、程震炎等人题跋和吟咏，其中汪律本题跋：“疑庵喜聚敦煌石室残经，偶于一卷褙纸得唐二娘子寄母家书，盖随嫁戍瓜人从内地寄甘者千年俗书。较名笔历久，亦足宝已。旧游老人倚边声题之。”作词《八声甘州》以贺：“汉家西苜蓿，石榴来，无名媵闲花。度春风关柳，

① 上海书画出版社，浙江省博物馆：《黄宾虹文集·书信编》，上海书画出版社1999年版，第145页。

② 许承尧撰，汪聪、徐步云点校：《疑庵诗》，黄山书社1990年版，第107页。

郎能射雉，妾便随鸦。借足明驼目下，别梦绕秋笳。一路青青草，燕燕天涯。笑汝凡心礼佛，转庄严贝叶，红字搔爬。透锦鳞消息，儿女话咿呀。料无缘，邀杨妹子，为题诗，押角印残霞。纸千载，作琵琶语，剪碧笼纱。”题跋和吟咏连同家书一起合装成册，成为时代绝唱。此书赴日本展出时，大为轰动。

《吴皖生笔记》拾遗

在2014年夏天的一次闲聊中，擅长工笔荷花的歙县籍女画家方丽芳女士说起，其家中收藏了一本吴皖生先生的笔记。听到这个消息，爱好文史的我怦然心动，吴皖生作为一位穷居山野的画家，其诗书画的成就至今令人刮目相看，特别是所画墨竹自有风骨，气韵生动，大有板桥遗风。

近期，征得方丽芳女士同意，得以目睹这本吴皖生的笔记。这是一本徽州地区徽学研究会成立大会上发的一本纪念笔记本，封面上有“徽州地区徽学研究会成立纪念”字样，下面落款日期为“一九八五年六月屯溪”，中下部盖有一枚“徽州吴皖生印记长寿”的白文印。外套蓝色塑料封皮。笔记中记录有各种治疗支气管炎的中药方、题画诗文、诗词、个人印记，还有竹、石、鳜鱼、荷花、梅花、兰花等画作约20幅，贴有吴皖生本人一寸照片三张、药方二张、剪报两篇等。

据方丽芳女士介绍，这本吴皖生的笔记是其叔爷方德洲转赠的。方德洲系方家村人，祖上为富商，家富收藏，对金石书画的鉴赏颇有一定的水平。方德洲于20世纪80年代承包经营武阳茶厂，每年茶季，吴皖生下午常到茶厂与方德洲喝茶、聊天，说些书画与历史掌故，方德洲以茶叶相赠，吴皖生亦以画作回馈，一来二往，成为挚友。也许感觉时日不多，1990年春，吴皖生随手将这本笔记赠予方德洲。茶厂歇业后，方德洲将它带回了问政山东麓的方家村老家。侄孙女方丽芳与丈夫胡兆安均爱好书画，方德洲认为书应赠有缘人，于2002年前后将笔记赠给了侄孙女方丽芳，期望她认真学习钻研，能从中获益。

吴皖生，字亦楚，号吴楚，歙县旱南岔口村人。幼年入大洲公学，大洲公学即今歙县岔口小学的前身，清光绪元年（1875），由岔口大坑源轮台村人吴灏兄弟创办，校址位于岔口村脚忠烈庙前。十九岁入安徽省立第三中学，省立第三中学系新安中学堂于1914年改称，校址位于徽州府试院（今徽园一带），教师皆为当时的社会名流，吴皖生于1919年毕业于该校，后执教于高小。1935年，曾应殷巨宾之请，担任南源口村私塾教师。

因教学收入微薄，卖画于上海、苏州、杭州等地以贴补家用。20世纪三四十年代，曾在杭州、富阳、屯溪等地举办个人画展，作品得到国画大师黄宾虹的好评。中华人民共和国成立后，崇尚农耕，一直在家务农。闲暇之余以作画、垂钓、鼓琴、养花为乐，且生活简朴、性格开朗、与人为善，乡邻建房、结婚办喜事要副对联、中堂，他总是有求必应。

吴皖生工于书法，喜用侧锋，行笔有力，苍劲老辣，自成风格。他是新安画派衣钵的继承者，主张师法自然，其所作山水，沉雄跌宕，清逸萧疏，上追倪（瓒）黄（公望）。花鸟擅长梅、兰、竹、菊，尤以墨竹而闻名，强调墨色变化，浓淡相宜，虚实相生，疏密有致，绰约多姿。作为一位僻居乡村的乡土画家，其人格与作品受到很多有识之士的青睐，其深厚的国学功底为现今许多“书画家”所不及。

根据其笔记内容，为便于阅读，分诗词、题画诗文、印章、画作、杂记等几部分予以相应归类整理。

一、诗词

如下：

《鹧鸪天》

涉足园林满眼花，如椽大笔走龙蛇。纷纭众制丹青手，姹紫嫣红分外娇。

叹观止，艺殊超，曲坛雅奏得闻韶。文明此际开新运，国祚长隆望海潮。

《临江仙·春郊》

老去爱从闲处去，度阡越陌寻春。林峦如绣草如茵，黄鹂鸣翠柳，百啭弄新声。

往事何须重记省，都归过眼浮云。端居堪耻迂时明，伏枥非念栈，驱逐总关情。

《三潭印月》

正当风月佳时，每策杖盘桓，雅有林亭供欣赏，净无尘杂扰襟怀。

此是溪山胜处，试凭栏眺望，园苑有花春尚在，楼台近水月先来。

《咏王安石》

荆公才气经纶手，改革图强为济时。未奏肤功缘掣肘，千秋赞口一丰碑。

采石太白楼诗词协会成立三周年，我因病未参加，为补贺诗一首

诗词盛会萃群英，老病衰躯惜未亲。遥想挥毫飞丽句，相偕调韵倚新声。青山冢冷清芬在，采石楼高胜迹存。信是东南人地美，启承不断演文明。

《八十述怀》

几经世态阅沧桑，魔怪翩跹记未忘。怀旧只堪增悚惧，览今不觉起狂欢。雄心共揽九天月，壮志齐攻四化关。收拾金瓯惟靠党，安民定国两辉煌。

《九十述怀》一首

九十驹光如一瞬，青春岁月误蹉跎。遭逢离乱功成少，学业荒疏差失多。心事难忘惟国族，神州可爱是山河。老衰犹有驰骋志，誓为新潮助一波。

《临江仙·黄宾虹纪念会》

朱履三千趋盛会，四方俊彦纷来。丹青妙笔梦花开，点睛摹骨，神化展高才。

企想宾师遗泽溥，几番瞻仰低徊。门前桃李广栽培，流风余韵，佳话步兰台。

八七年五月

《过秦楼·宾虹纪念馆庆典》

毫素传神，丹青润色，绘事新安艳说。董巨遗规，倪黄作式，矩获遥承先泽。原须六法功深，百炼成钢，千捶曲铁。念前修汇泽，流风未坠，犹存芳烈。

幸今朝，盛会躬逢，群贤毕至，少长一堂愉悦。宾公宛在，琼馆留春，后世声名不竭。勖哉吾侪且追，雀白高明，郑虔卓绝。必兴起有人，奋志蔚为时杰。

一九八七年五月十五日

《倦寻芳·屯溪风貌》

山娇春黛，溶溶秋波，景色如绘。三镇鼎分，二川潆洄青带。上层楼，恣远眺，错综万户烟岚外。更熙攘，纷轮蹄，似织驰驱来会。

际今朝，国人交泰，民康物阜，方兴未艾。市肆琳琅，满目繁荣胜概。企想前朝拟宋代，短裤椎髻模形态。慕淳风，岁虽赊，犹思遗爱。

一九八七年三月

《反击越寇回师祝捷献词》

越寇骄横，譬彼夜郎。蓄谋寻衅，屡犯南疆。未加挞伐，遂致枭张。占我土地，抢我稻粮。杀我父老，掠我邑乡。得陇望蜀，退让未遑。将士愤请，誓予创伤。瞋目裂眦，怒发冲冠。无可复忍，决制强梁。我军赳赳，我阵堂堂。正义之师，锐不可当。气吞丑虏，威慑凶顽。同登夹击，谅山聚歼。兔性虽狡，多窟亦亡。量罪行罚，振旅而返。凯归国门，鼎沸腾欢。少长联肩，迎老道旁。锣鼓竞响，花束散芳。掌声雷动，舞蹈欲狂。携手入室，慰问多端。酒浆在席，歌吹在厢。倾谈战绩，众目瞠瞠。述及勇烈，热泪盈眶。军民和乐，鱼水一般。回归驻所，厚奖褒扬。子弟丰功，何日或忘。保境定远，于国有光。

《缅怀周总理》

七律

坦荡襟怀肃整容，温文举止沐春风。
肩担国务劳筋骨，志念人群瘁厥功。
品质精纯荆玉洁，事功宏伟岱宗崇。
宏功伟绩千秋在，一片丹心万古红。

《咏墨梅》

岭头春早先发枝，素以为绚别有姿。
国色从来重粉黛，红颜何必待胭脂。

《竹》

闲看篔筜三五华，疏疏密密秀堪餐。
风前俯仰婆娑态，枝叶飘摇像舞衫。

《踏莎行·新安书画会献词》

合蒲珠辉，昆岗玉莹，名园无数花枝俏。丹青佳话说新安，流风不断传芳讯。

渐师疏淡，宾公苍劲，画坛早定千秋论。繁星灿烂踵前修，文场骋马争先进。

以上共整理出诗词15首，有写景、抒怀、唱和等内容，从这些古诗词可以看出，吴皖生有着深厚的国学功底，而且其诗词创作紧随时代潮流，如1987年3月所作的《倦寻芳·屯溪风貌》中，有“国人交泰，民康物阜，方兴未艾。市肆琳琅，满目繁荣胜概”的描绘，对改革开放所带来的人民生活的变化予以讴歌。其人老心不老，八十岁时有“雄心共揽九天月，壮志齐攻四化关”的抱负，九十岁时，还立下“老衰犹有驰骋志，誓为新潮助一波”的决心。据吴庆权先生（已故）介绍，1989年，徽州师范老校长王世杰曾请吴庆权先生向吴老求诗，吴皖生画了一幅《红梅图》，并题诗一首：“蔚然深秀慕瑯琊，白水连闬比户家。今日相逢藉毫翰，闲中寄赠一梅花。”诗中含蓄指出，王氏发源于古瑯琊郡（今山东省东南沿海地区），而王世杰与吴老是同乡，闲中写一《红梅图》寄赠，诗书往来，乃文人雅兴。王世杰见后，赞叹不已。

二、题画诗文

如下：

1. 绘画之事在笔多厌繁，墨少嫌简时，此笔墨锻炼未到功，以致有此看法。真属能手，随意着笔，无往不利，更不拘繁简，此之谓大手笔。

2. 近日，作得一幅雪景山水画，题句是：玉宇无尘新面貌，金瓯待整旧山河。

3. 寒不渝色秋不凋零，高风亮节永葆坚贞。

4. 翠滴潇湘雨，晴摇嶰谷风。

5. 居傍修篁人亦雅，地多栽竹境方清。

6. 正直何曾见屈节，清高无日不虚心。

7. 袭人香气爱丛兰，偷得寻芳一日闲。到处觅来都不得，写成一幅当花看。

8. 用笔不在多而在意足，此为作画者难能可贵之处。古人写墨竹名家虽有，无奈年代久远，已不能得到真迹杰作，寓目一睹，为可惜耳。

9. 凡画不仅重在形，而尤重在神，不徒贵在象，而更重在韵。神韵之说由来已久，此国画风格所以高于众制也。

10. 绘画精工，其用笔有时大墨淋漓，倾泻满纸；有时惜墨如金，不肯着笔，运用之妙，盖不足为俗手道也。

11. 旧六法：气韵、骨法、象形、敷彩、位置、模写。六法次第：布局、点缀、勾勒、敷彩、水浑、墨彩。

12. 题《孤舟钓雪图》：千山鸟飞绝，万径灭人踪。独钓寒江雪，孤舟蓑笠翁。

13. 石顽留古态，竹节表冬荣。

14. 《秋日花鸟》：花香鸟语三秋侯，不是春光却是春。

15. 《竹石》：坡公爱竹，米颠嗜石，石质尚贞，竹性惟直，崇兹美德，学而时习。

16. 《山水》：山水画幅在意随笔尽，下品也；笔尽而意未尽，杰作也。要如琴罢而余音犹缭绕耳际，可以悟画理矣。

17. 《梅花》：雪满山中高士卧，月明林下美人来。梅妻鹤子称和靖，佳话相传迄未衰。

18. 《竹》：方今世事称昌盛，喜借丹青当颂歌。

19. 结根生石罅，生长林泉间。抱节励清风，高枝在云端。严霜万木凋，守贞诚独难。

20. 寒不渝色冬不凋零，抱节守素永保坚贞。

21. 宜到岁寒方见节，居尝无日不虚衷。

22. 一带绿云笼渭水，万竿清影漾湘江。绿云一带铺晴色，翠云千竿映水光。

23. 百个千个万个，三竿五竿七竿。此君足资取则，劲节虚心耐寒。

24. 兰：气味从来冠众芳，燕宫吉梦说荒唐。却嫌脂粉污颜色，淡写轻描作素妆。

25. 天涯青草色，兰蕊正芳菲。携杖寻春去，弄花香满衣。

26. 生平只解在山清，凭籍春风布郁芬。试向千秋觅知己，看来□算楚骚人。

27. 题兰：素艳幽花傍涧开，因风逐水带香来。从兰未减当年色，只叹骚人去不回。

28. 梅花：春到枝头香满树，雪中月下影模糊。孤山处士游仙去，知己于今有也无。

29. 山水：一水落天际，数家住云间。乐此承平日，深宵不闭关。

30. 山水：携杖寻埏步履难，老衰不复去游山。虚堂寂坐浑无事，洒翰濡毫作画看。

31. 凡写竹意在笔先，亦即胸有成竹之谓岩（也），茫然、昧然率尔而作，必至败绩。

32. 竹：风前仿佛青鸾舞，月下常疑彩凤栖。雅态幽姿供胜赏，此君作伴总相宜。

33. 清帐雨里湿，翠葆风中摇。岁寒石改色，气节此君高。

34. 四季常青永葆节，三秋犹绿不凋零。佳伴再思惟有竹，不可一日无此君。

35. 风竹：折腰非为米，俯首拜下风。生平常抱节，何惜暂卑躬。

36. 四节春常在，一生节未亏。

37. 山泉投涧底，潺潺激情响。好风入修竹，枝叶时俯仰。真趣得自然，幽人会胜赏。

38. 《雪梅图》：东风吹醒数枝梅，雪蕊霜花烂漫开。一片冰心颜如玉，几生修得此身来。

39. 《鱼笋图》：志不在温饱，何事话鲜肥。常患生碌碌，后世人不知。

40. 《山水》：山静如沉睡，江流似远行。睡倒何日醒，行在几时停。写此代卧游，怡然慰我心。

41. 《题山水画》：峦壑境地幽，往来惟鸾鹤。危石百丈岩，老树千年木。飞瀑静成韵，野花闲自落。山中忘岁时，今古一朝暮。

题画诗文是本笔记中最精彩的部分，不仅反映了吴皖生先生深厚的文学功底，还反映了吴老对中国画的理解与心得。其画特别讲究意境，笔墨该繁则繁，该简则简。“山水画幅在意随笔尽，下品也；笔尽而意未尽，杰作也。”重视画作的神韵，“凡画不仅重在形，而尤重在神；不徒贵在象，而更重在韵”。从而营造一种自然传神、淡泊高远、余音绕梁的美学效果。

诗中有画，画中有诗，是传统中国文人画的特点，“高情逸思，画之不足，题以发之。”或抒发作者的情感与心志，或谈论对艺术的理解与思考，或咏叹画面的意境与想象，或交代画作的缘由背景等，与画面相得益彰。诗画互补，使意境更加深远。且题画诗文是画作的一个有机组成部分，它以书法的形式表现到绘画中，再在画面适当位置加盖红色印章，使中国画集诗、书、画、印于一身，形成了独特的艺术形式，使人在读诗看画、看画赏诗之中，充分享受艺术美。吴皖生的题画诗文使我们感受到中国传统书画的独特魅力。

三、对联

如下：

1. 俊逸清新白也诗无敌；举杯邀月臣是酒中仙。

2. 山水有情留我醉；花枝如笑为谁娇。

3. 在野未忘邦国；退闲犹念安危。

4. 惟国家所急是急；先天下之忧而忧。丙寅春日吴皖生九十岁书

5. 竹楼医师为妇科世家，其父兄均与予为挚友，在治病扶伤，楼有不少功绩；竹楼能继其业，真盛事也。因为联以赠之。

愿于疾苦处种德；志在医药上立功。

6. 吕宏新挽联

其一：居尝和睦乡邻每治病济贫；秉性温文敦厚在待人接物。

其二：可惜自古有死；声誉至今犹存。

吴皖生善作楹联，有数百幅之多，由吴老自己编集，杭州市图书馆出版的《联苑摭华》，收录楹联300余幅。“希在两个文明建设的洪流中，得到一涓滴作用，则为幸甚。”其内容或寓箴谏，或劝学成德，或教人端正，或激励上进，内容之广博，文字之精湛，语句浑成，宅心仁厚，读者深受教益。1988年10月，他以“能忍耐，省事不少；爱读书，受益最多”这副联语，参加国内外征联活动，获得好评。歙县档案馆藏有国医大师李济仁捐赠的一幅吴皖生书写的对联“江上清风吹解带；山间明月照弹琴”，落款为：“庚午新春吴皖生，时年九十四岁书”，钦盖白文印“皖生”，为其去世前的精品之作。

四、印章

印章主要有白文印与朱文印两种，其中白文印12方，朱文印14方，形制以方形、长方形为主，另有圆方印1方，异形印1方。印章内容以名、字、号为主，另有闲章数方。这些印章不仅本身是艺术品，而且有助于我们鉴赏吴皖生的书画作品。

(一)白文印

方形印“徽州吴皖生印记长寿”；方形印“皖生”；方形印“皖生绘事”；方形印“吴皖生印”；方形印“吴楚”；方形印“皖生画印”；方形印“吴楚之印”；方形印“吴皖生”；方形印“皖生书画”；方形印“吴楚之印”；长方印“谭稣亚钟之印”；方形印“皖生长寿”。

(二)朱文印

圆方印“竹是我师”；长方印“皖生八五后作”；方形印“皖生”；方形印“吴楚”；方形印“楚印”；方形印“吴皖生”；长方印“皖生旱南作之”；长方印“翰墨因缘”；方形印“吴楚所作”；长方印“亚钟书画之印”；方形印“吴楚书画”；长方印“吴楚印记长寿”；异形印“荡萧长瞻”；方形印“分径印记”。

五、画作

竹枝一幅，叶子向左边偏；竹石两幅，竹子布局在石头左、右侧各一幅；竹子一幅，纸条向右侧倾斜；山石九幅，形态各异；兰石一幅；鳜鱼图三幅，其中一幅为双鳜图；梅花图一幅，上有题跋：“新装雅恋自堪思，素以为绚别有姿。秀色从来重粉黛，红韵何必染胭脂。”山石灵芝一幅；荷花图一幅。计20幅。

从这些画作来看，吴皖生具有传统绘画的深厚功力，能在这样的印刷纸上画出层次分明，浓淡相宜的水墨画来，确实不易。且钩、点、皴、染，笔笔到位，疏密得当，既继承了新安画派的传统笔墨精神，又有自己的特色，可谓苍劲雅秀，疏淡高远。从20幅画作来看，山水、花鸟无一不擅，梅、兰、荷、鱼皆生动活泼，充满生机。

而其画墨竹尤见功力，他善用浓淡、干湿不同的墨色，恰到好处地表现了竹子的生动姿态和光影效果；构图上讲究虚实疏密的变化，竹干的穿插、竹叶的重叠做到密而不乱、主次分明，起笔开合自然妥帖，笔意秀韵，清新淡雅。有行家这样评价："皖生工书法，擅绘画，所作山水，气韵伟俊，其清逸萧疏之处可上追倪黄，吾新安画派之正宗也。而所画墨竹又更胜一筹。"因此，吴皖生的墨竹受到藏家及书画爱好者的追捧。

六、其他

1. 抄录、粘贴中医药方等。

"黄梅"湿病的防治：鲜藿香、佩兰、陈皮、炒苍术、蔻仁、川朴、木通、苏叶、艾叶。

注：民间有用艾叶或生姜煎汤饮服，疗效也好。中成药的治疗有藿香正气丸（片）、香砂养胃丸、大小活络丸及健脾丸均有效。抄于《黄山日报》1989年6月14日第2版。

此外，还抄录了张金善开具的宣肺祛痰处方一则，吴裕成开具的健脾化湿处方一则。粘贴了殷复商开具的宣肺祛寒处方一纸，中医院鲍裕民医生于1988年9月21日开具的健脾和胃、保肺益气的调理处方一纸。

2. 抄录诗词。

晚唐诗人许浑的《咸阳城东楼》。一上高城万里愁，蒹葭杨柳似汀洲。溪云初起日沉阁，山雨欲来风满楼。鸟下绿芜秦苑夕，蝉鸣黄叶汉宫秋。行人莫问当年事，故国东来渭水流。

3. 剪贴三张。

一为印在报纸上的《南昌燕君云材墓志铭》拓片；二为叶祖荫、傅延勤撰写，发表于《人民日报》（海外版）"吴老已九旬，结婚方三载"的新闻报道；三是之江撰写的"浮天水送无情树，带雨云埋一半山——陆俨少八旬寿诞画展欣赏"评介。

另还粘贴了一张1989年12月18日开具的，吴皖生“装潢书画加工单”一纸。

4.记事。

1986年除夕大病作，延至1987年4月间吉愈，是中寒夹湿，病期较长，散失元气，细心调护，幸得痊好。九月间，病又作，系时感风寒袭肺，寒热，用小柴胡治，热停，头痛止。本病是复症，连续用AB方均效。惟余邪热内蕴，支气管炎盛作，日夜白痰狂涌，喘息不欲开眼，有陷危险状，未收全功。因从前后两次病考核得失，用药并采其各方中平稳剂，避去暴性药物，自拟方。总之，病的主因在肺，肺平，诸病皆愈。

5.杂感。

为病设防。成灾待拯救已艰难而危险矣，病是积渐而来，正要在细微处堤防，堤防。溃毁必泛滥，殆而难救，有此情势，不可不慎防也。之（资）质加病害之伤，即如欲陨之叶，当烈风之侵必危，恶劣千万不能闯入，风寒侵袭，立即致病，以衰虚在身体，衰虚即皮毛不够防御空气环境。

这部分虽然比较杂，但也从一个侧面反映了吴皖生晚年的生活状况。吴皖生八十七岁时，继配去世，为了有人照顾生活，因而再婚，娶了一个小他22岁的孀妇程金花为妻。吴皖生除了做一点力所能及的家务外，就醉心于书画，他在一幅山水画中有这样的题跋：“携杖寻坵步履难，老衰不复去游山。虚堂寂坐浑无事，洒翰濡毫作画看。”吴皖生有良好的生活习惯，坚持每天散步五六公里，睡眠八九个小时。1986年春，年已九十的吴皖生身体大不如前了，时常外感风寒，而伤及肺阴，经过细心调理养护，才得稍解。因此，从1986年到1989年间，抄录、粘贴了一些中药处方。小病则治，重在预防。良好的生活习惯，淡泊的生活态度，使得吴皖生得以长寿。

吴皖生个性鲜明，一生淡泊名利，乐居僻壤，清守自持，“人虽老去心犹壮，家本清贫志尚坚”。其书画虽早负盛名，但从不倚技自矜。20世纪30年代，就曾先后在沪、杭、苏、屯等地举办过个人画展，产生一定的影响。20世纪60年代、20世纪80年代，与当代名家赖少其、唐云、亚明、宋文治等多次会晤，交流画艺，深受唐云等大师的器重。吴皖生虽居于歙县岔口的偏远山乡，而来自省内外的登门求画者还是络绎不绝。他的作品还被日本、美国、新加坡、澳大利亚等国家的书画爱好者所收藏。吴皖生先生是徽州传统文人的代表之一，其诗、书、画俱佳，书法功力深厚，给人一种苍劲有力、质朴厚重的美感。

由于吴皖生没有子嗣，其生前的画作及相关资料散落各处，虽然书画市场对其书画十分追捧，但对其研究与介绍却少之又少。鉴于此，笔者将其笔记整理出来，以供方家研讨借鉴。“相信天涯有知己，何愁天下乏人知”，吴皖生对新安画派的继承与发扬所作出的努力，必将为业内所重视。

后　记

有人说做史学研究就像挖井，挖的越深出水越多。我想对于徽学这座富矿来说亦是如此，徽州以其大量的历史遗存而闻名世界，地域社会文明发展的重要载体——徽州文书更是以其存量大、价值高、品种丰富、连续性强等特点而备受中外学者的青睐。作为一个土生土长的徽学爱好者，我一方面有机会接触到大量的历史文献与资料，另一方面能够利用业余的时间从事田野调查，就这样慢慢积累了十多年，有了《发现徽州——徽学资料整理与研究》这本小集子，也算是对既往的付出做一个小小的总结吧！

《发现徽州——徽学资料整理与研究》一书共收录文章二十六篇，分成五辑，第一辑徽州商业，共有三篇文章，主要介绍了盐业、茶叶、新安江水上运输等内容；第二辑徽州宗族，共有八篇文章，主要介绍了郑氏、吴氏、罗氏、程氏、邵氏、洪氏、黄氏、汪氏等族谱资料；第三辑徽州民俗，共有六篇文章，主要介绍了徽州婚嫁、麒麟舞、“抬汪公”、“跳钟馗”、徽州土贡和酒文化等内容；第四辑徽州人物，共有五篇文章，主要介绍了汪一中、邵次、汪必昌、王茂荫、许承尧等历史人物；第五辑艺术与收藏，共有四篇文章，主要介绍了潭渡黄氏、许承尧收藏以及吴皖生书画艺术等。二十六篇文章分别从商业、宗族、民俗、人物、艺术与收藏等不同方面对相关资料进行了整理与研究，具有真实性与原始性等特点。我生也拙，既无法高屋建瓴，又难以条分缕析，我想整理、辑录一些徽学资料，也算是为徽学这座大厦添砖加瓦吧！本书收录的文章除少部分发表于《徽州社会科学》《徽州文博》等刊物外，大部分未公开发表。

在此，感谢安徽师范大学历史学院及安徽师范大学出版社对我一直以来的支持与厚爱。谨此，特向安徽师范大学原副校长王世华，安徽师范大学科研处处长徐彬、安徽师范大学历史学院院长刘道胜以及安徽师范大学出版社的诸位领导、孙新文主任、蒋璐编辑等表示衷心的感谢！

我的大学老师、黄山学院原副院长汪大白及安徽师范大学科研处处长徐彬于百忙之中为本书撰写序言；歙县人大原副主任汪利权，杭州市临安区青年作家季森慧先后为本书题写书名，为本书增辉添彩，谨致以深深的谢意！我的家人、朋友、同事及乡贤父老提供了很多帮助，感激之情铭记于心！

“吾生也有涯而知无涯”，在徽学的这座宝库面前，不由不发出这样的感叹。只要倾注真情，你就会发现在徽学的任何一个领域，都有看不完的资料，做不完的事，书名“发现徽州”意亦在此。与诸君共勉之！

邵宝振

二〇二〇年十二月于古歙玉屏小筑